Jo Hanns Rösler
Liebenswerte Kurzgeschichten

Jo Hanns Rösler

Liebenswerte Kurzgeschichten

Eine Auswahl

Stieglitz Verlag, E. Händle
D-7130 Mühlacker
A-8952 Irdning/Steiermark

Schutzumschlag: Wolfgang M. Dehm, Leonberg

ISBN 3-7987-0281-0

Gesamtherstellung: Wiener Verlag, Himberg bei Wien

Inhalt

Aus: Wohin sind all die Minuten

Aus: Wohin sind all die Stunden

Aus: Wohin sind all die Tage

Aus: Wohin sind all die Jahre

Aus: An meine Mutter

Der Mann, der ein Schuft war

Erwachsene Töchter im Haus, die schon die Liebe im Herzen tragen, machen allmählich jedes Vaterherz mürbe. Entweder trällern sie oder sie schluchzen. Ein normales Wort ist mit ihnen nicht zu sprechen. Meine Tochter Josefine hatte augenblicklich nahe am Wasser gebaut. Das just am Silvesterabend, wo die Gläser fröhlich klingen sollten, bis in den Neujahrsmorgen hinein, an dem mir Josefine weinend um den Hals fiel und, während sie mir den Bart mit ihren Tränen netzte, von Schluchzen erschüttert, ein frohes neues Jahr wünschte. „Alles Gute zum neuen Jahr, Väterchen“, sagte sie und küßte mich verzweifelt, „bleib gesund und sei du wenigstens glücklich!“

Wie kann man glücklich sein, wenn die eigene Tochter unglücklich ist! Sie sah aus wie ein Häufchen Unglück, zum Erbarmen verheult.

„War die Post schon da?“ fragte ich.

„Ja.“

„Und?“

„Nichts. Wieder nichts. Er ist ein Schuft, ein ganz gemeiner Schuft!“ Der Mann, der ein Schuft war, war acht Tage vorher noch der prächtigste Mann, der beste Mann, der klügste Mann, der schönste Mann, der einzige Mann auf der Welt überhaupt gewesen.

„Wenn du ihn erst sehen würdest, Väterchen!“

„Warum läßt er sich nicht sehen?“ fragte ich.

„Er arbeitet. Er hat keinen Urlaub. Und von Köln sind es achthundert Kilometer mit der Eisenbahn.“

„Woher kennst du ihn?“

„Vom Sommer. Vom Urlaub.“

„Man soll Töchter mit neunzehn Jahren nicht allein in die Ferien schicken“, sagte ich mit hausväterlicher Lebensklugheit, „es geschieht immer eine Dummheit!“

„Das ist keine Dummheit, Vater! Ich liebe ihn. Heinz ist der prächtigste, klügste, schönste, einzigste Mann auf der Welt. Wenn du ihn erst sehen würdest..."

So drehte sich das Karussell den ganzen Tag. Seit Weihnachten stand es still. Heinz hatte geschrieben, daß sie zu viel Arbeit im Geschäft hätten und er über die Feiertage nicht kommen könnte. Er würde aber sofort nach Weihnachten schreiben, wann sie sich sehen könnten. Seitdem war kein Brief gekommen. Meine Tochter wurde von Tag zu Tag unglücklicher. Ihre Tränen rannen wie ein Bächlein. Ich vertröstete sie. Silvesterabend würde bestimmt ein Brief von ihm dasein. Es kam keiner.

„Zu Neujahr ist bestimmt ein Brief da, Josefine."

„Ich hatte so fest gehofft, daß Heinz kommt."

Man kann als Vater für seine Tochter nicht den Herzallerliebsten herzaubern. Alle Väter täten es sonst, schon um ihr Kind nicht dauernd vom Sterbenwollen reden zu hören.

„Jetzt braucht er gar nicht mehr zu schreiben, Vater. Wenn ein Brief von ihm kommt, lese ich ihn gar nicht. Dieser Schuft, dieser ganz ganz gemeine Schuft!"

Nun hatte „dieser Schuft" am Neujahrsmorgen wieder nicht geschrieben. Ich sah Josefine am Fenster stehen und dem Briefträger nachschauen, ob er nicht doch noch in letzter Minute umkehrte und den ersehnten Brief für sie hätte. Mir zerschnitt es das Herz. Der ganze Schmerz ihrer jungen neunzehn Jahre stand in ihrem Gesicht. Ich erinnerte mich, wie unglücklich ich mit neunzehn Jahren war, weil das von mir heißgeliebte Mädchen nicht zum Rendezvous gekommen war. Später habe ich sie dann vergessen, damals aber glaubte ich, ohne sie nicht eine Stunde länger leben zu können, und sah mich nach einer nicht allzu schmerzhaften Sterbemöglichkeit um. Genau so sah in diesem Augenblick meine Tochter aus. Ich sann darüber nach, wie ich ihr helfen konnte.

„Ich gehe jetzt zur Kirche, Josefine", sagte ich.

„Geh, Väterchen!" schluchzte sie, „bete für mich mit!"

„Es wird nötig sein", sagte ich, schlüpfte in meinen Mantel, nahm meinen Hut und ging. Vor der Kirche eilte ich zum Postamt. Ich gab eine Depesche an meine Tochter auf.

„Heißgeliebte Josefine!" depeschierte ich, „bin in Liebe und Gedanken bei Dir. Kann leider nicht wie vorgenommen heute kommen. Schicke Dir dafür rote Rosen zum Zeichen meiner Liebe. In gewaltiger Sehnsucht immer Dein Heinz." Dann kaufte ich nebenan zwölf langstielige Rosen und beauftragte das Geschäft, die Blumen unverzüglich zu meiner Tochter zu tragen und ihr zu erklären, die Rosen seien für sie telefonisch aus Köln bestellt worden. Man versprach es mir, und in der Kirche dankte ich Gott, daß er diesen Einfall in mein väterliches Herz gesenkt hatte.

Als ich gegen elf Uhr vom Kirchgang heimkam, lief mir meine Tochter schon in der Tür entgegen und wirbelte mich glücklich im Kreis herum.

„Er hat geschrieben! Er hat geschrieben!"

„Dein Schuft?" fragte ich lächelnd.

„Heinz ist der prächtigste, beste, klügste, schönste und einzigste Mann der Welt! Er hat depeschiert. Willst du es lesen?"

Ich las, was ich vor einer Stunde selbst depeschierte, und mußte immer wieder die herrlichen Rosen in der Vase bewundern, die ich selbst geschickt hatte. Ich war sehr glücklich, weil ich meine Tochter glücklich sah. Mein Glück dauerte nicht lange. Ich hörte einen Wagen vorfahren und sah einen jungen Mann mit roten Rosen in der Hand aussteigen.

Meine Tochter sah ihn gleichzeitig.
„Das ist Heinz!" rief sie selig.
„Dein Heinz? Aus Köln?"
„Ja! Wer sonst?"
Ich machte das dümmste Gesicht meines Lebens. Ich sah auf die Rosen und die gefälschte Depesche. Ich saß in der Patsche. Es gab für mich nur eines. Schnell zum Frühschoppen in den Grauen Bären zu verschwinden, denn einem fremden Mann, selbst wenn er dereinst mein Schwiegersohn sein wird, gesteht man nicht bei der ersten Begegnung, daß man ein Schwindler ist, wenn auch aus gutem väterlichen Herzen.

Heute ist meine Tochter längst mit jenem Mann verheiratet und lebt in Köln. Es ist gut so, daß sie so weit wohnt, denn ich käme sonst wohl manchmal in Versuchung, meinem Kind abermals in ihres Mannes Namen Rosen zu schicken, um sie vor einem Kummer zu bewahren... aber ein alter Vater soll sich nicht in eine junge Ehe einmischen, auch wenn er es noch so gut meint.

Hokuspokus

Da sitzt er nun auf einer Bank, neu in dieser Stadt, ganz vergnügt, mitten in einem Park, den er noch nicht kennt. Sogar eine Krawatte trägt er heute, was sonst bei seiner Siesta gar nicht seine Art ist. Da kommt ein junges Mädchen daher mit einem weißen Lackgürtel, einem roten Kleid und einem bunten Schal.

„Wie schade!" ruft sie, als sie den Mann auf der Bank erblickt.

„Was ist schade?"

„Ich habe heute auf dieser Bank ein Rendezvous und jetzt sitzen Sie da!"

„Ich habe den Platz nur für Sie freigehalten", sagt er, „da ich hier saß, setzte sich kein anderer hierher, und wenn Sie jetzt die Bank für Ihr Vergnügen brauchen, räume ich das Feld."

„Es ist nicht fürs Vergnügen", sagt das junge Mädchen, „wir wollten zusammen französische und lateinische Vokabeln lernen."

„Amo, amas, amat, amamus!"

Sie geht darauf nicht ein, aber sie folgert:

„Er hat auch keinen richtigen Ernst, der heute zum Memorieren kommen will. Er redet immer so dummes Zeug dazwischen."

„Was sagt er?"

„Nichts. Er redet stumm. Er will mich umarmen. Er will mich küssen."

„Empörend!"

„Nicht wahr, finden Sie das auch? Dabei bekommt unsere Klasse morgen einen neuen Latein- und Französischlehrer. Wie mir davor graust! Ehe man heraushat, wie man ihn um den Finger wickeln kann . . ."

„Hoffentlich läßt er sich um den Finger wickeln", sagt der junge Mann und rückt zur Seite. Das Mädchen nimmt neben ihm Platz.

„Jeder Lehrer hat seine ‚Masche'! Man muß sie nur erst herausfinden. Dann ist es ein Kinderspiel, mit ihm fertig zu werden. Was sind Sie denn?"

„Ich?" fragt er belustigt.

„Ja. Von Beruf. Sie müssen doch einen Beruf haben."

„Habe ich auch. Ich bin Zauberer."

„Ein richtiger Zauberer? So mit Simsalabim und Hokuspokus?"

„Mehr als Simsalabim und Hokuspokus! Ich kann zum Beispiel zaubern, daß Sie morgen früh, wenn der neue Französischlehrer in die Klasse tritt, auf den ersten Blick alle seine ‚Maschen' wissen."

„O fein! Was muß ich dazu tun?"

Da sagt der junge Mann, der ein großer Zauberer war, was das junge Mädchen schon spürt:

„Nichts als zweimal mit mir den verträumten schmalen Weg am Stadtbach hinauf und hinunter zu gehen . . ."

Als der neue Lehrer die Klasse betrat und „Bonjour, la classe!" rief, blieb ein Mädchen mit offenem Mund stehen.

„Bonjour, la classe!" wiederholte der Lehrer. „Prenez place, s'il vous plait!"

Da setzte sich das junge Mädchen und war so durcheinander, daß es sich neben die Bank setzte. Aber es blieb nicht sitzen. Nicht neben der Bank, nicht zu Ostern, nicht im Leben. Ein Zauberer hatte es zur Frau genommen. Mitten aus dem Unterricht heraus. Denn ein lediger Lehrer ist ein unleidiger Lehrer; erst wenn er eine Frau hat, haben die jungen Mädchen in der Schule in ihr daheim eine Verbündete, ihn um den Finger zu wickeln.

Das Kind aus London

„Geh in den Hydepark, Kind!" – „Mama, bitte, nein, wir haben heute so schönes Fernsehen!" In der Tat, die Nachmittagsstunden im Fernsehen sind für die Kinder vorbehalten. „Die Sonne scheint! Geh spielen in den Park, Liebling!" – „Bitte, Mama, laß mich daheim!" – „Bist du krank?" – „ Nein. Es ist so etwas Aufregendes im Fernsehen."

Mitten im Herzen von London sind der Hydepark und der Kensington Garden mit ihren großen Spielwiesen für die Kinder, ein Paradies der Kleinen. Da laufen sie in der Sonne um die Wette über den Rasen, springen über das Seil, werfen den Ball, bauen Burgen im Sandkasten, plätschern im Planschbecken, schaukeln unter Bäumen, klettern über niedere Balken, kriechen durch Röhren, hüpfen im Sack, rutschen fröhlich krähend die kleine Rutschbahn hinunter, die Mädchen tanzen einen Reigen und die Jungen spielen das aufregende, ewig neue Spiel von Cowboy und Indianern.

Dann aber kam eines Tages das Fernsehen mit seiner Kinderstunde. Eltern, die es sich leisten konnten, kauften ein Fernsehgerät. Da gingen die Kinder nicht mehr in den Hydepark und nicht mehr in den Kensington Garden, sondern saßen den ganzen Nachmittag vor dem Bildschirm. Und je näher der Zeiger der Uhr auf Fünf rückte, desto aufgeregter wurden die Kleinen und von allen Seiten strömten die Kinder herbei.

„Das ist die schönste Fernsehstunde, Mama!" — „Was seht ihr? Ein Märchen?" — „Ach, ein dummes Märchen! Viel aufregender!" — „Einen Western?" — „Ein Western ist ein alter Hut, Mama!" — „Eine Kinderquizsendung?" — „Nicht etwas so Dummes! Viel schöner, Mama!" — „Sport? Fußball oder ein Autorennen?" — „Noch aufregender!" — „Erzählt!"

Da riefen der Fünfjährige, der Sechsjährige und die Siebenjährige gleichzeitig: „Wir sehen die Sendung Kinder spielen im Hydepark. Wir sehen Kinder, wie sie in der Sonne über den Rasen rennen, wie sie Seilspringen, Sackhüpfen, Ballspielen, Burgen bauen, über niedere Balken klettern, um Planschbecken planschen, die Rutschbahn hinunterrutschen, durch Röhren kriechen, wie die Mädchen herumtanzen und die Jungen aufregend Cowboy und Indianer spielen..."

So sitzen heute überall auf der Welt die „reichen Kinder“ in verdunkelten Zimmern vor dem Fernsehschirm und sehen den „armen Kindern“ zu, wie sie an der Sonne unter Gottes blauem Himmel fröhlich spielen.

Neunzehn rote Rosen

Ich machte meiner neuen Sekretärin schöne Augen. Männer sind manchmal so albern. Ponny hieß sie. Sie war eine Augenweide.

Und ich ging auf die Weide.

Ponny blieb unnahbar wie eine Königin.

Im Fasching, im Karneval, so hoffte ich, steigt sie herunter von ihrem Thron.

„Ponny“, sagte ich, „jetzt ist Fasching – Karneval – es ist nur einmal im Jahr – gehen Sie mit mir aus?“

„Was ficht Sie an?“

„Warum nicht?“

„Die Arbeit würde darunter leiden.“

„Ist das der einzige Grund?“

„Einer von vielen. Der mildeste.“

Da saß ich nun mit meiner Weisheit und meinem unbilligen Verlangen. „Kein Sünder ist ein armer Sünder“, stieß ich hervor, „ein Fasching ohne Faschingsbraut – können Sie mir das antun?“

„Ich weiß einen Rat. Ich habe eine Faschingsbraut für Sie.“

„Kennt sie mich?“

„Sie betet Sie an.“

Das rinnt einem Mann herunter wie Honig.

Ich spitzte die Ohren.

„Ist sie hübsch?“

„Sie ist eine Schönheit.“

„Das läßt sich hören“, sagte ich vergnügt und harrte der Dinge. Ein Mann ist ein Mann und in der Liebe keinen Schuß Pulver wert.

Ponny hielt Wort. Ich bekam meine Faschingsbraut. Ich selbst hätte mir keine schönere finden können. Alles, wovon ein Mann träumt, war in ihr vereint. Sie kam zwar *nur maskiert,* aber alles, was sonst an ihr war, welch reiche Verschwendung von göttlichen Gaben. Sie konnte tanzen, sie konnte küssen, sie konnte lachen und singen, war ausgelassen wie ein Kobold, flirtete wie ein Star, sie hatte die schönsten Beine der Welt, sie duftete nach allen Wohlgerüchen Arabiens, ihre Büste konnte sich sehen lassen und ließ sich auch sehen – ich schwebte im siebenten Himmel. Wir spielten verrückt und doppelt verrückt. Wir ließen keinen Tanz aus, keine Narrenfreiheit. Alle Männer, die mich sahen, beneideten mich um meine Faschingsbraut. Aber nie sah ich ihr Gesicht, nie nannte sie mir ihren Namen, noch wo sie wohnte. Jeden Abend trafen wir uns, und ehe der Hahn krähte, lief sie weg.

Am Faschingsdienstag, beim Kehraus, während der großen Polonaise, verschwand sie für immer. Ich hatte nicht einmal das Nachsehen. Sie war wie vom Erdboden verschluckt. Ich konnte mich nicht einmal bei ihr bedanken. Ich bedankte mich dafür bei meiner Sekretärin.

„Das war ein Meisterstück, Ponny!“ sagte ich. „Ich habe dank Ihnen den schönsten Fasching, den schönsten Karneval meines Lebens erlebt.“

„Das sagt Ihre Ballbraut auch.“

Ich griff mir erfreut ans Herz.

„Richtig! Sie wissen ja, wo sie wohnt. Bitte schicken Sie ihr sofort Blumen. Einen großen Strauß rote Rosen. Ein Dutzend rote Rosen! Nein, neunzehn, für die neunzehn schönen unvergeßlichen Tage..."

Als ich am Abend heimkam, stand im Schlafzimmer meiner Frau ein Strauß roter Rosen. Wohlgezählte neunzehn Stück.

Ich deutete nach Ehemannsart darauf:

„Von wem?"

„Von dir, geliebter Esel!"

„Wieso? Ich schicke doch keine roten Rosen ins Haus?"

„Mir nicht. Aber deiner Faschingsbraut."

Ich verstand immer noch nichts. Mir sträubten sich die Haare. Ich fürchtete ein Versehen meiner Sekretärin. Da erzählte es mir meine Frau. Wie Ponny eines Tages zu ihr gekommen sei und von meinem lästerlichen Verlangen nach einer Faschingsbraut berichtet habe. Und wie sie alles ausgemacht und mich hinters Licht geführt hätten, daß ich jeden Abend meine eigene Frau ausführte, ohne es zu merken.

Ich stand wie ein Pudel im Regen.

„Das hat sich Ponny alles ausgedacht?" stotterte ich.

Meine Frau sagte zärtlich:

„O nein, sie nicht — zuerst hatte sie große Lust, deine Faschingsbraut zu spielen, wie sie mir gestand — die Idee stammt von ihrem Bräutigam."

Der Kurschatten

Nein, man darf die jungen Frauen nicht aus den Augen lassen, wenn man sie liebt! So schnell können wir uns nicht einmal umdrehen, um eine Dummheit zu verhüten. Wie ein Schwarm Mücken fliegen ihre Gedanken auseinander, und wir haben das Nachsehen. Da gibt es sogar Männer, die ihre jungen Frauen allein und auf Wochen in ein Kurbad fahren lassen! Ja, haben denn diese Männer gar keinen Verstand? Erwarten sie ihn etwa von den unbehüteten Frauen? Du lieber Gott! Diese zarten, verwöhnten, pelzumhängten, seidenbekleideten, mit hohen Hacken und Stiefelchen beschuhten, wundervoll duftenden Wesen gehen ja so unsicher allein durch die Gassen, und vor jedem Zuckerbäcker bleiben sie stehen. Genäschig und neugierig, denn in jeder Stadt werden andere Süßigkeiten zubereitet. So ging es auch Annabelle, die in der Tanzcafé-Konditorei eines Kurortes saß und über ihren Teller hinweg sehnsüchtig auf die Paare der kleinen Tanzfläche sah.

„Gestatten Sie?“

„Ich –“

Ein wunderschöner Mann stand vor ihr. Angezogen wie ein Dressman! Er verbeugte sich und wiederholte leise:

„Würden Sie mir die Freude machen, mit mir zu tanzen?“

„Ich tanze nicht.“

„Aber –“

„Ich kann gar nicht tanzen“, log Annabelle.

Der Fremde lächelte:

„Das ist etwas anderes. Dann darf ich es Ihnen zeigen? Es ist gar nicht schwer. Bitte, kommen Sie! Nur diesen einen Tanz.“

Wer zählt die Tänze, die zwei Menschen miteinander tanzen, wenn sie sich den ersten Abend kennenlernen und wo der Mann der Frau und die Frau dem Mann über alle Maßen gefällt? Zählt man doch auch nicht die Spaziergänge in den nächsten Tagen oder die gemeinsamen Frühstücke an jedem Morgen auf der Hotelterrasse. Aber jeder Traum geht zu Ende, nur noch drei Tage konnte Annabelle bleiben. Sie hatte sich nichts vergeben, nichts getan, was sie ihrem Mann nicht auch zugestanden hätte. Männer haben zwar manchmal eine eigene Ansicht und ziehen die Grenzen um eine Frau enger, als sie selbst zu dem Spaziergang ihrer Gefühle benötigen, aber das ist eben eine Männeransicht.

Nur noch drei Tage, dachte Annabelle, als sie an ihrem Tisch Bob erwartete, wenn er heute nicht mit dummen Wünschen daherkam, vor denen sie so viel Angst hatte und sich doch kränkte, da sie anscheinend nicht einmal gewünscht wurden. Und als hätte sie es geahnt, kaum hatte Bob an ihrem Tisch Platz genommen, ergriff er ihre Hand.

„Ich muß Ihnen ein Geständnis machen", sagte er.

„Bitte! Nein!"

„Es geht nicht um uns zwei — ich möchte Ihnen etwas verkaufen."

Annabelle sah ihn entsetzt an.

„Verkaufen?"

„Ja. Diesen Ring."

„Ich kaufe doch keine Ringe!"

„Sie sollten ihn kaufen! Er ist zwanzigtausend Mark wert!"

„Zwanzigtausend?"

„Sie bekommen ihn für dreitausend."

Annabelle antwortete überrascht: „Wenn er doch zwanzigtausend wert ist?"

„Jeder Juwelier würde mir diesen Preis zahlen."

„Und warum verkaufen Sie ihn nicht?"

„Ich kann nicht!"

„Warum nicht?"

Er schwieg. Sicherlich fiel es ihm schwer zu sprechen.

„Fragen Sie bitte nicht", sagte er dann langsam, „vielleicht gehört der Ring gar nicht mir, vielleicht habe ich ihn gestohlen, ich darf Ihnen nie die Wahrheit sagen. Aber ich muß ihn sofort verkaufen. Ich sehe sonst keinen Ausweg. Helfen Sie mir! Sie sind der einzige Mensch, zu dem ich Vertrauen habe."

„Warum gerade ich?"

„Weil ich Sie –"

Sie sah auf. Schob ihre Hand über den Tisch.

„Nun?"

Da führte er ihre Hand an seine Lippen.

„Weil ich Sie liebe", sagte er.

Annabelles Mann stand auf dem Bahnhof. Der Zug fuhr ein.

„Du kommst drei Tage früher, als du wolltest?"

„Mein Geld war zu Ende, Ullrich."

„Ich habe dir doch gestern noch 3000 Mark telegrafisch überwiesen?"

„Du hast keine Ahnung, wie teuer alles war", sagte sie, ein wenig verlegen. Sie kamen daheim an. Er nahm sie in die Arme und küßte ihre Hand. Da sah er den Ring.

„Was ist das?" rief er.

„Was?"

„Dieser Ring!"

Annabelle sagte schnell: „Ach, nichts weiter – ich fand ihn eines Tages auf der Promenade. Eine geschickte, aber wertlose Fälschung, wie man mir auf dem Fundbüro sagte!"

„Das ist nicht wahr!"

„Ullrich!"

„Der Stein ist echt! Dieser Ring ist viele tausend Mark wert! Wer hat dir diesen Ring geschenkt?"

„Du scheinst zu vergessen, daß ich deine Frau bin!"

Annabelle verließ das Zimmer.

Am nächsten Morgen suchte sie verzweifelt überall den Ring.

„Ich weiß genau, daß ich ihn gestern abend in meine Schmuckschatulle legte", sagte sie aufgeregt.

Die Haushaltshilfe zuckte die Schultern.

„Ich habe ihn heute früh nicht gesehen, gnädige Frau."

Da öffnete sich die Tür.

Annabelles Mann trat ein.

„Du suchst den Ring?" fragte er ernst.

„Ja."

„Hier ist er. Ich hatte ihn genommen."

„Was fällt dir ein?"

„Ich war mit dem Ring bei einem Juwelier. Ich habe ihn schätzen lassen."

Annabelle wich der Boden unter den Füßen. Bleich flüsterte sie:

„Und?"

Da trat er zu ihr und sagte:

„Verzeih, ich tat dir gestern unrecht. Der Ring ist tatsächlich nur eine geschickte, aber wertlose Imitation."

Stiefmütterchen

Schon als Kind im Elternhaus hatte ich mir eine Gartenecke am Zaun erbettelt und baute mir dort aus Zigarrenkisten, über die ich eine Glasscheibe legte, mein erstes Treibhaus von allerdings winzigem Ausmaß. In die Erde gab ich Sonnenblumensamen und Maiskörner. Mein Vater hatte mir den Rat gegeben. Maiskörner, wenn man sie vorher ins Wasser legt, keimen über Nacht und wachsen so flott aus der Erde, daß man ihnen geradezu zusehen kann. Sonnenblumen haben das gleiche Wachswunder. Ich stellte eine Zigarrenkiste neben die andere, schnitt den Boden und Deckel heraus, baute auch oft zwei, drei Kistchen übereinander, versah sie mit einer dünnen Randleiste, um sie zusammenzuhalten, und so trieben meine Pflanzen unter dem Glas fröhlich zum Himmel empor. Für einen siebenjährigen Jungen eine aufregende Angelegenheit, viel aufregender als Indianerspielen oder heimlich ins Kino an der Ecke zu laufen. Kein Western war so nervenaufreibend wie meine kleinen Kindergartenbeete, in denen es grün wucherte.

Um meine Zigarrenkistchen herum pflanzte ich einen Kranz Stiefmütterchen. Ich kaufte sie mir von meinem Taschengeld, fünf Pfennige kam damals das Stück, und zehn Pfennige erhielt ich wöchentlich von meinem Vater. Das bedeutete also im Frühling jeden Sonntag zwei neue Stiefmütterchen. Ich suchte mir in der Gärtnerei unterhalb der Festung die größten Pflanzen mit den meisten Knospen aus. Eine größere Aufregung und weit schwerere Entschlüsse kostete den Siebenjährigen damals der Kauf von zwei Stiefmütterchen für zusammen zehn Pfennige als später den Erwachsenen die Wahl eines Anzugs. Ich konnte in der Nacht vor dem Sonntag vor Aufregung nicht einschlafen, welches Stiefmütterchen ich wählen sollte, ein weißes und ein blaues hatte ich schon, morgen sollte es ein gelbes sein und vielleicht ein rotbraunes, ein fünffarbiges und ein himmelblaues am nächsten Sonntag, wer zählt alle die Farbschattierungen der bunten Stiefmütterchen auf, vor denen ich Sonntag für Sonntag mit meinem Zehnerl in der Hand stand?

Der alte Gärtner, der wegen meiner zehn Pfennige, die ich jeden Sonntag von meinem Vater nach dem Kirchgang erhielt – keine Minute früher und auch keine Minute später –, mit mir in seine Gärtnerei hinuntergehen mußte, um lange dabeizustehen, bis ich mir meine beiden Pflanzen nach langem Suchen ausgewählt hatte, verlor nie die Geduld. Ich glaube noch heute, wenn ich an ihn zurückdenke, nie beriet er einen Kunden liebevoller, nie grub er vorsichtiger einen Wurzelballen aus als an diesen Sonntagen, an denen er für einen kleinen Jungen, der ihm nur zehn Pfennige brachte, in seinem Sonntagsanzug hinunter in die Gärtnerei ging. Ziegenhain hieß er, der alte Gärtner, in Königstein an der Elbe lag die Gärtnerei, und seine Frau handelte jeden Freitag mit Wildbret und Suppenhühnern, denn in einer kleinen Stadt hatte man damals nur sonntags sein Huhn im Topf oder einen Hasen in der Pfanne. Die alten Ziegenhains brauchten den kleinen Handel neben ihrer Gärtnerei, die nicht viel Gewinn abwarf.

Meine Kinderstiefmütterchen blühten am reichsten in der Zeit, in die Mutters Geburtstag fiel. Da ging ich zeitig am Morgen hinunter in meine Gartenecke und pflückte alle Stiefmütterchen ab, die aufgeblüht waren. Nicht eines ließ ich am Stock zurück und brachte meiner Mutter einen großen Strauß. Ich war sehr stolz darauf, meiner Mutter Blumen aus meinem Garten zu bringen, von mir gepflanzt und betreut, begossen und gejätet, vom eigenen Taschengeld gekauft und heimgetragen. Diese Stiefmütterchen sind zum Symbol geworden. Noch heute, jedes Jahr am 5. Juni, bekommt meine Mutter eine Schale Stiefmütterchen von mir, keine anderen Blumen, nur Stiefmütterchen.

Aus dieser meiner Kindheit stammt meine Liebe zum Garten, aber auch alle meine Gartenfehler stammen aus diesen Tagen. Ich hatte gelernt: man kann im Garten und mit den Pflanzen die unvernünftigsten Dinge anstellen, die Natur hilft jedem Leben weiter. Und noch eines habe ich aus meinem Zigarrenkistchengarten ins Leben mitgenommen: das Glück liegt im Planen und im Beginn, nicht in der Ernte und im Erfolg.

Der Beginn ist immer das Schönste, der erste Schritt ist stets voll beglückender Hoffnung. Spätere

Enttäuschungen vergißt man, an das vergangene Glück des Planens denkt man zurück.

Herrn Flemmings Geheimnis

„Mein bester Vater!" hatte Klara geschrieben. „Sei uns bitte nicht böse, wenn wir alle am Ostersonntag nur kurz am Vormittag bei Euch sind. Kurt hat sich einen neuen Wagen gekauft, wir wollen mit den Kindern eine kleine Osterreise machen, solange sie ihre Ferien haben. Wir kommen also nur kurz am Ostersonntag zum Frühstück bei Euch vorbei und sind zum Mittagessen schon wieder unterwegs. Mutter soll also mit dem Essen nicht auf uns rechnen – seid nicht böse und habt Verständnis für Eure Euch zärtlich liebende Tochter Klara, Kurt und die Kinder."

Dieser Brief traf erst einen Tag vor Ostern ein und der Landbriefträger hatte für Herrn und Frau Flemming, Hohenkogel über Feilnbach, noch einen zweiten Brief in der Tasche. Er kam von ihrem Sohn Jürgen.

„Liebste Mutter!" schrieb er. „Vielleicht bin ich früher bei Euch als dieser Brief. Denn ich habe vor, wie jedes Jahr zu Ostern bei Euch aufzukreuzen. Darf ich Dir, liebste Mutter, diesmal jemanden mit ins Haus bringen? Ich möchte gern wissen, was Du zu Hannelore sagst, die Euch gern kennenlernen möchte. Wir machen Euch nicht viel Umstände und fahren gleich nach dem Frühstück wieder weiter. Wir haben noch kein festes Ziel, wir fahren, wo uns der Wagen hinträgt, aber zuerst natürlich zu Euch, es wäre für mich kein Ostern, wenn ich Euch nicht sehen würde, nachdem wir jedes Jahr die Osterfeiertage zusammen verlebt haben. Aber dann wollen wir unsere erste kleine Reise allein machen. Du wirst verstehen, Mutter, was das für mich bedeutet. Ihr habt ja noch Klara mit ihrem Mann und den Enkeln, Euer Haus wird also zu Ostern nicht leer sein, auch wenn wir nur eine Stunde bei Euch sind. Dein dankbarer und im Augenblick sehr glücklicher Sohn Jürgen."

Herr Flemming ging mit den beiden Briefen zu seiner Frau. Er traf sie in der Küche beim Kuchenbacken.

„Die Kinder schreiben", sagte er.

„Sie kommen doch?" fragte die Mutter schnell, erschrocken. Denn so ein Mutterherz erschrickt leicht, und bei allen Briefen, die von den Kindern kommen, ist sie immer erst beruhigt, wenn sie von Anfang bis Ende gelesen hat. Man hat immer Angst, daß die Kinder und die Enkelkinder krank sein könnten oder daß ihnen etwas zugestoßen sei, was im Brief stünde.

Wenn eine Mutter im Lotto eine Million gewänne und es käme mit dieser Glücksbotschaft zugleich ein Brief der Kinder, würde sie zuerst diesen Brief öffnen, um zu wissen, ob die Kinder wohlauf sind. Erst dann, nach einem glücklichen Seufzer der Erleichterung, käme die gewonnene Million in ihr Bewußtsein.

„Natürlich kommen die Kinder", sagte der Vater, „aber sie wollen nur zum Frühstück bleiben und dann weiterfahren."

„Das ist unmöglich, Vater! Das geht nicht. Ich habe doch schon alles für die Feiertage eingekauft!"

„Deine Kinder haben einen neuen Wagen. Wer einen neuen Wagen hat, hat kein Sitzfleisch. Das ist eine alte Geschichte."

„Aber ich habe doch schon alles für die Feiertage eingekauft!" wiederholte die Mutter. „Ein Suppenhuhn, einen Kalbsnierenbraten, Spargel, einen großen Lammbraten, den Jürgen so gern ißt..."

„Laß mich nur machen“, sagte der Vater, „laß mich nur machen, Mutter, und wein nicht gleich ... du wirst schon sehen, wie gut es den Kindern wieder bei dir schmeckt.“

Damit ging er aus der Küche und rief hinter der geschlossenen Tür seinen alten Freund an, der eine Garage besaß und eine kleine Werkstatt für Reparaturen, und während er mit ihm sprach und ihm zuhörte, bekam er ein recht vergnügtes Gesicht.

Am Ostersonntag, zwischen zehn und elf Uhr, standen zwei frisch gewaschene, reiselustige Wagen am Rasen vor dem Haus am Berg. Sie standen im Schatten des großen Nußbaumes und schauten mit ihren Schnauzen sehnsüchtig ins Tal hinunter, auf die Verlockung der weit dahinziehenden Straßen, ihre Leibspeise. Denn was ein rechtes Auto ist und ein neues noch dazu, das hat großen Appetit, viele Kilometer zu schlucken, so ein Hunderter ist für ihn geradezu ein Leckerbissen. Vater Flemming stand zwischen ihnen, man sah ihn erst gar nicht, aber dann, als er sich aufrichtete, da sah man zwei Sträußchen in seiner Hand, mit denen er ins Haus ging.

„Ich habe jedem von euch ein paar Blumen geschnitten, so wie ich es ja immer tue“, sagte er, „wenn ihr also unbedingt weiter müßt, so laßt euch nicht aufhalten — gute Fahrt und schönes Wetter!“

„Könnt Ihr nicht wenigstens über das Mittagessen bleiben?“ sagte die Mutter und versuchte zu lächeln, damit man ihr ihren Kummer nicht anmerken sollte.

„Sei nicht böse, Mutter. Ich habe Hannelore versprochen —“

Und Klara sagte für ihren Mann und die ganze Familie:

„Mama, bitte, versteh, Kurt hat einen neuen Wagen, wir fahren heute das erste Mal mit ihm —“

Das muß man als Eltern verstehen. Erwachsene Kinder sind wie Äpfel, die sich vom Baum gelöst haben und den Berg hinunterrollen. Man kann ihnen nicht nachlaufen.

„Nanu?!" sagte Kurt, der Schwiegersohn. „Mein Wagen springt nicht an."

„Versuch's noch einmal! Gib weniger Gas!"

Sie versuchten es ein drittes und ein viertes Mal.

Der Starter surrte. Aber sonst rührte sich nichts –

„Vielleicht seid ihr zu schnell gefahren", sagte der Vater bedächtig, als er aus dem Haus trat und das Malheur sah, „so ein neuer Wagen muß langsam und immer nur in kurzen Strecken eingefahren werden."

„Ach, Papa! Sei bitte nicht böse, aber was verstehst du von Autos?"

„Gar nichts", sagte der Vater, „gar nichts. Nur, daß man etwas redet –"

„Vielleicht kann uns Jürgen helfen?"

„Jürgen, würdest du so lieb sein?"

Aber Jürgen hörte nicht. Er war mit seinem eigenen Wagen beschäftigt. Er war mit Hannelore eingestiegen, sie hatten sich schon im Haus von den Eltern verabschiedet, vor allem von Mutter, die versuchte, nicht zu weinen. Dann waren sie glücklich zu ihrem Wagen gelaufen und – als ob der Teufel seine Hand im Spiel gehabt hätte – auch ihr Wagen sprang nicht an. Der Starter surrte sich heiser, aber der zündende Funke blieb aus. Jürgen sprang heraus, öffnete die Kühlerhaube, aber was verstehen junge Autobesitzer schon vom Motor und von den Dingen, die unter der Kühlerhaube sind. Die Sicherungen waren in Ordnung, das sehen sie, sie liegen ja bequem und sichtbar, aber was sonst im Wagen los ist –

„Wir müssen eine Werkstatt anrufen."

„Am Ostersonntag? Da ist keiner daheim."

„Was sollen wir denn tun?"

„Abwarten und zunächst einmal mit uns Mittagessen."

Aber das war schon eine Stunde später, als Vater dies sagte, und es war eine Stunde des Rätselratens und der geliebten Hilflosigkeit gewesen, die den neuen Autofahrern so gut zu Gesicht steht, wenn sie sich mit ihrem Wagen unterhalten und der Wagen schüttelt immer wieder den Kopf und sagt: „Ich mag jetzt nicht! Vielleicht später!"

Eine mütterliche Festtafel, auch wenn es nicht hoch hergeht und der „Tisch sich nicht biegt", ist immer eine festliche Angelegenheit. Da wird der Tisch mit besonderer Liebe gedeckt, die Mutter holt das gute Geschirr aus dem Schrank und die schönen Gläser, die ihr die Kinder einmal zum Geburtstag schenkten, die guten Bestecke werden aus dem roten Velours gewickelt, da stehen Blumen auf dem Tisch und kleine Sträußlein liegen neben den Tellern eines jeden, und als der Braten aufgetragen wurde und die große Schüssel mit dem jungen Gemüse und die noch größere Schüssel mit dem goldgelbgrünen Kopfsalat, da war der Ärger mit dem Wagen längst vergessen.

„So gut hätten wir es heute nirgendwo getroffen! So gut wie Mutter kocht keine!"

Und dann saßen sie im Garten in der warmen Sonne, die Kinder kugelten sich übermütig im Gras, Kurt und Jürgen spielten zusammen eine Partie Schach, Mutter hielt Hannelore bei der Hand und es sah aus, als hätten sie etwas Wichtiges miteinander zu besprechen . . .

Es war ein zauberhafter Ostersonntag, nachdem die Kinder beschlossen hatten, den nächsten Morgen abzuwarten und im Elternhaus zu schlafen. Vater hatte telefoniert und erfahren, daß der Garagenbesitzer und die Reparaturwerkstätte am zweiten Feiertag zu erreichen sei. Wie gesagt, es war für alle ein glücklicher Tag, geruhsam und erholsam, und die Mutter war bei aller Arbeit des Kochens und Auftragens und Austeilens zehn Jahre jünger, und der Vater ging immer wieder, wenn ihn keiner sah, zu den beiden Autos hinüber und bedankte sich bei ihnen.

Als ob die Autos einen Verstand gehabt hätten, daß sie am Ostersonntag sich weigerten weiterzufahren, am nächsten Morgen, ohne daß man einen Fachmann zu Hilfe holen mußte, sprangen sie auf den ersten Starterdruck an, und ihr Motor lief fröhlich und ruhig, als ob sie auch einen schönen, ruhigen und erholsamen Feiertag unter dem alten Nußbaum hinter sich hätten. Alle standen vor einem Rätsel, was gestern und heute geschehen war, die Mutter glaubte an ein Geschenk Gottes und daß ihr Gebet, das reichliche Essen nicht umsonst gekauft zu haben, erhört worden sei.

Nur der Vater Flemming stand im Bad und wusch sich zum zweitenmal die Hände, nachdem er die beiden Verteilerfinger wieder in die Wagen gegeben hatte, die er gestern auf den Rat seines alten Freundes, des Reparaturwerkstattbesitzers, heimlich herausgenommen hatte. Man muß dem Glück ein wenig nachhelfen, sagte er zu sich, Gott allein schafft es nicht, an den Feiertagen alle Wünsche zu erfüllen, da läßt er sich gern ein wenig von uns helfen, und lächelte nachsichtig über das, was einem Vaterherz einfiel.

Autofahrer unterwegs

Zwei Autofahrer sitzen am Steuer ihres Wagens. Beide haben den gleichen Wagen, beide fahren dieselbe Strecke und beide haben die gleichen Erlebnisse unterwegs. Nur reagieren sie anders. Laßt uns hören, was ihnen so am Steuer aus ihrem Munde entfleucht!

Der erste sitzt und schwitzt und schimpft.

„Es ist heute bei Gott kein Vergnügen mehr, Auto zu fahren! Hammel! Trottel! Rindvieh! Haste das gesehen, Else! Wie der Kerl mich geschnitten hat! Haarscharf zwischen Straßenbahn und mir vorbei! Schade, daß es nicht gescheppert hat! Mach's Fenster auf, Else, mich schwitzt! Was ist denn? Wie haben wir es denn? Können Sie nicht aufpassen? Hatscht die alte Steckzwiebel über die Straße und schaut nicht rechts und links! Wenn ich nicht zufällig nach vorn blicke, als hätte ich's geahnt – Mahlzeit! Feierabend! Na heut noch, schöne Frau! Beeilung! Schickung! Ein bißchen flotter, Frau Rotter!... Hup! Hup! Sieh dir das vor uns an, Else! Fährt ums Verrecken nicht rechts rüber! Hup! Hup! Huuup! Schreib die Nummer auf, Else! Das Schwein zeigen wir an! Endlich bequemt er sich! Wohl Straßenstaub in den Ohren, wie? Waschen hilft! Leute sind heute wieder unterwegs! Da – das darf doch nicht wahr sein! Schießt der Haderlump wie ein Verrückter von rechts heraus und erzwingt die Vorfahrt! So was gehört aufgehängt und im Schlachthaus pfundweise verkauft! Mach's Fenster zu, Else, es zieht! – Was ist denn da vorn wieder los? Wieso stockt denn da alles? Straße verstopft? Das ist eine Verkehrsmisere heutzutage! Sollen sie keine Autos verkaufen, wenn sie keine Straßen bauen! Was denn? ‚Straße nur einspurig befahrbar!' Wenn ich das schon lese! Straßenbau Baustelle! Und das mitten im Verkehr! Jetzt können wir Kolonne fahren, Else, 20. Jahrhundert! Oben fliegen die Atome und wir fahren unten Kolonne!... He? Was heißt denn das? Rechts überholen? Wohl übergeschnappt, wie? Mach's Fenster auf, Else! Schneller! Schneller! Dem Kerl schlage ich rechts und links eine hinter die Ohren! Jetzt ist der Hundling weg, aber ich schnappe ihn noch. Laß das Fenster offen, Else, den hole ich mir!... Na endlich! Freie Fahrt! Mach's Fenster zu, Else, es zieht! Haste das gesehen? Überholt mich dieser Spartakist mit hundert Sachen, ohne zu hupen, noch dazu in einem Wagen, der billiger ist als unserer — manchmal muß man glauben, sie haben heute wieder einmal alle Irren ausgelassen und das ganze Tierreich Gottes ist unterwegs! Mach's Fenster auf, Else, mich schwitzt! Wieso blendet denn das Rübenschwein da vorne nicht ab? Dem werde ich es zeigen! Dem schleudere ich jetzt den ganzen Christbaum ins Gesicht — na endlich. Aber mit mir nicht, Herr! Zu spät! Jetzt blende ich überhaupt nicht mehr ab, damit er sich's fürs nächste Mal merkt — weißte, Else, erziehen muß man die Leute, es sind heute so viel Flegel unterwegs ..."

Das war der erste Fahrer. Jetzt kommt der zweite Fahrer.

Er sitzt gelassen am Steuer und freut sich seines Lebens.

„Für mich gibt es nichts Schöneres, als Auto zu fahren. Es ist ein solches Vergnügen. Bravo! Hast du das bemerkt, Gina? Wie der das gerade noch so vor mir geschafft hat zwischen Straßenbahn und Kühler? Ein toller Bursche! Der kann fahren! Hut ab, mein Herr, und daß es immer so gut ausgeht! ... Bitte sehr, meine Dame, nach Ihnen, ich warte gern. Die Straße gehört allen. Die Fußgänger haben den Vortritt, früher gehörte ihnen die Straße allein, die Autos kamen erst 1900. Bitte sehr, keine Ursache! Grüßen Sie die lieben Kinderlein daheim und Ihren gütigen Schutzengel! Vielen Dank für das Vertrauen zu meinen Bremsen! ... Verflixt! Jetzt hätte ich beinahe die Vorfahrt mißachtet! Tausendmal Verzeihung, mein Herr, bitte nichts für ungut! Die Schuld allein auf meiner Seite! Gute Fahrt! ... Schau, Gina, da vor uns träumt einer, fährt schön links, keiner kann an ihm vorbei, macht ihm nichts, er träumt, vielleicht träumt er gerade etwas Schönes, ist glücklich in seinen Gedanken, fahren wir langsam hinterher, was macht es uns aus, eine Minute früher, eine Minute später, wir wollen seinen glücklichen Traum nicht stören...? Dieser Teufelskerl auf dem Motorrad! Überholt rechts und ist schon vorbei! Das nenne ich fahren. Schnell denken und schnell schalten! So bleibt der Verkehr auf der Straße flüssig, wie ich sehe. ‚Straße nur einspurig befahrbar! Straßenbau.' Ist doch enorm, was sie für den Verkehr tun. Überall machen sie die Straßen breiter und gerader, damit wir Autofahrer es bequemer haben. ‚Salute, amigos! Schönen Dank!' Hast du gesehen, wie sie gelacht und zurückgewinkt haben? Sie arbeiten ja für uns, warum soll man ihnen nicht ein Dankeschön zurufen? Das verbessert das menschliche Klima. Ist die Fahrt heute schön! Bravissimo! Ein toller Geselle, der eben an uns vorbeigezischt ist! Überholt uns mit 120 Sachen kurz vor der Kurve und nichts ist geschehen! Was der aus dem kleinen Wagen herausholt, wie weit der schon wieder vor uns ist – es ist nicht der Wagen allein, es ist der Fahrer. Eine Freude, was heute alles unterwegs ist und wie die Leute in den letzten Jahren fahren gelernt haben! Haha! Schau mal, da vorn hat einer vergessen, die großen Scheinwerfer abzuschalten. Hallo, Freund! Jetzt hat er es gemerkt, hoffentlich ärgert er sich nicht, daß ich ihm zugeblinkt habe, vielleicht war er gerade in amore – leg deinen Arm um mich, Gina, laß mich auch sein in amore – ich bin so glücklich, ich liebe das Leben, ich liebe dich, ich liebe meinen Wagen und den Mond und die Sterne und die Menschen – alle Menschen fahren heute so rücksichtsvoll, ich glaube, sie müssen alle sein in amore zueinander und untereinander."

Zwei Wagen, zwei Fahrer, zwei Temperamente. Der eine lacht, der andere schimpft. Wer lacht, hat mehr vom Leben. Ihr ärgert euch ja nicht wirklich am Steuer eures Wagens, ihr reagiert nur. Reagiert lachend!

Aber nachts im Hotel

Dies ist eine verbürgt wahre Geschichte, die ich mit meiner Tochter Christine, 19, erlebte, als ich mit ihr auf Reisen war. Verzeiht, wenn es darin ein wenig turbulent zugeht, aber ich war es ja nicht, der nachts stürmisch an ihre Tür klopfte und Einlaß begehrte. Ich habe die schönen Männer nicht erfunden, die Strandgutsammler, die sich an der Riviera oder der Costa del Sol tummeln. Ich glaubte, wenn ein junges Mädchen mit seinem Vater reist, ist es gut behütet. Christine war auch gut behütet, am Tag wenigstens. Wir waren immer zusammen, lagen nebeneinander am Strand, wir gingen zusammen ins Wasser, ich schwamm wie ein treuer Wächter um ihr großes Gummitier herum, auf dem sie lag; fuhr sie mit meinem Wagen, saß ich neben ihr, die Stunde des Apéritifs verbrachten wir gemeinsam auf der Terrasse unseres Hotels, und wenn sich meiner Tochter ein Mann mit feurigen Blicken und zärtlichen Absichten näherte, verbannte ihn mein böses Gesicht, daß er zurücktaumelte und sein Glück anderweitig suchte. Wir waren so das rechte Bild eines strengen Vaters und einer gut behüteten, wenn auch liebreizenden Tochter, die sich gerade anschickte, aus dem Flügelkleid heraus in das modische Kostüm einer jungen Dame zu schlüpfen.

Das ging ein paar Wochen gut, dann erzählte mir Christine eines Morgens entsetzt, daß man heute nacht schon zum zweitenmal an ihre Tür geklopft hatte.

„Schon gut", sagte ich, „du wirst geträumt haben."

„Aber nein, Papa! Ich habe es ganz deutlich gehört."

„Im Traum, mein Schatz, im Traum."

Es war mir so selbstverständlich, daß meine Tochter geträumt haben mußte, denn daß einer nachts in einem Grandhotel an die Tür eines unbekannten jungen Mädchens klopft, wer hat je so etwas gehört? Aber es wiederholte sich, und zwar meist um dieselbe Stunde, nachts gegen drei Uhr früh, daß einer an die Tür klopfte, die Klinke niederdrückte und keine Antwort gab, wenn meine Tochter rief:

„Ja? Wer ist denn da?"

Als Antwort erfolgte nur neues Klopfen und ein Niederdrücken der Klinke.

„Wer ist draußen? So antworten Sie doch!"

Das Ganze dauerte fünf Minuten, dann entfernte sich der fremde stumme Besucher, und es stellte sich bald heraus, daß auch andere junge Mädchen und alleinwohnende weibliche Gäste nachts geweckt wurden, die allein in ihrem Zimmer schliefen. Vielleicht waren es Barmusiker, die beschwingt heimkamen und nun so ihren jugendlichen Übermut trieben. Was sie sich davon versprachen, wer will es wissen? Sie erkannten an den vor die Tür gestellten Schuhen, wo weibliche Wesen allein schliefen. Dort, wo sie Männerschuhe neben den zierlichen Sandaletten vorfanden, klopften sie nicht. Aber sonst klopften sie eifrig. Nacht für Nacht, nicht nur in unserem Stock – man nimmt diese Dinge in südlichen Ländern nicht so tragisch.

Meine Tochter, derartiger Späße ungewohnt und ihnen auch nicht ganz gewachsen, wurde richtig nervös, konnte nicht wieder einschlafen, lief tagsüber verwirrt herum, jeden Mann mißtrauisch musternd, ob er vielleicht jener sei, der – so quartierte ich Christine kurzentschlossen in ein anderes Zimmer ein, unweit dem meinen und – o kluger Plan eines liebenden Vaters! – stellte nachts meine Schuhe, die Schuhe eines Neunzigkilomannes, neben die ihren vor ihre Tür. Die List glückte. Von da ab klopfte keiner mehr nachts an ihre Tür. Seit drei Tagen war der Spuk vorbei und meine geliebte Tochter blühte wieder auf und gewann ihren Frohsinn zurück. Das Ganze wäre nun nicht des Erzählens wert gewesen, und nicht Ihrer Liebenswürdigkeit, mir zuzuhören, wofür ich Ihnen danke, wenn nicht am vierten Tag der mit einem schwarzen Backenbart geschmückte Direktor des Hotels sich meiner Tochter genähert hätte, während ich mir gerade das Haar schneiden ließ, und zu ihr mit verständnisvollem Lächeln gesagt hätte:

„Mademoiselle, ich kann alles verstehen – Sie sind jung, Sie sind schön, die Jugend, der Sommer, das Meer, der Süden – wir sehen vieles nicht, was wir nicht sehen wollen – aber daß er, dem der Himmel so viel Gunst erweist, sich jede Nacht bei uns seine Schuhe putzen läßt – – das geht zu weit!"

„Willkommen zu Pfingsten!"

Die Familie saß im Kreise. Es gibt Familien, die so sitzen. Es war eine ganz reizende Familie. Der Vater, mit dem Sinn fürs Praktische begabt, die Mutter, die zwei Töchter großgezogen hatte, die beiden Töchter, eine achtzehn, eine neunzehn – eine Familie, wie man sie vielerorts findet, eine Mittelstandsfamilie. Sie saßen kurz vor Pfingsten auf dem Balkon ihrer kleinen Wohnung, und ein Freund des Hauses weilte bei ihnen zu Besuch.

Der Freund des Hauses fragte:

„Was macht ihr über die Pfingstferien?"

„Ach, für uns ist gesorgt", sagte der Familienvater vergnügt, „wir fahren alle über die Pfingstferien an den Tegernsee."

„Das läßt sich hören!“

„Große Reise! Große Freude!“

„Habt ihr denn schon Quartier?“

„Ja. Seit gestern. Gestern kam die Zusage.“

„Ihr hattet rechtzeitig bestellt?“

„Nein. Wir haben uns erst vor kurzem dazu entschlossen und an das Hotel geschrieben.“

„Und eine Zusage erhalten? Wo?“

„Im schönsten und größten und besten Hotel am See.“

Der Freund kam aus dem Staunen nicht heraus.

„Dort habt ihr kurz vor Pfingsten noch ein Zimmer bekommen?“

Der Familienvater nickte:

„Zwei kleine Zimmer zwar, dafür aber ganz oben mit einem Balkon zum See hinaus. Vor uns das ganze Gebirge und der See, im Zimmer Dusche, Daunendecken, warmes und kaltes Wasser den ganzen Tag.“

„Mit Vollpension?“

„Mit voller Pension. Für vier Personen Frühstück mit Ei und allen Schikanen, auch Fruchtsaft, wenn wir mögen, an Pfingsten das große Festmenü mit Fisch und Fleisch – der Hotelier schrieb, wir werden zufrieden sein.“

„So prächtig unterzukommen, das ist euch vor Pfingsten noch gelungen?“

„Der Hotelier, der Besitzer des Hotels, ist beglückt, daß wir kommen.“

Der Freund des Hauses schüttelte den Kopf.

„Das verstehe, wer will“, sagte er, „alle meine Bekannten haben Absagen über Absagen bekommen. Jeder Ort, jedes Nest, jedes Hotel ist zu Pfingsten überfüllt. Seit Wochen schon. Da ist kein Bett mehr zu haben. Wie habt ihr das angestellt?“

„Ganz einfach. Wir haben auf ein Inserat geschrieben.“

„Auf ein Inserat? Das Hotel inserierte noch nach Gästen?“

Der praktisch veranlagte Familienvater lachte: „Nein. Nicht nach Gästen. Gäste haben die zu Pfingsten mehr als genug. Sie suchten Hilfspersonal, Küchenpersonal, Küchenhilfen zum Geschirr waschen, spülen, anrichten, Gemüse putzen, Zimmer putzen, Betten machen, Salate anrichten – kurz gesagt: gutbezahltes Aushilfspersonal über die Pfingstferien . . . und da wir aus der Stadt heraus wollten, haben wir uns einfach gemeldet . . ."

Liebe im Urlaubsgepäck

Der Urlaub ist auf vollen Touren. Mancher Ferienreisende blättert schon wieder im Kursbuch, welcher Zug nach Hause der günstigste ist. Oder er studiert die Straßenkarte, welchen Weg er wählen soll, um noch auf der Heimfahrt Schönes zu sehen und Berühmtes mitzubekommen.

Sie beginnen also, wieder ihre Bündel zu schnüren, und ich schaue ihnen schnell in den Koffer, ob sie ihr wichtigstes Reiserequisit nicht vergessen haben: die Liebe. Als sie sich daheim auf die Reise freuten und überlegten, welche Kleider und Schuhe sie in ihren Urlaub mitnehmen sollten, trat ich zu ihnen und sagte: „Vergeßt die Liebe nicht!"

„Dummheit!" sagte der Ehemann. „Ich reise mit meiner Frau."

„Um so mehr", antwortete ich. „Nehmen Sie lieber einen Anzug weniger mit, die Liebe im Gepäck ist wichtiger. Es reist sich mit ihr leichter."

Er sah mich verständnislos an, schüttelte über so viel Dummheit den Kopf und machte schnell seinen

Koffer zu, damit der dumme Topfgucker nichts mehr zu gucken hatte.

Liebe im Urlaubsgepäck – das ist nicht allein die Liebe zu dem einzelnen Menschen, die aus Küssen, Händehalten, sich ans Herz zu drücken und tief in die Augen zu schauen besteht. Es ist die Liebe zu den Menschen überhaupt und zu den Dingen, denen wir unterwegs begegnen, die Liebe zur Schöpfung, die uns zu jeder Minute sagen läßt: „Verweile doch! Es ist so schön!"

Setz dich darum nicht in die Eisenbahn auf deinem Eckplatz zurecht und starre nicht stur in die Zeitung. Sieh dich erst einmal um, wer mit dir reist. Sei einer Frau behilflich, ihr den Koffer ins Gepäcknetz zu heben. Sie kann es allein, soll sie nicht mit so großem Gepäck reisen, die vielen Kleider machen sie auch nicht schöner, die Essigsaure, aber nein, alles muß in den Koffer hinein, unterwegs wird sich schon ein Dummer finden, der den schweren Koffer hebt und trägt. Sei du getrost einmal der Dumme, Freund, du hast die Liebe im Urlaubsgepäck und hast dir vorgenommen, von vornherein jeden Mitreisenden zu lieben. Wer seinen Ofen heizt, sitzt warm. Wer Liebe ausstrahlt, empfängt Liebe. Da ist ein kleiner Junge im Abteil, der will gern aus dem Fenster sehen, vor dem du sitzt, laß ihn vor dir am Fenster stehen, rück ein wenig zurück, damit er es bequem hat, und starre nicht ängstlich auf deine Füße, daß er dir nicht auf die Zehen tritt. So ein kleiner Junge wiegt nicht viel, aber schwer wiegt die Freude, wenn er dich plötzlich aufgeregt bei der Hand packt und ruft: „Da! Schau! Schafe!" Er hat es gespürt, daß du ihn gern hast, deinem muffigen Gegenüber, das ihm genauso nahe sitzt, zeigt er die Schafe auf der Wiese nicht.

Vielleicht hast du dir auch auf dem Bahnhof vor der Abfahrt ein paar Zeitschriften gekauft. Drei liegen ungelesen auf deinem Schoß, während du in der vierten blätterst. Ärgere dich nicht, wenn einer von links und einer von rechts mit hineinschaut, die Bilder sind für ihn genauso neu und interessant wie für dich, auch gegenüber von dir verrenkt sich einer den Kragen, um neugierig das Titelbild zu betrachten. Hab die Liebe im Gepäck, gib den anderen deine drei Zeitschriften, während du in der vierten liest. Sie hätten sich selber eine kaufen können, ich mag keine zerlesenen und angeknitterten Illustrierten — ganz recht, mein Freund, ich denke genauso, nur habe ich auf dieser Reise die Möglichkeit, für wenig Geld die Liebe aus dem Koffer zu nehmen, es sind nicht die paar Mark, und ich ernte für eine Million Dank und Freundschaft und Lächeln und gute Nachbarschaft, was für ein billiger Preis, eine wahre Okkasion. Frag nicht, warum einer, der eine Zeitung lesen will, sich keine Zeitung kauft. Vielleicht muß er mit dem Groschen rechnen, um so größer das Geschenk deiner Liebe für ihn. Vielleicht war er auch beim Einsteigen in Eile und in Gedanken und ärgert sich jetzt über seine Vergeßlichkeit. Es liegt bei dir, seinen Ärger in Freude zu verwandeln . . . das hast du dir doch vorgenommen, als du daheim deinen Koffer packtest.

Die Liebe in deinem Gepäck gilt aber nicht nur den Menschen, denen du unterwegs begegnest, sie ist auch für die Landschaft bestimmt, durch die du fährst. Was fliegt alles draußen an dir vorüber! Dörfer, Städte, Flüsse, Burgen, Wälder, Äcker und Wiesen — schau nicht gelangweilt weg. Ein Wald ist ein Wald, zugegeben, ein Kirchturm ist ein Kirchturm. Aber wie er deine Gedanken widerspiegelt, die gerade in dir sind, wie er deine Phantasie beflügelt, wie dich der rotgedeckte Turm an einen Kirchgang erinnert, vor Jahren, es war ein ganz anderer Turm und eine ganz andere Kirche, in der du konfirmiert wurdest, getraut und wohin du dein erstes Kind zur Taufe trugst. Der Wald vor deinen Augen besteht aus Buchen, damals waren es Birken, unter denen du als Kind aufgeregt Pilze gesucht hast, oder er erinnert dich an den Wald, in dem dein Vater dir mit seinem Taschenmesser ein Pfeifchen schnitzte, durch den ein kleines Bächlein über blanke Kiesel sprang und ihr alle, Vater und Mutter eingeschlossen, eure Schuhe auszogt, um in dem klaren, lieblichen Wasser zu planschen. Auch durch diesen Wald neben dem Schienenstrang fließt vielleicht ein kleiner Bach – schau nur mit Liebe hin und es wird dir mit Liebe vergolten, das Schöne, das du erblickst, das Neue, das du entdeckst, das Große, das du erkennst, deine Wohnung ist nicht der Mittelpunkt der Welt, in all den hundert Häusern sitzen Menschen wie du mit den gleichen Sorgen, nimm dich nicht wichtiger als eine der Millionen kleiner grüner Tannennadeln in dem weiten Wald, durch den gerade dein Zug fährt.

Kommst du an, wohin du willst, so beginne mit Liebe und lobe diese Stadt, das Haus und das Zimmer, das man für dich vorbereitet hat. Liebe die Dinge, die dich umgeben, dann mußt du nicht lügen, sie zu loben. Es ist gar nicht so schwer, man muß nur guten Willens sein. Liebe den Tag und den Wind, liebe den Boden unter deinem Fuß, denn einmal ist die kleine Gasse ja gebaut und gepflastert worden, in der du vom Marktplatz zum Fluß gehst, allen Menschen zuliebe, auch dir zuliebe – erwidere die Liebe mit einem Lächeln des Beschenkten. Und wenn auf deinem Spaziergang ein Ball von Kinderhand geworfen vor dir in eine Pfütze fällt und deine Hose beschmutzt, einer hat ja die Wolle geschoren und gewaschen und gesponnen und gewebt und zugeschnitten und genäht, aus der deine Hose gemacht ist. Hast du dich bei ihnen bedankt? Bedanke dich jetzt, indem du das Kind nicht beschimpfst, das den Ball so ungeschickt warf, nimm den Ball aus der

Pfütze heraus und putze ihn ab, damit das Kind sich nicht schmutzig macht – auch deinem Kind wird einmal einer einen Ball aufheben.

Wenn du an diesem Abend deiner Reise schlafen gehst, so träum davon, das nächste Jahr wieder die Liebe in deinen Koffer obenauf zu packen. Inzwischen im Alltag, nach den Erfahrungen dieser Reise, wirst du sie sicher immer in deiner inneren Rocktasche tragen. Dann begegnet man dir gern.

Reise ins Land der Antike

Die Urlaubszeit stand vor der Tür. Die Leute schmiedeten Reisepläne. Heinrich sagte:

„Dieses Jahr gehen wir auf den Vesuv!"

Gesagt, geplant, gebucht.

Heinrich und Hermine Woller standen auf dem Vesuv.

Der Vesuv rauchte, wie der Prospekt es befahl.

„Prächtig!" sagte Heinrich Woller.

„Einmalig!" sagte Hermine beeindruckt und fügte hinzu: „Ob es hier oben Stocknägel zu kaufen gibt? Die Leute würden ein Bombengeschäft machen!"

Dann packte sie ihre Siebensachen zusammen und sagte:

„Das wäre geschafft! Jetzt kommt Pompeji!"

„Wo kommt er?" fragte Heinrich Woller und schaute sich um.

„Pompeji kommt doch nicht her! Wir gehen jetzt hin!"

„Zu Pompeji! Hast du die Adresse?"

„Heinrich! Heinrich!" sagte Hermine. „Erinnerst du dich nicht mehr, daß ich daheim sagte: wenn wir den Vesuv gesehen haben, besuchen wir Pompeji?"

„Ja doch. Das weiß ich! Aber dazu müssen wir doch wissen, wo der Mann wohnt."

„Pompeji ist doch kein Mann! Pompeji ist eine Stadt!"

„Dachte ich es mir doch fast! Wer wohnt dort, den du kennst?"

Hermine holte aus ihrer Tasche den Baedeker hervor.

„Pompeji", las sie laut, „einst eine blühende Hafenstadt in Kampanien –"

„Wieso Kampanien?" unterbrach Heinrich, „wir sind doch in Italien?"

„Das hieß früher so."

„Was? Wie? Italien hieß früher Kampanien? Wenn ich daheim erzähle, wir haben eine Kampanienreise gemacht, weiß keiner, wo wir waren. Wieso hat denn das früher anders geheißen?"

Hermine zuckte die Schultern.

„Was weiß ich? Ich habe doch früher auch Müller geheißen und heiße jetzt Woller."

„Ja du! Weil du mich geheiratest hast! Mit Müller ist es die gleiche Sache wie mit Kampanien! Wenn man sagt, man war bei Müller, weiß keiner bei welchem Müller! Und in diesem Kampanien liegt nun dein Pompeji? Was gibt es denn dort zu sehen?"

„Alte Sachen, Heinrich!"

Heinrich guckte schief, wie auf den Arm genommen.

„Alte Sachen? Alte Sachen habe ich an. Wenn ich alte Sachen sehen will, gucke ich daheim in meinen Kleiderschrank."

„Das sind doch andere alte Sachen, Heinrich. Diese hier sind aus Marmor."

Heinrich Woller wurde hellwach.

„Marmor? Marmor? Das läßt sich hören! Wir haben doch daheim das Bild über dem Bett: Marmor und Psyche —“

„Das heißt Amor, Heinrich!“

„Wegen dem einen M! Weit kann es da nicht weg sein!“

Hermine Woller, die Bildungsbeflissene, ließ den Mut nicht sinken.

„Pompeji ist etwas ganz anderes, Heinrich. Da sind alte Häuser und alte Figuren in besonders schönen Proportionen —“

„Siehste!“ sagte Heinrich erfreut. „Das hängt also doch mit dem Bild im Schlafzimmer zusammen. Als mein Freund Gustav jüngst bei uns war, hat er gesagt: ‚Gucke mal, Heinrich, was sie für prächtige Proportionen hat!‘ Und das ist dort zu sehen?“

„Pompeji ist eine untergegangene Stadt“, belehrte Hermine, „eines schönen Tages ist der Vesuv ausgebrochen und hat die ganze Stadt mit glühender Lava übergossen. Da siehst du alles in Pompeji, als wäre es erst gestern geschehen. Da liegt auch noch damals gebrochenes Brot und frische Semmeln 2000 Jahre alt, steinhart, dabei sehen sie wie frisch aus —“

„So eine Semmel habe ich heute zum Frühstück im Hotel bekommen!“ rief Heinrich, „die sah auch wie frisch aus! Nein, Hermine, da marschier mal schön allein, ich gehe inzwischen schnell nach Sorrent hinunter und schaue mir den Busen von Neapel an. Dann erzählst du mir, wie's bei dir war, und ich erzähle dir, wie's bei mir war. Auf diese Weise haben wir alles gesehen und uns einen ganzen teuren Reisetag gespart.“

Seht, so reisen die Leute ins Land der Antike. Ihr Bildungsdrang ist in den letzten Jahren ins Ungeheuerliche gewachsen.

Die schwarze Katze

„Meine liebste Ingeborg!“ schrieb Klaus Böttger, Student der Medizin, achtes Semester. „Mein kleiner runder Ofen ist schon bis zum Rand angefüllt mit lauter angefangenen Briefen an Dich, sie heizen mir ein an diesem kalten Weihnachtsabend. Jetzt habe ich nur noch ein Blatt auf meinem Schreibblock, und wenn es mir diesmal nicht gelingt, Dir das zu sagen, was ich Dir schreiben muß — —. Als wir uns im Sommer kennenlernten, Ingeborg — ich war in dem Jugendzeltlager bei Grado —, wußte ich nur, daß Du Studentin bist gleich mir. Ich nahm an, daß auch Du Dir das Geld für Dein Studium selbst verdienen müßtest — vielleicht gabst Du Stunden oder schriebst für einen Professor Manuskripte ab oder warst in einem kinderreichen Haushalt tätig, wie es ja viele von euch heute tun. Du warst auch gar nicht zimperlich und ließt Dich gleich am ersten Abend küssen. Woher sollte ich wissen, daß es der erste Kuß in Deinem Leben war? Wie sollte ich auf die Idee kommen, daß Du ein wohlbehütetes Mädchen aus reichem Hause bist, der Augapfel Deines Vaters, der so viel Geld hat, daß ich es nicht einmal zählen könnte, säße ich auch darüber von früh bis spät in die Nacht. Du kannst Dir meinen Schreck vorstellen, als ich nach den Ferien in die Stadt zurückkam und dort erfuhr, wer Du eigentlich bist. Es war nicht leicht für mich, mit Dir gemeinsam in der Mensa zu essen, wozu Du Dich plötzlich entschlossen hattest, Dich in die kleinen Konditoreien zu führen, wo die Tasse Kaffee zehn Pfennige billiger ist, oder Dich in eines jener kleinen Kinos einzuladen, wo wir Studenten nur den dritten Platz bezahlen müssen, uns aber dafür in die ohnedies leeren Logen setzen dürfen. Ich wußte, wie verwöhnt Du sein mußtest und wie fremd Dir alles dies war, auch wenn Du es Dir nie anmerken ließest. Ich wurde den Gedanken nicht los, wie alles weitergehen sollte. Ich wollte Dich nicht verlassen, wir träumten davon und schmiedeten Pläne, wie alles einmal sein würde, wenn Du erst meine Frau bist, ja sogar über die Patienten unserer gemeinsamen Praxis unterhielten wir uns, welchen Fall jeder bekommen sollte und ob ich die Schnupfen kurieren werde und Du die Mandelentzündungen. Wir haben uns nie eingestanden, daß dies ja alles nur Träume sind, daß nie etwas daraus werden kann, denn noch stehen sechs Semester vor mir und dann bin ich Assistenzarzt in einer Klinik. Wann würde ich soweit sein, eine eigene Praxis zu besitzen, um daran denken zu können, vor Deinen Vater zu treten und ihn zu bitten, Dich mir zur Frau zu geben?

Ich dachte, kommt Zeit, kommt Rat. Die Zeit ging herum, aber meine Aussichten sind nicht rosiger geworden. Als Werkstudent verdiene ich mir meinen Unterhalt, und auch für Mutter muß etwas übrig bleiben, und ich stehe vor Dir an diesem Weihnachtsfest mit leeren Händen. Ich kann Dir doch unmöglich ein Fläschchen Kölnisch Wasser oder ein Briefpapier mit Deinem Namen schenken. Wie armselig würde es sich auf Deinem reichen Gabentisch ausnehmen, den Dein Vater Dir aufbaut. Und wie sollte ich es bringen? Einfach zu Euch kommen, wie Du es sagtest? Grüß Gott, da bin ich, frohe Weihnachten und mein Name ist Klaus Böttger? Dein Vater würde mich hochkant hinauswerfen und ich könnte ihm nicht einmal böse sein darüber. Als Du mir gestern sagtest, Vater ginge sofort nach der Bescherung zu Deinen Großeltern und ich könnte dann heimlich zu Dir kommen, habe ich nein gesagt. Du hast mich zuerst nicht verstanden, Ingeborg. Du sprachst von meinem Stolz oder wie Du es nanntest. Ich kann nicht hinter dem Rücken Deines Vaters sein Gast sein, ich bin kein Strauchdieb, ich will und darf mich nicht verstecken, sagte ich. Du ließest es nicht gelten. Komm bestimmt, sagtest Du, ich warte auf dich! Die Kerzen werden brennen, ich stehe am Fenster und schaue die ganze Nacht nach dir aus. Denn es ist kein Weihnachten für mich, wenn du nicht bei mir bist, das alte Jahr geht für mich nicht zu Ende und das neue beginnt nicht ohne dich. Was sollte ich Dir darauf erwidern? Ich wollte unter diesen Umständen nicht kommen und werde nicht kommen, und damit ich selbst nicht schwach werde, habe ich für heute abend einen Auftrag angenommen.

Du weißt, ich stand in den letzten Tagen als Weihnachtsmann vor einem Pfefferkuchenladen. Ich bekam dafür jeden Tag soundsoviel Mark. Du hast mich ja oft stehen sehen, in meinem dicken Mantel, eine rote mit weißer Watte gefütterte Kapuze auf dem Kopf, mit einem langen weißen Bart, eine goldglitzernde Rute in der Hand und einen großen Sack, aus dem ich an die Kinder Süßigkeiten verteilte. Wir sind acht Studenten, die als Weihnachtsmänner in den Straßen vor den Geschäften stehen. Heute nun, nachmittags gegen vier Uhr trat ein kleines, ungefähr neunjähriges Mädchen in Begleitung einer alten Dame an mich heran. Es überreichte mir ein Körbchen, in dem eine schwarze Katze lag, und sagte, ich solle die Katze heute abend um acht Uhr als Weihnachtsmann ihrer großen Schwester bringen. Ich sagte zu, weil das kleine Mädchen so nett zu bitten verstand, und auch, weil ich nicht den ganzen langen Weihnachtsabend allein sein wollte. Es schaut nicht viel für mich dabei heraus, ein paar Mark vielleicht und ein warmes Abendessen, nicht einmal in der Küche, ich soll als Weihnachtsmann am Familientisch mit sitzen, wie man mir sagte. Du kannst Dir vorstellen, was für eine Plage das in dem warmen Mantel und dem langen Bart sein wird. Aber ich habe den Auftrag angenommen und die Adresse notiert, schon weil ich mich zwingen wollte, nicht doch noch zu Dir zu kommen, wenn mich die Sehnsucht plagt.

So wirst auch Du wahrscheinlich heute mit Deinem Vater und den Geschwistern zu den Großeltern gehen, ich denke an Dich, laß Dir recht viel bescheren und verlebe ein glückliches Fest. Ich selbst ziehe mich jetzt wieder als Weihnachtsmann an, die schwarze Katze wird schon ungeduldig und streicht miauend um den Ofen, ich will sie schnell der großen Schwester des kleinen Mädchens bringen . . ."

Ein Weihnachtsmann mit roter Kapuze und einem langen weißen Bart stand vor der Tür der Villa Parkstraße neun. Er hielt eine schwarze Katze im Arm und läutete. Ein alter Herr öffnete ihm, er war nicht sehr groß, ging gebückt und an einem Stock.

„Ach, da ist ja endlich unser erwarteter Weihnachtsmann!" sagte er froh. Und noch in der Tür drehte er sich um und rief mit heller Stimme, die oft alten Leuten zu eigen ist:

„Ingeborg! Dein Weihnachtsmann ist da! – Und unsere kleine Katze ist endlich auch wieder im Hause!"

Er nahm behutsam das kleine Kätzchen, das in der gewohnten Umgebung sofort zu schnurren begann, Klaus aus dem Arm. Es war auch höchste Zeit, daß er dies tat. Denn Klaus brauchte beide Arme, den einen, um Ingeborg ans Herz zu drücken, und den zweiten, ihrem Vater die Hand zu schütteln.

Venedig hat keine Straßen

Wer gleich mir durch Florenz spazierengeht – über den Ponte Vecchio, die alte Brücke mit den berühmten Goldschmiedeläden rechts und links –, wer den David des Michelangelo grüßt, die Uffizien durchschreitet, bei Riccardi ein Florentiner Steak verzehrt, ein zweiseitiges, noch am Knochen angewachsenes, und rechts und links von ihm vierzig gute Bissen, wer also gleich mir durch Florenz spaziert, wird meine Freude teilen, wenn er erfährt, daß seit einiger Zeit die Straßenbahn, die dem Autofahrer das Leben zur Hölle machte, aus dem Stadtkern herausgenommen wurde. Jetzt sind es nur noch die Autofahrer, die uns Fußgängern das Leben zur Hölle und das Überqueren einer Straße zur Qual machen. Da heißt es springen und hüpfen, zwei Schritte vor und einen zurück. Nun, ich hatte mich in München geschult, mir machte es nichts mehr aus: wer in München gesund von einer Straßenseite zur anderen gelangt, für den ist Florenz ein Kinderspiel.

Ich stand da und bewunderte den Dombaumeister, der das Kunststück fertiggebracht hatte, in einen Pfeiler des heiligen Bauwerks sein eigenes Gesicht zu meißeln – mit weit herausgestreckter Zunge. Über diesen profanen Scherz erschrocken, ließ ich mir erzählen, daß just in dem Haus, vor dem ich stand, während des Dombaus jahrelang ein Mann zum Fenster herausgeschaut und seine Zeit damit verbracht hatte, dem Dombaumeister Arnoldi di Cambio lauthals gute Ratschläge zuzurufen. Nach seiner Ansicht hätte der Dom ganz anders gebaut werden müssen, und auch das Aufwärtsstreben der Türme fand nicht seinen Beifall, sondern heftige Kritik, die er laut äußerte. Der Dombaumeister, so wird berichtet, ertrug den Spott und das Besserwissen des Bürgers wortlos. Als aber der Bau seiner Vollendung nahe war, meißelte er sein Gesicht in den Pfeiler und streckte dem Mann gegenüber – genau in der Richtung des Fensters, aus dem das Lästermaul täglich herausgeschaut hatte – die Zunge heraus. Ich überlegte mir, wie ich gewissen Herren, die heute mir zuschauen und mir gute Ratschläge erteilen, wie ich besser schreiben solle, um ihre Zustimmung zu finden, in meinem Metier die Zunge herausstrecken könnte...

Denn *eine* Genugtuung muß der Mensch am Schluß seines Lebens doch haben.

Während ich so dastand, den Blick auf den Dom gerichtet, fielen mir zwei alte Damen auf, die sich bemühten, die Straße zum Dom hinüber zu überschreiten. Sie waren nur wenige Schritte von mir entfernt, standen am Rande des Gehsteiges, glichen zwei aufgeschreckten Hühnern, schauten ängstlich nach rechts und links, hielten sich fest an den Händen gefaßt und versuchten immer wieder erneut, über die Straße zu gelangen. Aber kaum hatte die eine ihren Fuß auf die Fahrbahn gesetzt, riß die andere sie erschrocken zurück. So trieben sie es abwechselnd wohl gute zehn Minuten, die beiden alten Damen unter ihren schwarzen Mantillen und dem weißen Haar unter den dunklen Kopftüchern, die Handtaschen ängstlich unter den freien Arm geklemmt. Viele Menschen hatten längst neben ihnen die Straße überquert, waren durch die Lücken der heranrollenden Omnibusse und Autos gelaufen – hier aber blieb es bei den ängstlichen Versuchen. Aber sie wollten ganz offensichtlich auf die andere Straßenseite hinüber, zum Dom, vielleicht waren sie dort mit ihren Verwandten verabredet oder wollten ein Gebet verrichten, jedenfalls gaben sie ihre verzweifelten Versuche nicht auf.

Ich machte ihrer Not ein Ende, ging auf sie zu und erbot mich, sie über die Straße zu geleiten. Sie waren hochbeglückt. Ich trat zwischen sie, nahm die eine bei der rechten, die zweite bei der linken Hand, und so führte ich sie sicher hinüber auf den jenseitigen

Gehweg. Sie drückten mir erlöst die Hand und sagten verlegen:

„Ci deve scusare – Sie müssen entschuldigen – siamo di Venezia – wir sind aus Venedig . . .“

Rendezvous in Salzburg

Kam doch da eines Tages ein Brief mit einer reizenden Schrift an mich. Es gibt solche Schriften, die einem durch und durch gehen. Zärtliche Schrift mit hellblauer Tinte auf einem rosa Papier geschrieben, die kleinen Bögen und Rundungen der Buchstaben versprechungsvoll gezogen. In solch eine Schrift verliebt man sich auf den ersten Blick und träumt von der Briefschreiberin. So ein Brief erreichte mich neulich.

„Ich habe mich bis über beide Ohren in Ihre Geschichten verliebt, Meister!“ stand darin. „Wer so zärtliche Worte der Liebe findet, von dem träumt man als Leserin und denkt: Was für ein Mann! Darf ich hoffen, ein Foto mit Unterschrift von Ihnen zu bekommen? Herzlichst, Verena, Fotomodell.“

Ich bin ein Mann in den guten Jahren, die besten sind vorbei. Je älter der Hirsch wird, desto höher trägt er sein Geweih. Ein Fotomodell und dann diese Schrift – ich setzte mich hin und antwortete sogleich:

„Mit großer Freude schicke ich Ihnen mein Foto. Darf ich auch um Ihr Bild bitten? Sie machen mich glücklich damit. Immer Ihr . . .“

Ich bekam das Foto.

Eine Zwanzigjährige. Schön wie der junge Tag.

Ich ließ mich nicht lumpen und schrieb entzückte, zärtliche Briefe. Ich bekam sie in der gleichen Art zurück. Wir hatten gegenseitig unser Bild auf dem Schreibtisch stehen und berauschten uns daran. In der Nacht träumten wir voneinander. Als ich es vor Sehnsucht nicht mehr aushielt –

„Verena", schrieb ich, „der Briefe sind genug gewechselt, laßt uns jetzt endlich in die Augen sehen. Treffen wir uns in der Mitte unserer beiden Wohnsitze. Hier ist eine Fahrkarte nach Salzburg. Geben wir uns Sonntag vormittag elf Uhr ein Rendezvous im Mirabellgarten vor dem scheuenden Pegasus. Ich habe Ihnen dort etwas zu gestehen. Werden Sie kommen?"

Sie kam nicht.

Ich wartete zwei Stunden im Mirabellgarten. Der scheuende Pegasus sah aus, als lachte er über mich. Es waren um diese Stunde wenige Menschen an dieser Stelle. Nur eine gepflegte, sehr vornehme Dame, ein wenig kurzsichtig, saß auf der Bank und blickte sich suchend um, als warte sie auf jemanden. Sie blickte allen Vorüberkommenden in die Augen, auch mir. Nach einer Stunde ging sie. Ich nahm es als gutes Zeichen, Vogelscheuchen vertreiben die Amseln. Jetzt mußte sie endlich kommen, meine Amsel, mein Fotomodell, um das ich alle Fotografen beneidete. Aber sie kam nicht. Ich fuhr unverrichteter Dinge von Salzburg wieder heim. Es war diesmal für mich keine Festspielstadt gewesen.

Am nächsten Tag kam ein Brief.

Er war in Salzburg zur Post gegeben. Der Stempel verriet es.

„Warum sind Sie nicht gekommen? Ich habe eine volle Stunde auf Sie gewartet", stand darin. „fast bin ich froh, daß Sie nicht da waren, denn ich hatte Ihnen etwas zu gestehen, wovor ich mich fürchtete. Als Sie vor Monaten mein Bild erbaten, nahm ich, um Sie nicht zu enttäuschen, ein Foto, das zwanzig Jahre alt war..."

Ich warf den Brief in den Kamin und dankte den Göttern. Denn auch ich hatte damals, durch das Wort Fotomodell zu Feuer entfacht, ganz unten aus meiner Erinnerungsschublade ein altes Foto von mir hervorgezogen und ihr geschickt, auf dem ich Jahre jünger war als heute. Ich wollte meine Anbeterin nicht enttäuschen. Manchmal glaubt einer wie ich, er wäre unsterblich. Unsterblich in uns aber ist nur die Dummheit und sie ist dann am größten, wenn wir von Dingen träumen, die uns nach den Jahren gemessen nicht mehr zustehen.

Urlaubsnovelle

...Wenn ich an meinen Urlaub zurückdenke, so überstrahlt alle meine Erinnerungen das Bild einer goldroten Katze. Es war eigentlich eine ganz gewöhnliche Katze, eine Wald- und Wiesenkatze, das Fell sehr dicht und wollig, rotbraun wie ein Fuchs sah sie aus, ein langer, buschiger Schweif, rosa schimmernde Ohren und ein Schnauzbart wie ein Gardekürassier altväterlicher Prägung... ein Kater, wie man mir erzählte, es gibt keine rothaarigen weiblichen Katzen, ein Spiel der Natur, daß nur den Katern das rote Fell vorbehalten ist. Ich fand den Kater auf einer Bank vor einem kleinen Haus etwas außerhalb des Ortes, er lag in der Sonne und blinzelte mich an, als ich vorüberging.

Ich blieb stehen, um der Katze zuzusehen, wie sie sich putzte und räkelte und nach allen Seiten streckte, ein ansteckendes Sichwohlfühlen und Behagen ging von ihr aus. So gut es geht, schien sie mir sagen zu wollen, komm, setz dich zu mir, und kraul mir ein wenig den Kopf. Ich weiß nicht, ob Sie schon einmal einer Katze den Kopf gekrault haben, sie hat die Zärtlichkeit eines jungen Mädchens, sich in Ihre Hand zu schmiegen, sie schnurrt dabei und drückt ihren Leib ganz fest gegen dich. Du vermagst nicht mehr, deine Hand wegzuziehen, ein großes Glücksgefühl zieht in dein Herz ein, und hier kam noch etwas Besonderes hinzu: die Linden blühten.

Zwei alte, weitausladende Linden standen vorm Haus, die Bienen summten in ihren Zweigen, es roch wie in einem Honigstock, so süß und warm.

Ich ging an diesem Tag nicht weiter und blieb bis weit in den Abend hinein neben der Katze sitzen und streichelte sie. Das war am ersten Tag meines Urlaubs geschehen, der genauso lange währte, wie die Linden blühten, drei Wochen. Ich kam jeden Tag zurück und fand meinen Kater stets auf der alten, sonnendürren Hausbank, so als ob er auf mich gewartet hätte. Von der dritten Begegnung an hatte ich immer einen Leckerbissen für ihn dabei, ein kleines Stück rohes Fleisch oder eine dünne Scheibe Schweizer Käse, nachdem ich bemerkt hatte, daß er Käse jedem Fleisch vorzog. Auch brachte ich ihm anfangs öfter, später täglich eine kleine Flasche Milch, die ich auf dem Weg beim Bauern holte . . . ich hatte mir eine kleine Schüssel gekauft, im Andenkenkiosk, der Name der Sommerfrische war mit Tusche daraufgemalt und ein paar Bergblumen, in diese Schüssel schüttete ich die Milch.

Es mag sein, daß diese so schnell geschlossene Freundschaft zwischen einem Tier und einem Menschen von noch nicht sechsundzwanzig Jahren ein wenig sonderbar erscheint, zumal ich auf meinem

Urlaub nichts anderes tat, als täglich den roten Kater besuchen, neben ihm zu sitzen und ihn zu streicheln. Ich ging weder tanzen, noch zu den Kurkonzerten, ich saß nicht unter den fröhlichen Menschen auf den Bänken der Promenade, wo junge Leute in meinem Alter schnell Anschluß finden und ein schnellebiges Ferienabenteuer jede Minute auf sie wartet. Ich sprach auch mit keinem Menschen, und als mir am „Tag des Gastes", dem Sommerfest, eine Mutter mit zwei reizenden Töchtern, die mit mir im gleichen Hotel wohnten, einen Platz an ihrem Tisch anbieten ließ, bedauerte ich unendlich, ich befände mich in einem Gemütszustand, der es mir nicht erlaubte, unter Menschen zu gehen. Ob ich einen Trauerfall in der Familie gehabt hätte, ließ mich die um das Vergnügen ihrer Töchter unermüdlich besorgte Mutter fragen. Nein, kein Trauerfall, weder in der Familie, noch sonst, ich befände mich im ausgeglichensten Zustand meines Lebens, ließ ich ihr berichten, nur eben gegenwärtig nicht darauf eingestellt, junge Mädchen zum Tanz zu führen und sie angemessen zu unterhalten. Kaum hatte ich dies ausgesprochen, erfüllte mein Herz die Sehnsucht nach dem roten Kater auf der geschwungenen, von der Sonne ausgedörrten, farblosen Hausbank unter den blühenden Linden; ich eilte hinaus zu ihm und blieb, da es an diesem Abend sehr warm war und der Mond schien, bis weit über Mitternacht neben dem roten Kater.

Wie gesagt, es mag auch in dieser Erzählung ein wenig sonderbar anmuten, dieses Gebaren eines jungen Mannes von einigermaßen Lebensart und Lebenslust; da fällt mir ein, daß ich das Wichtigste zu erwähnen vergaß: der rote Kater saß von der ersten Stunde an, wo ich ihn erblickte, und auch in der Folge jeden Nachmittag und jeden Abend bis spät in die Nacht hinein auf dem Schoß eines jungen Mädchens von neunzehn Jahren.

Barbara hieß sie und hatte sich vor kurzem den Fuß gebrochen.

Im Oktober wollen wir heiraten.

Die Entscheidung

Ich bekam dieser Tage einen überraschenden Besuch.

„Störe ich?"

„Kommst du je in ein Haus, ohne zu stören?"

„Ich weiß, ich bin nicht gern gesehen", sagte mein Besucher, „aber was bleibt mir übrig, als von selbst anzuklopfen und zu sagen: Es ist soweit! Einen von euch, dich oder deine Frau, muß ich heute abholen — es liegt bei dir, die Entscheidung zu treffen."

„Hör zu, Gevatter", antwortete ich, „welcher Ehemann würde nicht sein Leben für seine Frau hingeben? Keiner stirbt gern, aber ich liebe meine Frau, sie hat noch so viel Freude am reichen Leben — wenn es also sein muß, nimm mich."

„Du sprichst, ohne ernstlich nachgedacht zu haben", sagte mein Besucher, Gevatter Tod, „so einfach ist die Entscheidung nicht. Wer stirbt, ist im Vorteil. Von ihm fallen alle irdischen Sorgen ab. Alles, was dich heute noch bedrückt, der Kampf um die Existenz, der Streit mit dem Nachbarn, das Abwehren der Gläubiger, die Angst vor dem Alter, ob der Notgroschen reichen wird, die Sorgen um die Zufriedenheit des Chefs und der Verdruß mit den Kollegen ist für dich vorbei. Der Tote hat es immer gut. Er hört nicht die Stürme, die um sein Haus fegen, er sieht nicht die Wasser steigen, kein Brief kann ihm traurige Post bringen, ihn drückt kein Schuh, ihn schmerzt kein Zahn mehr, er kann endlich einmal ausruhen und sein Sorgenbündel zuschnüren und abseits stellen."

„So magst du es sehen", antwortete ich, „es ist dein Beruf, dem Menschen, den du abholst, tröstlich zu begegnen. Was mich betrifft, so war meine Hoffnung stets stärker als meine Angst. Wenn ich vor meiner Frau sterbe, so tue ich es ohne Vorteil, weil ich sie liebhabe und ihr die Freuden des irdischen Lebens erhalten will."

Der Gevatter sah mich lange an. Es war etwas Gütiges in seinem Gesicht.

„Gerade weil du deine Frau liebst, solltest du dir deine Entscheidung noch einmal überlegen. In einer guten Ehe, wie ihr sie geführt habt, dreißig Jahre, wo immer einer für den andern da war, wo es nichts gab, was nicht euer Gemeinsames war, wird der Zurückbleibende härter getroffen als der Davongegangene. Du glaubst es nicht? Denk darüber nach, wie das Leben deiner Frau aussehen wird. Ihr Herz ist gebrochen wie deines, nur, daß sie damit weiterleben muß, jetzt alle Sorgen, die ihr bisher gemeinsam getragen habt, allein auf ihren Schultern. Das Leben wird für sie hart und unbequem sein, wenn du ihr nicht mehr zur Seite stehst. Sie wird blind über jeden Stein stolpern, den du ihr nicht mehr aus dem Weg räumen kannst. Niemand ist da, ihre Tränen zu trocknen, die Erinnerungen werden sie quälen bei jedem Lied, auf jedem Spaziergang, selbst der Anblick deines Löffels wird sie verwunden, wenn sie für sich allein den Tisch deckt. Sie wird einsam sein, eure Freunde werden sich von ihr zurückziehen, denn wer mit einem Ehepaar befreundet war, weiß meist mit dem zurückgebliebenen Teil nichts mehr anzufangen. Man wird sich entschuldigen, vielleicht noch an Feiertagen gedankenlos ein frohes Fest wünschen. Deine Frau wird einsam daheim auf einem Stuhl sitzen, die Uhr wird ticken, sie wird immer auf die Uhr starren, aber da kommt keiner herein, nicht du und auch niemand, der nach dir fragt, so wie es früher war – sie wird still dasitzen, mit schmalen Lippen, und sich erinnern, was sie versäumt hat, dir Gutes zu tun, daß sie dir nicht ein einziges Mal gedankt hat, daß du sie zur Frau genommen hast und daß du ihr ein guter Mann warst, die nichtgesagten Worte der Liebe liegen jetzt in ihrem Herzen wie Steine, die ihr den Atem abschnüren und sie niederziehen, sie wird die Minuten, die sie dich warten ließ, verwünschen, denn jede Minute zählt jetzt wie tausend verlorene Minuten ... Ihr Verstand wird sich verwirren, sie wird mit dem Stuhl sprechen und mit dem Tisch, sie hat ja sonst niemand, dem sie ihr Herz ausschütten kann – später wird sie den Tag im Bett liegen bleiben, wozu soll sie aufstehen, es wartet ja keiner auf sie, es braucht sie ja niemand – sag, willst du sie wirklich dieser Not freiwillig überantworten?"

Ich faßte den Gevatter an der Hand.

„Nein!" rief ich. „So soll sie nicht leben. Ich liebe sie mehr als mich selbst. Laß mich so elend leben und nimm sie mit in den Frieden des Sterbens. Sie schläft oben, sie war müde. Trag sie behutsam davon, ohne sie zu wecken. Sie soll erst ihre Augen wieder aufschlagen, wenn sie vor Gottes Herrlichkeit steht. Laß sie nicht früher erwachen, sie könnte sich kränken und nach mir fragen, ob ich allein ohne sie fertig würde."

Der Gevatter nickte mir wie ein Versprechen zu, dann stand er auf und ging zur Treppe, die in den oberen Stock führte. „Nein!" schrie ich auf. „Laß sie mir! Oder nimm mich! Ich könnte es nicht ertragen, ihre Stimme nicht mehr zu hören, ihre Schritte im Haus, das leise Zittern des Frühstücksgeschirrs, wenn sie am Morgen den Tisch deckt. Ich kann nicht allein am Tisch sitzen, ich kann nicht im Bett liegen, ohne neben mir ihren Atem zu hören. Was gäbe es noch für eine Freude in der Welt, wenn sie nicht daran teil hätte? Der Stuhl im Zimmer, auf dem sie saß, der Mantel am Haken, den sie trug, das Türschild selbst, das sie jeden Freitag putzte, jedes Hemd, das ich aus dem Schrank nähme und das noch von ihr gebügelt ist, jeder Strumpf von mir, den sie stopfte, selbst die Bank in der Kirche, auf der wir gemeinsam beteten – wie könnte ich diesen Anblick ertragen! Mein Verstand würde zerstört von dem Gedanken, was ich versäumt habe, wie viele zärtliche Worte blieben ungesagt, wieviel Gutes ihr zuliebe ungetan, warum las ich die Zeitung, statt mit ihr zu plaudern und sie anzusehen, sie war doch schön, sie gefiel mir, nie habe ich es ihr in den letzten Jahren gesagt, warum sagte ich nie: danke schön, daß du da bist – danke schön, daß du mich zum Mann genommen hast – danke schön, daß ich dich so lieb behalten konnte wie am ersten Tag unserer Liebe? Ich habe mich nie für ihr Leben bedankt, das sie mir schenkte, nie für ihre Geduld, mit der sie meine Ungeduld entwaffnete, nie für ihren Blick, mit dem sie mich immer ansah, dieses Lächeln aus der Tiefe ihres Herzens. Jetzt weiß ich, daß das Wort „meine Frau", das man ein Leben lang so dahin sagt, das schönste Wort ist, das die menschliche Sprache kennt – laß mich noch einmal zu ihr gehen, ehe du sie mir nimmst, gib mir noch drei Tage, eine Woche nur, um all das nachzuholen, was ich versäumte . . ." Da trat der Gevatter von der Treppe, die nach oben führte, zurück und ging zur Tür, die ins Freie führte.

„Ich habe soeben in meinem Buch entdeckt, daß ich mich in der Hausnummer geirrt habe", sagte er. „Ihr zwei kommt erst ein paar Seiten später dran, wie ich lese . . . nichts für ungut, Freund. Und nützt die Zeit bis dahin, denn wenn ich wiederkomme, kann ich euch keine drei Tage Zeit geben, nicht einmal drei Minuten, um das nachzuholen, was ihr in dreißig Jahren versäumt habt."

Kalender der Liebe

Jedes Jahr, immer in diesen Tagen, häufen sich die Kalender vor meiner Tür. Da gibt der Gaskassier seinen Kalender ab, der Milchhändler, die Zeitungsfrau, der Krämer, bei dem ich einkaufe, und der Krämer, bei dem ich nicht einkaufe. Mit der Post bekomme ich einen Drogistenkalender, einen Apothekerkalender, einen „Eßt mehr Fisch!" — und einen „Eßt weniger Fleisch!" — Kalender, einen Tierschutzkalender, einen Bausparkassenkalender, Sportkalender „Petriheil!" und „Weidmannsdank!", „Gut Holz!", „Flotte Fahrt!" und „Alle Neune!", einen Kalender „Bedenke das Ende!" von der Lebensversicherung und einen Kalender „Jeden Tag einen Apfel für die Gesundheit!" vom Obstbauverein. Das Kaffeeversandgeschäft schickt mir einen Kalender, die Honigverwertung, der Weinhändler, das Radiogeschäft, eine Tankstelle, ein Buchhändler, der Friseur und das Städtische Hallenbad. Auf meinem Tisch liegen benachbart die Kalender der Reisebüros „Weite Welt" und „Enge Heimat", „Neue Wohnung" und „Alte Möbel", ein Freiheitskalender, ein Friedenskalender, ein Soldatenkalender... und alle haben Bilder und Sprüche und Sonnenaufgang und gute Ratschläge für Sommer, Herbst und Winter.

Voriges Jahr hing ich alle Kalender, die man mir zugeschickt hatte, in meinem Zimmer auf. 197 Stück an der Zahl und jeden Morgen der 365 Tage riß ich bei allen das oberste Blatt ab, denn ich bin ein ordentlicher Mensch und wollte unter dem genauen Datum leben. 365 Tage täglich 197 Blätter abreißen ist eine beachtliche Leistung, mit diesen 71.905 Handgriffen im Jahr kann man ein kleines Haus bauen oder wenigstens einen Stall für den Esel.

Als ich heute früh meine Kalender zählte, die man mir für das neue Jahr zugedacht hatte, waren es genau

322 Stück. Ich habe also für fast jeden Tag einen eigenen Kalender. Ich überlegte mir nun, ob ich nicht einfach statt eines neuen Blattes jeden Tag einen neuen Kalender aufhängen sollte, was ja auch nicht mehr Mühe gemacht hätte. Da brachte mir der Briefträger zum Glück von meinem Zigarrenhändler als Neujahrsgeschenk ein Feuerzeug. Da ging ich hin und zündete kurzentschlossen die 322 Kalender an.

Auf meinem Schreibtisch steht nun dieses Jahr nur ein kleiner Kalender der Liebe. Ich bekam ihn vor Jahren. Ein paar Blätter fehlen daraus, es sind die Tage, in denen wir uns gestritten haben.

Aber auf vielen Blättern steht etwas geschrieben. „Erinnerst du dich? Heute war es –" oder „Vergiß den neunten Mai nicht!" und „Würzburg. Der Jasmin blühte." Dazwischen oft nur ein Wort. „Unendlich!" und „Überglücklich!" Einmal auch: „Du warst gut zu mir! Ich danke dir!" Ich werde mich heuer oft im Datum irren, denn ich habe nur diesen kleinen Kalender der Liebe. In der Liebe aber gibt es keine genauen Daten, da werden die Tage der Sehnsucht zu Wochen und die Wochen des Glücks zu Tagen, außerdem hat die Woche sieben Sonntage. Verzeiht mir darum, wenn ich es dieses Jahr nicht allzu genau nehme...

Heirats-Agentur

Ich suchte eine Frau.

Des Alleinseins müde, wollte ich heiraten.

Die Heiratsagentur Helene von Amorbach fiel mir auf.

Sie inserierte in den Zeitungen:

„Glückliche Ehen nur durch uns! Keine Wartezeit! Selbstbedienung! Amerikanisches System!“

Neugierig geworden, ging ich hin.

Die Heiratsagentur liegt mitten im Zentrum. Auf einer Geschäftsstraße im Parterre. Sie zeigt ein Schaufenster. Hinter einer hohen Scheibe sieht man eine gemütliche Wohnecke. Blumen auf dem Tisch, Wein in den Gläsern, Selbstgebackenes auf lustigen Tellern, gedämpftes Licht, das Radio spielt, Mann und Frau, zwei Puppen, sitzen auf der Couch und haben sich lieb.

„So können Sie es auch haben!“ steht darunter.

Ein Page in eng anliegender Jacke mit herzförmigen Messingknöpfen öffnet mir die Glastür. Eine junge Dame mit noch enger anliegender Jacke ohne Knöpfe sitzt dahinter und kassiert dreißig Mark. Das ist die Gebühr.

„Bitte hier einzutreten!“ sagt sie freundlich. „Sie können nicht verfehlen! Treten Sie jeweils durch das Tor Ihrer Wünsche.“

Ich stehe in einem rechteckigen Vorzimmer.

Das Zimmer ist leer. Vor mir zwei Türen.

„Eine Frau fürs Leben!“ steht auf der einen.

Und auf der zweiten:

„Einen Mann fürs Leben.“

Da ich eine Frau will, gehe ich durch die linke Tür und komme in einen zweiten Raum.

Er sieht aus wie der erste und hat ebenfalls zwei Türen.

„Blondinen oder Brünette.“

Ich wähle die Blonden und betrete einen dritten Raum mit zwei Türen. Auf der einen steht:

„Junge hübsche Mädchen.“

Auf der anderen:

„Reife Frauen. Witwen. Erfahrene.“

Ich finde diese Art Vorsortierung großartig.

Ich gehe zu den jungen hübschen Mädchen, die meiner harren.

Sie harren nicht. Denn ich komme wieder in einen Raum, in dem ich mich abermals zu entscheiden habe.

„Gut gewachsen und schlank", lese ich auf der rechten Tür.

Und links:

„Üppige und mit kleinen Formfehlern."

Ich wähle die rechte Tür.

Im fünften Vorzimmer nur die zwei Ausgänge:

„Ohne Verwandtschaft." „Mit großer Verwandtschaft."

Ich will meine Frau für mich haben.

Also eine ohne Verwandtschaft.

Ich trete ein.

Der Raum ist leer. Wieder zwei Türen.

„Häuslich und sparsam." „Verwöhnt und verschwenderisch."

Mit fällt die Wahl leicht.

Ich komme mir vor wie in einer Obstsortierungsmaschine. Meine Erwartungen schwellen. Aber noch immer keine Mädchen. Nur immer wieder zwei Türen, durch die ich muß.

Ich lese rechts:

„Flickt, näht, wäscht, kocht und backt gern."

Und links:

„Spielt Bridge und verlangt Hausmädchen."

Ich gehe natürlich durch die rechte Tür und nähere mich immer mehr meinem erträumten Ideal. Aber ich muß vorher nochmals durch zwei Türen.

„Ordentlich, sauber und einfach." „Genial mit höheren Interessen."

Höhere Interessen habe ich selbst.

Also wähle ich die Saubere.

Wieder bin ich in einem Vorzimmer. Es ist das neunte.

Ich stehe vor zwei Türen.

„Betet ihren Mann an!" „Will angebetet werden!"

Mein Herz klopft höher. Ein schönes Mädchen, sauber, sparsam, fleißig, blond, gut gewachsen, das mich noch dazu anbetet? Hinein durch diese Tür!

Das goldene Ende kommt noch.

Wieder warten zwei Türen auf mich.

„Mit Geld und Vermögen!" steht auf der einen.

„Arm wie eine Kirchenmaus!" steht auf der zweiten.

Ich wähle die Tür zu dem reichen Mädchen.

Mein Gott, wenn man die Wahl hat – –

Ich gehe durch diese Tür und stehe plötzlich wieder auf der Straße.

Der Page vorm Eingang drückt mir einen Umschlag in die Hand.

In dem Umschlag befindet sich ein Taschenspiegel und ein Zettel.

Ich lese:

„Bei Ihren Ansprüchen, mein Herr, an eine Frau, die Sie heiraten soll ... es ist besser, Sie sehen erst einmal in den Spiegel!"

Pfingsten passiert immer etwas!

Ich habe drei verheiratete Töchter.

Sie hatten alle für Pfingsten etwas vor.

Meine Älteste wollte mit ihrem Mann eine Schiffsreise nach Athen und Tunis machen.

Ich sprach dagegen.

„Ich sehe es gar nicht gern, wenn du mit deinem Mann eine so weite Reise unternimmst", sagte ich. „Während der Pfingstfeiertage sind alle großen Dampfer bis zum Mast hin ausverkauft, da ist jede

Kabine und jedes Kabinchen besetzt, sogar in den Badewannen und auf den Billards schlagen sie ihre Notbetten auf – da herrscht ein Gedränge und ein Gewühle an Bord, man rauft sich um jeden Liegestuhl, um jedes Glas Wasser. Das Licht geht aus, das Bier geht aus, das Essen ist ungenießbar und alle Tische im Speisesaal sind dreimal besetzt. Die Menschenmenge drückt das Schiff bis zum Rand ins Meer, ein kleiner Sturm wirft es um. Von den Landungsbrücken stürzen die kleinen Kinder ins Wasser, und hungrige Krokodile schnappen nach ihnen oder sie verlaufen sich hinter Tunis unbeaufsichtigt in der Wüste und werden von Löwen angeknabbert – nein, Pfingsten passiert immer etwas, mir wäre lieber, ihr bliebt daheim!"

Meine zweite Tochter Karoline hatte sich gerade einen neuen Wagen gekauft, einen Schnellflitzer, und wollte mit ihrem Mann über Pfingsten kreuz und quer durch Italien fahren. Bis Palermo hinunter, bis Neapel herüber, bis Venedig hinauf.

Ich rief entsetzt:

„Seid ihr von allen guten Geistern verlassen? Über Pfingsten nach Italien? Das ist der reinste Mord! Wo ihr von München an bis Verona in Dreierkolonnen fahren müßt und am Brenner acht Stunden warten! Wo alle Verkehrsrowdys unterwegs sind und alle Sonntagsfahrer zugleich, die ihren Schlitten den ganzen Winter eingemottet stehen ließen.

Jetzt zu Pfingsten sind sie alle wieder auf den Rädern, da scheppert es hinten, da scheppert es vorn, da rammt es von allen Seiten, da gibt es kein Halten und kein Zögern, wer seitwärts ausschert, kommt nie wieder hinein. Die Kinder können nicht austreten, die Erwachsenen können nicht einkehren, das zerrt an den Nerven, man wird am Steuer immer nervöser, zeigt nach rechts die Faust und nach links den Vogel, und wenn man spät nach Mitternacht sein Quartier erreicht, wo man zum Mittagessen eintreffen wollte, schnarcht längst ein anderer im reservierten Bett, wenn man überhaupt noch halbwegs gesund am Zielort ankommt. Nein, Pfingsten passiert immer etwas, es wäre mir lieber, ihr bliebt daheim!"

Meine jüngste Tochter Christine war ein rechter Schatz. Sie machte mir keine Sorgen. Sie war erst jung verheiratet, keine drei Wochen, und wollte über Pfingsten mit ihrem jungen Ehemann im dichten Birkenwäldchen hinter dem Haus spazierengehen. Sie wollten den Wagen daheim lassen, keine weiten Reisen machen, sondern sich nur still im Walde ergehen. Das gefiel meinem väterlichen Herzen.

Am zweiten Fastensonntag im darauffolgenden Jahr, den man Reminiscere nennt, fand in Birkenstein die Taufe meiner jüngsten Enkelkinder statt, womit mich Christine zum glücklichsten Großvater von Zwillingen gemacht hatte. Ich sage ja, nicht einmal das Birkenwäldchen bürgt dafür: zu Pfingsten passiert immer etwas...

Schöne große rote Erdbeeren

Es ist schon ein paar Jahre her, da besuchte ich im Juni meine verheiratete Tochter und mein einziges Enkelkind Angela in Bremen – erzählte mir Baurat Clemens Wagner – meine Tochter lebte dort als Frau eines Bahnbeamten, sie hatten eine kleine Zweizimmerwohnung, und die beschränkten Wohnverhältnisse waren es auch, daß mein Enkelkind die ersten vier Jahre seines Lebens bei mir aufwuchs und sein erstes Zuhause ein altes Landhaus mit einem großen Garten in der Nähe von Cannstatt war. Im Winter, kurz vor den ersten Schneefällen, hatte meine Tochter ihr Kind zu sich nach Bremen geholt, es ist verständlich, Vater und Mutter hatten Sehnsucht nach ihrem Kind, es ist auch im kalten Winter in einer warmen Stadtwohnung besser aufgehoben als auf dem Land . . . es ging also alles, wie der natürliche Lauf der Welt ist, und zu dem natürlichen Lauf gehörte auch die Einsamkeit des Großvaters, dessen Haus plötzlich leer geworden war. Im Frühjahr wollte mir die Gartenarbeit gar nicht recht von der Hand gehen ohne das lustige Geplapper und die nie enden wollenden Fragen meines Enkelkindes neben mir im Gras, und gerade bei den Erdbeeren, die ich von ihrem Winterschutz befreite, erinnerte ich mich, wie ich im vorigen Sommer immer die schönsten und ausgereiftesten Früchte an der Pflanze gelassen hatte, mein Enkelkind geheimnisvoll bei der Hand nahm und durch den Garten führte, bis es selbst mit einem glücklichen Jauchzen die herrlichen roten Früchte im grünen Laub entdeckte und in seinen kleinen Mund schob.

Ende Mai hielt ich es nicht mehr aus, schloß Haus und Garten ab und fuhr auf sechs Tage zu meiner Tochter nach Bremen. Angela war über meinen Besuch sehr aufgeregt, fünf Jahre alt und der Großvater kommt zum ersten Mal in ihr neues Zuhause, ich muß alles bewundern, ihr kleines Bett, den Stuhl, auf dem sie sitzt, die Brause im Badezimmer, ihren neuen Sommermantel, den ihr die Mutter gekauft hat, den Bären Puschi und die Puppe Trulala. Aber damit ist es noch nicht genug, alle ihre kleinen Freundinnen müssen mich sehen. Sie stehen am Nachmittag vor der Tür des Hauses, die auf eine Spielwiese hinausgeht. Angela hatte alle zusammengeholt: „Mein Großvater ist da! Wollt ihr ihn euch anschauen?“ Und sie kamen alle, mich anzuschauen. Ein Großvater von auswärts ist für die Kinder wohl so etwas wie der Riese im Märchen.

Anschließend mußte ich mit meinem Enkelkind in die nahe Ladenstraße gehen. „Da ist unser Fleischer und das ist unser Bäcker und hier holt Mutti immer die Milch und hier kauft sie das Obst und das Gemüse... Obst aber jetzt nicht, weil es so verflixt teuer ist."

In dem Obstgeschäft steht ein Korb mit schönen roten Erdbeeren. Nun, was ein echter Großvater ist, der kann da nicht widerstehen, zumal die hellen Augen meines Enkelkindes immer wieder von dem Korb wegschauen, richtig rot ist sie geworden, als wollte sie mit den Früchten konkurrieren, aber es ist nur ihre Aufregung und Anstrengung, sich ihren Wunsch nicht anmerken zu lassen oder mich gar zu bitten, ihr Erdbeeren zu kaufen. Zehn Minuten später gehen wir zwei, ich, der alte Mann, und mein Enkelkind Hand in Hand durch die Straße nach Hause zurück, in ihrer freien Hand trägt Angela ein kleines Körbchen mit frischen Erdbeeren. Die schönsten Früchte hat ihr der Gärtner herausgesucht, nicht eine mit einem Fleck ist darunter. Wir sind den Weg in die Ladenstraße zu dem Gärtner in den sechs Tagen meines Besuches noch oft gegangen, manchen Tag sogar zweimal, und sind nie ohne Erdbeeren heimgekommen. Wir schwelgten in Erdbeeren, Erdbeeren mit Zucker, Erdbeeren in Sahne, Erdbeeren mit Milch, Erdbeertörtchen und Erdbeerkompott. Ich rechnete nicht nach, was es kostet, Erdbeeren gibt es nur einmal im Jahr und einen so guten Großvater auch nicht alle Tage.

Ich war längst wieder daheim, in Cannstatt, allein und ganz meinen Erinnerungen an mein Enkelkind hingegeben, da bekomme ich eines Tages den Brief meiner Tochter:

„Ich war heute mit Angela in der Ladenstraße beim Gärtner, um Spinat zu kaufen. Spinat ist jetzt billig und Angela hatte ihn sich bestellt. Sie wollte unbedingt mitgehen, wenn ich einkaufe. Im Laden hat sie mich dann ein wenig blamiert. Sie stand neben den Körben mit den frischen Erdbeeren und meinte, ich sollte davon kaufen. Ich habe sie ganz leise davon abgelenkt, die Leute ringsum brauchten nicht zu wissen, daß sie für uns zu teuer waren und wir mit jedem Pfennig rechnen müssen. Ich flüsterte ihr also zu, jetzt wäre ja bald Sommer und dann käme sie nach Cannstatt, da hat der Großvater wunderschöne Erdbeeren im Garten und schenke ihr bestimmt welche. Angela riß sich von meiner Hand los und sagte ganz laut und deutlich, daß es alle hörten: Wie Großvater da war, hat's bei uns immer Erdbeeren gegeben und gute und viele, der hätte auch jetzt Erdbeeren gekauft... aber du, du willst das nie... ich fahre bald heim, zu Großvater."

Ich ließ den Brief sinken. Da saß ich nun mit meiner Weisheit. Wir Großväter stellen immer etwas Dummes an, wenn wir etwas Gutes tun wollen. Ich schämte mich ein wenig und dachte darüber nach, wie ich alles wieder ins rechte Gleis bringen sollte. Das nächste Mal mache ich es klüger: ich werde das Geld für die Erdbeeren meiner Tochter geben, da ist es besser aufgehoben. Es gibt viele Dinge, die eine Mutter für ihr Kind braucht, sicher sind dann auch ein paar Erdbeeren darunter.

Spanische Novelle

Assunta war der Mann davongelaufen.

Nun ja, in Spanien –

Dreißig Jahre hatten sie miteinander gelebt, hatten Oliven zusammen gegessen, hatten Schweine zusammen gehütet, auch Ziegen, ein Esel stand im Stall – wenn man so zusammenlebt, in der Enge, in der Armut, in der unbarmherzigen Sonne, wird die Frau nicht jünger und nicht schöner davon.

Die Männer aber, so alt können sie gar nicht werden, träumen noch immer von Liebesglück und jungen Mädchen. Nicht nur in Spanien.

Eines Tages nahm nun Juan seinen Hut, schnallte seinen Gürtel um seine Hose und sagte zu Assunta, seiner Frau:

„Ich gehe mir nur ein wenig Tabak kaufen, vielleicht auch einen Käse und ein Glas Wein... geh schlafen voraus, es kann ein wenig länger dauern..."

Es dauerte sehr lange. Als Juan nach sieben Tagen von seinem Tabakkauf immer noch nicht zurückgekommen war, geriet Assunta in heillosen Zorn, verwünschte ihn und die Seinen und lief mit bösem, wutverzerrtem Gesicht zu einem alten Zigeuner, der einen großen Ruf als Wahrsager genoß. Der alte Gitano saß mit einem jungen Gitano, der bei ihm die Wahrsagekunst erlernte, denn dies ist auch heute noch im südlichen Spanien ein einträglicher Beruf, vor seiner Höhle am Rande eines ausgetrockneten Flußbettes und starrte in ein großes schwarzes Buch, als ob er darin lese, und verfolgte mit dem Finger die Zeilen der Druckbuchstaben. Er blickte nur einmal kurz auf, als er sich nähernde Schritte hörte, und erkannte ein Weib in hohen Jahren, das mit schlenkernden Armen und einem vor Zorn geschüttelten Körper auf ihn zukam. Als sie vor ihm stand, sagte er, ohne aufzusehen:

„Dir ist dein Mann davongelaufen."

„Du weißt es?"

„Mein großes Zauberbuch hat es mir erzählt", sagte der alte Zigeuner und deutete auf das schwarze Buch vor sich.

„Du mußt ihn mir wieder herbeischaffen! Schon damit ich ihn prügeln kann, diesen Aufunddavon!"

„Du wirst ihn prügeln können", sagte der alte Gitano und blätterte in den Seiten seines Buches, deutete auf eine Stelle und fuhr fort: „In sechs Tagen ist dein Mann wieder daheim — bereite inzwischen den Stecken vor, mit dem du ihn empfängst!"

„Das werde ich tun!" sagte die Alte, der die Bosheit aus den Augen leuchtete.

Nach acht Tagen kam sie wieder zur Höhle.

„Dein Zauberbuch hat gelogen!" schrie sie unbeherrscht, und wenn Häßlichkeit durch Zorn gesteigert werden kann, hier war sie es, „ich habe gewartet und gewartet, den Stecken in der Hand — zwei Tage habe ich so daheim hinter der Tür gesessen, aber er ist nicht gekommen — dein Zauberbuch ist nicht die zehn Peseten wert, die ich dir gab!"

„Ich hatte die falsche Seite aufgeschlagen", sagte der Zigeuner, ohne ihr ins Gesicht zu sehen, „warum hast du mir auch nicht gesagt, daß euer Esel im Stall hinkt. Er hinkt doch?"

„Alle alten Esel hinken!"

„Du hättest es aber sagen müssen. Hier in meinem Buch steht geschrieben: wenn ein Esel im Stall steht, der hinkt, kommt der Mann erst nach drei Wochen zurück."

Drei Wochen später kam die Erboste abermals zum Lager der Zigeuner.

„Verbrenn dein Buch!" schrie sie. „Mein Mann —"

Da sagte der junge Zigeuner:

„Geh heim! Dein Mann wird nie zu dir zurückkommen."

„Hast du einen Brief von ihm, du Sohn der räudigen Marruja?!" schrie die Frau erbost.

„Ich weiß es genau. Wenn dein Mann zu dir zurückkehrt, sollst du die zwanzig Peseten wiederhaben, die du meinem Vater gezahlt hast, und hundert Peseten von mir obendrein!"

Als Assunta unter Fluchen und Verwünschungen gegangen war, ihnen die Pestilenz und Hagel und

Hungersnot an den Hals wünschend, fragte der alte Gitano erschrocken seinen Sohn:

„Wie kannst du dich vermessen, vorauszusagen, daß er nicht zu ihr zurückkommen wird, wo ich gesagt habe, daß er bald wiederkommen wird? Woher nimmst du deine Weisheit?"

Der junge Zigeuner sagte demütig:

„Die Frau ist so böse. Ihr, mein Vater, habt die ganze Zeit in das Buch gesehen, ich aber habe ihr die ganze Zeit ins Gesicht gesehen..."

Die Privatsekretärin

„Ich verstehe Sie nicht, Fräulein Müller", sagte wohlwollend der Notar Dr. Laterner nach Kanzleischluß zu seiner Sekretärin, „warum heiraten Sie eigentlich nicht, statt sich als meine Sekretärin mit trockenen Zahlen, Aktenabschriften und Prozeßberichten herumzuschlagen? Ich wüßte zwar nicht, was ich täte, wenn ich Sie nicht hätte, Sie sind die beste Privatsekretärin, die ich jemals hatte, aber das ist doch auf die Dauer nichts für ein junges Mädchen. Als Sie vor drei Jahren bei mir eintraten, fürchtete ich, Sie nicht lange zu behalten. So ein hübsches junges Ding heiratet bald, dachte ich, sie wird nicht lange bleiben. Ich beobachtete Sie. Aber nie kam für Sie ein privater Telefonanruf, kein Brief, nichts. Sie haben auch abends nie etwas vor, ob nun ich oder mein Kompagnon Dr. Matthes Sie bittet, Überstunden zu machen, Sie sind immer bereit, sogar sonntags... führen Sie eigentlich überhaupt kein Privatleben?"

Renate Müller lächelte still in sich hinein, schlüpfte in ihren Mantel und sagte, wie jeden Abend:

„Guten Abend, Herr Doktor!"

Fünf Minuten später läutete das Telefon.

„Rechtsanwälte Laterner und Matthes", sagte der Notar.

„Hier ebenfalls Rechtsanwälte Laterner und Matthes! Haben Sie fünf Minuten Zeit für mich, Herr Kollege? Ich möchte mit Ihnen etwas besprechen."

„Kommen Sie rüber. Ich bin allein."

Kurz darauf ging die Tür auf, und die beiden Anwälte, die die große bekannte Kanzlei zusammen führten, wenn sie sich auch oft den ganzen Tag über nicht sahen, schüttelten sich die Hand.

„Ich komme mit einer großen Bitte", begann Dr. Matthes.

„Nun getrost!"

„Es handelt sich um Fräulein Müller."

„Meine Sekretärin!"

„Ja. Ich wollte Sie bitten, mir Fräulein Müller für kurze Zeit zu leihen."

„Ist Ihre Sekretärin krank geworden?" fragte der Notar besorgt.

„Nein. Gott sei Dank nicht. Aber sie ist überbeschäftigt. Wenn ich also meine Bitte wiederholen darf?"

„Ich brauche Fräulein Müller zwar selbst sehr dringend, aber wenn ich Ihnen gefällig sein kann, können Sie sie gern einmal einen halben Tag haben."

„Ein Tag wird nicht genügen, Herr Kollege."

„Also gut, zwei Tage", sagte der Notar wohlgelaunt und bot seinem Gast eine Zigarre an, „das ist aber dann das Höchste."

„Ich muß Sie leider um einen längeren Termin bitten."

„Was denn. Sagen Sie nur nicht eine Woche!"

„Ich hatte mit vier Wochen gerechnet, Herr Kollege."

Der Notar schüttelte den Kopf.

„Das ist völlig ausgeschlossen. Vier Wochen! Wo denken Sie hin? Warum übrigens genau vier Wochen?"

„Weil ich hoffe, daß Sie, verehrter Herr Kollege, sich in vier Wochen an den Gedanken gewöhnt haben werden, daß Fräulein Müller nicht zu Ihnen zurückkommt, sondern bei mir bleibt."

Der Notar sprang ärgerlich auf und zerdrückte die Zigarre in dem großen Aschenbecher.

„Das hängt ja wohl schließlich einzig und allein von Fräulein Müller ab, ob sie bei Ihnen bleiben wird oder nicht!"

„Ich habe sie soeben gefragt."

„Was? Hinter meinem Rücken? Ich muß schon sagen, ich finde Ihr Verhalten mehr als sonderbar, Herr Kollege Matthes! Ich arbeite nicht für Sie meine Sekretärinnen ein. Unter diesen Umständen bedaure ich, Fräulein Müller auch nicht eine Stunde entbehren zu können. Ich habe über diesen Punkt nichts mehr zu sagen. Guten Abend!"

„Ich möchte trotzdem meine Bitte wiederholen", beharrte der Anwalt.

„Ja, zum Donnerwetter, nehmen Sie sich doch jemand anderen aus unserem Büro! Wozu brauchen Sie just meine Privatsekretärin?"

Da sagte der Anwalt, und er lächelte ein wenig dabei:

„Ich will sie heiraten. Wir sind schon drei Jahre miteinander verlobt."

Das Elternhaus

Am Montag traf ich Herrn Kremslehner am Stammtisch.

„Wo warst du am Sonntag?“ fragte ich ihn.

„Wir haben einen Tagesausflug mit der ganzen Familie gemacht. Meine Frau wollte den Kindern ihr Elternhaus zeigen. Das ist ihr Wunsch seit Jahren.“

„Wie war es?“

„Ich werde den Tag nicht vergessen. Hör zu:

Matthias... hatte meine Frau gesagt, wenn du mich lieb hast, fahren wir am nächsten Sonntag nach Heiligeneich. Ich möchte so gern den Kindern mein Elternhaus zeigen.“

Ich erinnerte mich, in grauen Vorzeiten am Beginn unserer Ehe Elsbeths Elternhaus gesehen zu haben. In der Romantik unserer jungen Liebe war ich mit ihr hinausgefahren und hatte in meiner Verliebtheit die Fensterbank gestreichelt, auf der Elsbeth als Kind herumgeklettert und mit ihrer Puppe im Arm in der Sonne gesessen war. Es war kein sehr eindrucksvolles Haus, aber meine geliebte junge Frau hatte dort ihren ersten Schrei getan, und wenn damals auch längst eine andere Familie darin wohnte, die uns nicht einmal einließ, so war es doch das Elternhaus meiner Frau gewesen.

Heiligeneich war ein kleines Dorf, abseits des großen Verkehrs, nicht einmal auf der Landkarte war es eingezeichnet. Es lag irgendwo in der Nähe von Tulln und wer weiß schon, wo Tulln liegt.

Ich sah von der Landkarte auf.

„Wenn ich richtig rechne, Elsbeth, sind es bis Heiligeneich und zurück über 500 Kilometer?“

„Wenn wir zeitig genug aufbrechen, Matthias –“

Wir brachen zeitig genug auf. Mit dem Sonnenaufgang sozusagen. Mein Wagen war mit Familie angefüllt, daß ihn kaum die Federn trugen. Zum Glück hatte unsere älteste Tochter an diesem Sonntag etwas Besseres vorgehabt, nämlich mit einem jungen Mann, der ihrem Herzen nahe stand, ins Grüne zu fahren. Auch ihn überredete ich, an unserer Exkursion teilzunehmen und seinen Wagen zu diesem Familienausflug zu satteln. Ich konnte ihm den Rest meiner Familie in den Fond geben, vor allem die kleinsten Kinder, die zehnjährige Katharine und Peter, unseren einzigen Jungen, fünf Jahre alt, ein Nachzügler. Auch unser Hausmädchen konnten wir sonntags nicht daheim lassen, sie hatte es schriftlich, auf Ausflügen mitgenommen zu werden. So fuhren wir, zwei Wagen und neun Personen, nach Heiligeneich, zum Geburtshaus meiner Frau.

„Mutti, ist das Haus schön?"

„Sehr schön, Kinder."

„Mutti, hat es einen Garten?"

„Einen großen Garten, Christine."

„Mutti, wann warst du das letzte Mal dort?"

„Vor dreißig Jahren, als ich euren Vater heiratete."
Wir verfuhren uns ein paarmal, mußten über lehmige Feldwege und Schotter von Kiesgruben, über Holzbrücken, die bedenklich ächzten und über die wohl seit Jahren kein Auto gefahren war, aber da lag endlich das Zwiebelkirchtürmchen in den Auen vor uns, und auf einem primitiven Wegweiser, mit der Hand geschrieben, lasen wir zum erstenmal:

„Heiligeneich, geradeaus."

„Nach der Kirche links hinein, Matthias", sagte Elsbeth.

Sie war sehr aufgeregt. Das ist wohl jeder Mensch, der nach drei Jahrzehnten das Dorf wiedersieht, in dem er seine Kindheit verbrachte.

Ich liebte meine Frau um dieser Aufregung willen und war sehr glücklich, ihr diesen Wunsch erfüllt zu haben.

„Jetzt muß gleich die Molkerei kommen, wo ich als Kind immer die Milch geholt habe."

Die Molkerei kam. Es war ein kleiner Laden, nur ein Fenster, die Stufen zur Ladentür hinauf schief und abgetreten. Ein buntes Blechschild leuchtete eindringlich „Apfelsaft der Sonne Kraft" und neben der Tür eine schwarze Tafel, mit Kreide beschrieben: „Frische Buttermilch! Fischfilets eingetroffen!"

„Fahr langsam, Matthias!"

Ich fuhr langsam, fast im Schritt.

Wir kamen am Dorffriedhof vorbei.

„Damals habe ich mich immer schrecklich gefürchtet, wenn ich mit meinem Milchkrug hier vorbeimußte — es war doch meist am Abend —"

Der Friedhof, so nahe an der Straße, sah allerdings ein wenig unheimlich aus. Ein Eisengitter und dahinter hohe Pappeln und Gräber. Wo wir jetzt wohnten, lag kein Friedhof dazwischen, wenn wir Milch holten.

„Wie alt warst du damals, Mutti?" fragte eines der Kinder von hinten.

„Sechs Jahre, sieben Jahre —"

„Und du hast dich nicht gefürchtet?"

„Doch", sagte meine Frau, „sehr sogar."

„Kann ich verstehen — ich ginge da abends nur mit einer Laterne —"

Das Dorf näherte sich uns schnell.

„Fahr langsam, Matthias", sagte meine Frau, „jetzt muß der große Gasthof kommen und hinter ihm geht die Straße rechts hinein."

Ich bog um den kleinen Gasthof mit den zwei für den Sonntag blaugedeckten Tischen vorm Haus, direkt auf der Straße, aber es saß niemand an diesen Tischen und aus dem Fenster sah die Wirtstochter unfreundlich heraus. Ich mußte noch an einem Brunnen vorbei, an dem sich eine rote Katze sonnte und ein Hund herumschnüffelte, offenbar gehörte er dem Wirt, denn er war sehr dick wie alle Wirtshunde, dann bog die schmale Dorfstraße nach rechts. Ein paar Apfelbäume, bemoost und verschrammt, zäunten den Weg.

„Jetzt sind wir gleich da, Matthias", sagte meine Frau, „du kannst rechts halten."

Ich hielt und der Wagen hinter uns hielt auch. Elsbeth stieg als erste aus. Sie war voller Erwartung, ihr Geburtshaus wiederzusehen. Sie hatte es in glücklicher Erinnerung, es war nie sehr groß gewesen, aber ein schönes Haus, mit einem Torbogen, ebenerdig, mit einem großen Garten davor. Während wir alle ausstiegen, hatte ich Elsbeth ein wenig aus den Augen gelassen. Als ich jetzt zu ihr trat, war sie merkwürdig still.

„Wo ist das Haus?" fragte ich sie.

„Dort drüben", sagte sie, „aber –"

Gegenüber standen zwei Häuser. Beide waren ebenerdig. Eines davon war ein Patrizierhaus. Man sah es ihm an, daß es ein Wohlhabender gebaut haben mußte. Es stand tief im Garten, mit breiten Türen und breiten Fenstern, im Schatten von zwei großen alten Nußbäumen, mit gelben Wänden und grünen Fensterläden, eine Steinmadonna in der Hausecke mit der Jahreszahl 1792, ein Beet mit Rosenstöcken begleitete den Weg vom Gartentor zum Haus, es war genauso, wie man sich ein Elternhaus auf dem Land vorstellt, wo unsere Mutter herstammt.

Das zweite Haus daneben, niedrig, mit eingebrochenem Dach, mit einer billigen, windschiefen Tür, mit drei armen Fenstern, die Fensterpolster zerschlissen und fleckig, und einem Vorgarten von noch nicht einmal zwei Quadratmetern, ungepflegt, voller Disteln, und der rostige Zaun, an zwei Stellen umgelegt, das Ganze ein erbärmlicher Anblick, einem Stall ähnlicher als einem Haus, als ob hier Zigeuner hausen möchten – so bot sich dieses Haus dar.

Die Kinder waren näher gekommen. Auch der Mann, der mein Schwiegersohn werden wollte. Sie umringten meine Frau und blickten sich um.

„Mutti, in welchem Haus bist du geboren?"

„Dort drüben", sagte meine Frau.

„Ein wunderbares Haus! Genauso haben wir es uns vorgestellt, Mutti! Dieser schöne Garten und die Rosen und alles so behäbig – wir erkennen es genau wieder, so hast du es uns immer geschildert. Und die grünen Fensterläden an den gelben Wänden – ach, Mutti, wir sind ja so glücklich, daß du hier zur Welt gekommen bist, in diesem schönen Haus!"

Und der vorlaute junge Mann, der mein Schwiegersohn werden wollte, setzte hinzu:

„Eines hätte mich gestört, gnädige Frau – dieser Stall links daneben, der hätte schon vor fünfzig Jahren weggerissen gehört –"

Und während sich alle vor dem Zaun des schönen Hauses drängten und bewundernd in den tiefen Garten hineinsahen und beglückt „Mutters Elternhaus" betrachteten, standen Elsbeth und ich vor diesem Haus.

Wir hatten unsere Hände dicht nebeneinander, so daß wir uns berührten, auf die Hauswand gelegt, von der der Putz heruntergefallen war.

Elsbeth sagte leise:

„So klein und armselig – in meinen Gedanken war es so groß und schön geworden – sag den Kindern nichts, Matthias."

Als wir heimfuhren, sprachen die Kinder von nichts anderem als von dem schönen Elternhaus ihrer Mutter, von den zwei großen Nußbäumen und den Rosenstöcken davor, und wir ließen ihnen die Illusion.

Leben mit Vater

Zwei Wochen waren seit den großen Ferien vergangen. Da fand ein Klassenlehrer, daß es an der Zeit war, seinen zehnjährigen Schülern das Thema eines Schulaufsatzes zu nennen: „Leben mit Vater während der Ferien." Als er am nächsten Tag daheim die Aufsätze durchlas, legte er vier von den Heften beiseite. Es waren vier Jungen seiner Klasse, drei, deren Eltern reich waren und die ihren Kindern während der großen Ferien etwas besonderes bieten wollten, und der Ferienbericht eines Knaben, dessen Vater Briefträger war.

Man möge die vier Schulaufsätze hintereinander lesen, denn jedes Jahr kommen neue Ferien und das „Leben mit Vater" geht weiter.

*

„Während der Ferien nahm mich mein Vater mit auf die Jagd", schrieb ein Junge, „ich mußte jeden Morgen früh um vier aufstehen, was mir sehr unangenehm war, da ich früh sehr gern lange schlafe, was eigentlich das schönste Ferienvergnügen ist, und auf das ich mich sehr gefreut hatte. Aber jeden Morgen trat mein Vater an mein Bett, zog mir die Decke weg und rief mit aufgeregter Fröhlichkeit, die sonst gar nicht seine Art war: „Horrido! Wir gehen in den Wald!" Wir gingen ohne Frühstück, denn was ein richtiger Jägersmann ist, der frühstückt zuvor nicht daheim, wie mich mein Vater belehrte. Das war mir sehr unangenehm, denn ich hatte mich auf ein langes und gemütliches Frühstück während der Ferien gefreut, wo man einmal nicht in die Schule hetzen und immer auf die Uhr sehen muß. Wir gingen ohne Frühstück in den Wald. Im Wald war es langweilig, sprechen und singen durfte ich nicht, denn das hätte das Wild verscheucht. Vom Wege abweichen und Beeren suchen durfte ich aus dem gleichen Grunde auch nicht. Vater schlich mit dem Gewehr vornweg, ich mußte hinter ihm gehen und genau auf ihn acht geben. Blieb er stehen, mußte ich auch stehen bleiben. Einmal trat ich, während Vater aufgeregt durch sein Jagdglas schaute, auf einen dürren Ast. Vater wandte sich zornig um und versetzte mir eine Kopfnuß. Ich hätte ihm mit meiner Schusseligkeit einen kapitalen Bock vergrämt, schimpfte er. Dann setzten wir uns auf eine taunasse Wiese hinter einem Baum. Ich mußte ganz tief sitzen und durfte meinen Kopf nicht herausstrekken. Es war sehr langweilig und dauerte meist zwei Stunden. Dann gingen wir wieder heim und Vater brummte ärgerlich, es hätte heute nicht geklappt, aber morgen würde es klappen. Drei Wochen klappte es nie. Eines Morgens jedoch knallte es. Es war mein Vater, der einen Schuß hatte fahren lassen. Ich war sehr erschrocken, denn ich war gerade eingeschlafen. Vater hatte einen Bock erledigt, ein Reh mit Hörnern. Er war schrecklich aufgeregt, er stieß einen wilden Ton aus, den er einen weidmännischen Juchzer nannte, und befahl mir, nach einer Tanne im Wald zu suchen und ihm einen Bruch zu brechen, einen Tannenzweig, den ich in das Blut des toten Rehes tauchen mußte, um ihn so schmutzig dann an Vaters neuen Hut zu stecken.

Ich tat es, reichte ihm den Hut zurück und sagte:

„Gratuliere, Vater!“

Er sah mich grimmig an und verbesserte mich:

„Es heißt Weidmannsheil! Wiederhole es!“

Ich tat es. Dann trugen wir das tote Tier nach Hause, das mir mächtig leid tat. Später haben wir dann nichts mehr geschossen und Vater sagte, als wir heimfuhren: „Diesmal hast du großartige Ferien gehabt, mein Sohn! Mit Vater auf der Jagd! Dank es mir und sei fleißig in der Schule!“

*

„Mein Vater machte mit mir während der Ferien eine Seereise“, schrieb ein zweiter Junge, „er sagte, es wäre sehr teuer, aber er wollte mir etwas bieten. Wir fuhren mit dem Zug nach Hamburg. Unterwegs im Zug war mir mächtig übel. In Hamburg nahm mein Vater ein Taxi und wir fuhren zum Hafen. Das Taxi schaukelte sehr und mir wurde mächtig übel. Dann bestiegen wir ein großes Schiff, wo es nicht gut roch. Mein Vater sagte, es wäre ein sehr teures Schiff, aber er wollte mir etwas bieten. Auf dem Schiff wurde mir sofort mächtig übel. Wir fuhren durch den Kanal, um Frankreich und um Spanien herum. Mir war die ganze Zeit sehr übel. In Genua gingen wir an Land und aßen in einem echt italienischen Lokal echt italienische Küche. Mir wurde darauf sehr übel. Dann fuhren wir über den Brenner nach Hause. Auf der Heimfahrt war mir sehr übel. Mein Vater sagte, als wir daheim ankamen, er habe mir während der Ferien sehr viel geboten, und ich soll zum Dank fleißig in der Schule sein ...“

*

„Mein Vater nahm mich während der Ferien auf eine große Autoreise mit“, schrieb der dritte Junge, „wir fuhren in zehn Tagen 6000 Kilometer, eine anstrengende Leistung für den Fahrer, wie mir mein Vater jeden Tag zweimal wiederholte. Ich durfte vorn neben Vater sitzen, die Straßenkarte halten und nach den Wegweisern schauen. Mein Vater nannte mich deswegen seinen kleinen Schmiermaxe. Einmal verfuhren wir uns. Ich hatte die Schilder richtig gelesen, aber links statt rechts gesagt. Seitdem nannte mich mein Vater nie mehr seinen Schmiermaxe. Wir fuhren über den Großglockner nach Triest und dann immer am Meer entlang bis Sizilien hinunter. Ich hätte so gern einmal im Meer gebadet, aber Vater sagte, baden könnte ich daheim auch und wir verlören zu viel Zeit. Jeden Tag übernachteten wir in einer anderen Stadt. Da wir spät ankamen, hatten wir viel Ärger mit der Zimmersuche. Wir waren jeden Abend hundemüde, aber wir mußten noch Postkarten schreiben. Mutter sagte, wenn wir keine Postkarten schrieben, hätten wir auch daheim bleiben können. Am Morgen starteten wir sehr früh, da wir eine große Tagesreise vor uns hatten. Wir konnten daher auch nirgendwo halten und etwas ansehen. Vater sagte, das wäre nicht wichtig, Hauptsache, wir wären dagewesen. Unterwegs schlief ich ein paarmal vor Müdigkeit ein. Vater weckte mich jedesmal und schalt mich undankbar, denn er habe doch die Anstrengung, damit ich die schöne Landschaft betrachte. Ich hielt mich mühsam eine Weile munter, dann schlief ich wieder ein. Vater gab es auf, mich zu wecken, und sagte, ich wäre noch nicht reif genug für große Reisen. Er hätte umsonst seine Zeit für mich geopfert, ich möge ihm wenigstens dadurch danken, daß ich in der Schule fleißig sei ..."

*

Der Sohn des Briefträgers schrieb: „Ich habe die schönsten Ferien meines Lebens gehabt. Wir sind daheim geblieben, weil wir kein Geld für eine Reise hatten. Mein Vater hatte sich während meiner Ferien Urlaub genommen und war den ganzen Tag mit mir zusammen. Einen jungen Hund hat er mir auch geschenkt, wir waren immer zu dritt. Vater war sehr fröhlich, wir waren fast jeden Tag baden und sonntags beim Fußball. Als Vater wieder in den Dienst mußte, sagte er, dies wäre der schönste Urlaub seines Lebens gewesen und den verdanke er mir ..."

Ich bin mit einem Haus verlobt

Manche heiraten schnell, manche heiraten langsam. Jene, die vom Fleck weg heiraten, kurzentschlossen und ohne Bedenken – „Du gefällst mir! Komm mit mir, mein Kind, zum Standesamt!“ – gewinnen Zeit. Ich darf sie mit Menschen vergleichen, die ein Fertighaus kaufen, unter 50 die Wahl, unter 100 die Wahl, einwandfreie Häuser, man sieht, was man bekommt fürs Geld. Man kann darin probesitzen, probebaden, probekochen, probeausdemfensterschauen – das ist nicht ohne Wichtigkeit für einen, der es eilig hat, unter Dach zu kommen.

Dann gibt es wieder andere, die gehen langsam an eine Sache heran. Wenn sie ein Mädchen gefunden haben und lieben, verloben sie sich zuerst einmal. Sie machen gemeinsame Spaziergänge, schmieden Pläne, wie es einmal sein wird, besuchen Verwandte, kaufen Stück für Stück ihrer Ausstattung ein, es sind aufregend beglückende Tage, die Wochen und Monate der Verlobung. Dann kauft man den Ring und dann heiratet man.

Das sind die Menschen, um im Bild zu bleiben, die ihre Häuser selbst bauen, also mit ihren Häusern verlobt sind, ehe sie einziehen. Es ist kein geringeres Glück als das der Liebe, einen Grund erwerben, zum Notar zu gehen, einen Baumeister zu suchen, Pläne zu schmieden, Bauskizzen entwerfen zu lassen, das Baumaterial heranfahren zu sehen, zuzuschauen, wie das Haus sich vom Keller bis zum Dach langsam erhebt, bis es eines Tages genau nach unseren Hoffnungen, Wünschen und Bedürfnissen festgemauert in der Erde steht. Diese Menschen sind mit ihrem Haus verlobt. Ihnen klopft das Herz genauso wie den Verliebten. Wenn sie genügend Geld in der Tasche haben, an ein eigenes Haus denken zu können, dann suchen sie auf langen Spaziergängen den Grund, auf dem einmal ihr Haus stehen soll, ja, sie stellen sich auf dem Grundstück bereits jetzt schon so auf, wie sie später einmal aus dem Fenster ihres Hauses in die Landschaft und auf den Fluß blicken werden. Wie beglückend ist der erste Gang zu einem Architekten, dem sie ihre Wünsche anvertrauen, ob die Fenster groß sein sollen oder klein, ob sie einen Balkon an der Küche wünschen oder eine Terrasse mit der Tür zum Wohnzimmer. Das ist alles so aufregend und so herzklopfenmachend, der Architekt wird zum Freund, denn wer verliebt ist, sammelt Freunde. Schon um über sein Glück sprechen zu können. Denn an wen soll man all das loswerden, wenn uns das Herz überquillt vor Freude, wenn sie beginnen, den Keller auszuheben, den Grundstein zu legen? Es sind Wochen und Monate der Erwartung, wenn das Haus wächst, wenn ein Baustein sich über den anderen schichtet, fest und solid, für hundert Jahre gebaut, wenn der Dachfirst steht, der Firstkranz hängt, die ersten Türen und Fensterstöcke eingesetzt werden — kein Verlobter eilt glücklicher nach Haus. Und wenn es auch einmal einen Krach dazwischen gibt, welches Liebespaar streitet sich nicht einmal in der Verlobungszeit, auch ein Haus und ein Hauserbauer müssen sich erst zusammenraufen, bis man zusammenfindet. Aber es ist mein Haus, das ich erbaue, nach meinen Träumen, nach meinen Plänen. Und wenn es von den Männern heißt, es bleibt nichts übrig als der Baum, den er gepflanzt, und das Haus, das er gebaut hat — nicht gekauft, sondern gebaut, heißt es im Volksmund — dieses Haus wird weit über meinen Tod Zeugnis von mir ablegen. Das ist das Haus, das unser Vater gebaut hat, werden die Kinder sagen. Denn ich stand vor seinen rohen Mauern, ich legte auch einmal mit Hand an, und wenn ich den Bauarbeitern auch dafür eine Kiste Bier spendieren mußte, sie waren meine Freunde, denn sie bauten an meinem Haus.

Glaubt ihr mir jetzt, daß jeder Mann, der ein Haus baut, mit ihm verlobt ist? Daß alle Erinnerungen der Verlobungszeit, jede Freude und jeder Wortwechsel, alle Pläne, alle Sorgen später zur glücklichen Erinnerung werden? Ich erinnere mich noch an jedes Kleid, das meine Frau als Braut trug, an jedes Wort, das sie sagte, an jedes Lied, das sie damals sang. Und ein Mann, der ein Haus baute, erinnert sich noch bis in sein hohes Alter an den Haufen der abgeladenen Bausteine, an das Knattern der Bänder am Firstkranz, an das Hobeln der Hölzer, an die Hammerschläge, an das Klatschen des Kalkes an die Wände – und es sind glückliche Erinnerungen. Wir waren einmal in dieses Haus verliebt, wir sind es noch heute, und die Erinnerungen an damals überdecken den Alltag unserer Zeit.

Darum, wenn ihr Zeit habt, baut eure Häuser selbst, ihr habt mehr vom Leben, und nur zwei Dinge bleiben im Leben eines Mannes von Bedeutung: als er sich eine Frau nahm und als er ein Haus baute.

Das Fußball-Länderspiel

„Das Fußball-Länderspiel wird im Fernsehen übertragen."

„Ich weiß es."

„Wenn Sie unbedingt dabei sein müssen, können Sie das Spiel also auch bei uns sehen", sagte Dr. Wenk, Rosemaries Vater, „ich verstehe zwar Ihre Sportbegeisterung nicht, schließlich sind Sie heute das erstemal in meinem Haus, ich habe Sie auf Wunsch meiner Tochter willkommen geheißen –

wenn Sie aber vorziehen, lieber einem Länderspiel beizuwohnen –"

„Verzeihen Sie! Ich muß hingehen. Ich bin jeden Sonntag dort. Ich kann ohne Fußball nicht leben", sagte Harald, ein Student.

„Dann werden Sie vielleicht ohne meine Tochter leben müssen, junger Freund", antwortete Herr Wenk und verbarg seinen Ärger nicht länger, „ich mag keinen Sportenthusiasten Ihres Ausmaßes in meiner Familie... ich glaube, Sie müssen sich jetzt beeilen, um zurecht zu kommen. Adieu!"

Rosemarie kam vom Gartentor zurück. Sie hatte verweinte Augen. Die Mutter deutete ihr mit einem Wink an, nachfühlend und liebevoll, wie Mütter sind, mit Vater zu reden.

„Du mußt, bitte, Harald verstehen, Vater", sagte sie.

„Ich kann viel verstehen, mein Kind", sagte Herr Wenk heftig, „ich kann verstehen, daß du dich in einen jungen Studenten verliebst, der noch volle vier Semester vor sich hat – ich kann sogar verstehen, daß sich meine Tochter in einen jungen Mann verliebt, der nichts verdient – was ich aber nicht verstehen kann ist die Tatsache, daß eben dieser junge Mann wegen eines albernen Fußballspieles aus dem Haus läuft, in dem er heute zum erstenmal eingeladen ist. Zumal er, wie du sagtest, ernste Absichten hat. Allzu ernst können seine Absichten nicht sein, wenn er den Fußballplatz deiner Gegenwart und der Gesellschaft deiner Eltern vorzieht. Schlage dir diesen jungen Herrn aus dem Kopf, ich möchte ihn jedenfalls nicht wieder in meinem Hause sehen."

Was ein rechter Vater ist, der ist mit einem Machtwort nicht zufrieden. Wenn er es schon einmal aussprechen muß, denkt er noch lange darüber nach, ob er recht gehandelt hat. Der junge Student war nicht so unrecht. Er machte einen guten Eindruck, war bescheiden und sympathisch. Gute Schwiegersöhne sind heute dünn gesät. Wenn er richtig zugehört, hatte der junge Mann, den ihm seine Tochter ins Haus gebracht, sein Abitur in Abendkursen neben seiner Berufstätigkeit gemacht. Allerhand Hochachtung! Er hatte sich auch einmal sein Studium verdienen müssen. Aber um so mehr ein Grund für den jungen Herrn, sich glücklich zu schätzen, in seiner Familie so herzlich willkommen geheißen zu werden und gleich am ersten Tag einen Platz am Tisch zu erhalten. Nach dem Essen aber sofort davonzulaufen, nur weil ein Fußballspiel winkt... unverständlich, die jungen Leute heutzutage!

„Hör endlich auf zu weinen, Rosemarie!" sagte er. „Außerdem bin ich der Meinung, daß ein junger Mann, der im Leben vorwärts kommen will, nicht jeden Sonntag seine paar Groschen auf den Fußballplatz trägt!"

Rosemarie drückte ihr schon völlig tränennasses Taschentuch gegen die Augen.

„Darf ich wenigstens das Fernsehen anstellen, Vater?"

„Etwa das Länderspiel?"

„Bitte, Vater!"

Dr. Wenk betrachtete seine Achtzehnjährige kopfschüttelnd.

„Meinetwegen", sagte er, „aber bitte ohne Ton! Mutter und ich möchten unsere Zeitung in Ruhe lesen."

Die Übertragung des Länderspiels war ausgezeichnet. Herrlicher Sonnenschein lag über dem Platz, man sah es den Zuschauern an, wie heiß ihnen war, die Männer hatten ihre Röcke ausgezogen, immer wieder wischten sich die Menschen mit dem Taschentuch über die Stirn und winkten den Bierverkäufern, die kaum nachkamen, alle Wünsche zu erfüllen. Völlig erschöpft, mit offenen Kragen balancierten sie mühselig die schweren Tabletts mit den Limonadenflaschen und Biergläsern die Tribünen hinauf, wichen den Herunterhastenden aus, zwängten sich durch die Zuschauerreihen, es ist keine leichte Aufgabe, nicht plötzlich mit ihrer nassen Last umgestoßen zu werden, wenn die Zuschauer in ihrer Begeisterung aufspringen, wenn ein Tor droht . . . Rosemarie sieht dies alles auf dem Bildschirm, auch ihre Eltern haben sich jetzt neben sie gesetzt und verfolgen zum erstenmal in ihrem Leben ein Fußballspiel. Der Ton ist längst wieder eingeschaltet, es gefällt ihnen sogar. Zwei zu eins stand das Länderspiel, als die erste Halbzeit abgepfiffen wurde. Die Kamera verfolgt die Spieler bis an ihre Kabinen, dann schwenkt sie auf die Zuschauermassen zurück.

Rosemarie stößt einen Schrei aus:

„Da ist Harald!"

Und noch einmal, freudig und erschrocken zugleich:

„Dort – ganz vorn – links!"

Harald als Limonadenverkäufer, dem man die Flaschen aus der Hand reißt, Harald völlig erschöpft, der Schweiß rinnt ihm von der Stirn, mit der einen Hand hält er mühsam das große Tablett und mit der anderen wechselt er einen größeren Geldschein. Jetzt schwenkt die Fernsehkamera direkt auf ihn zu, fährt näher, der Reporter tritt ins Bild.

„Ihr habt heute einen schweren Tag, Jungens", sagte er zu Harald, „wieviel Flaschen haben Sie heute schon aus der Kantine herausgetragen?"

„Über sechshundert", sagte Harald und strahlt.

„Kompliment! Keine leichte Arbeit! Sie sind Kellner?"

Harald lacht:

„Nein, ich studiere. Medizin. Das hier mache ich jeden Sonntag. Ich verdiene mir mein Studium damit."

Der Reporter stellt eine letzte Frage:

„Was sagen Sie zu unserem heutigen Spiel?"

Harald zuckt die Schultern.

„Es wäre schön, wenn ich zusehen könnte", sagte er, „aber bis auf einen kurzen Blick, gelegentlich –"

Da ist kein Wort mehr gesprochen worden, vor dem Fernsehschirm, bei Wenks. Der Vater hat Rosemaries Hand genommen, und als das Fernsehen zu Ende ist, sagt er wie beiläufig zu seiner Tochter:

„Wenn Harald uns das nächste Mal besucht, soll er an einem Wochentag kommen. Wie wäre es mit morgen abend?"

Blick eines Zöllners

Ich hatte es eilig. Man hat es immer eilig, wenn man in seinem Wagen sitzt, vom Urlaub heimfährt und noch 500 Kilometer vor sich hat. Da gibt es Aufenthalt bei den Fähren, an den Tankstellen, am Zoll. Aber man hat seine kleinen Tricks, seine gesammelten Erfahrungen. Mag die Tankstelle auf der anderen Fahrseite noch so verlockend aussehen, man tankt immer in der Fahrtrichtung. Man hat auch beim Überholen seine Taktik und vor allem im Zollgrenzbezirk, wenn sich die Landesgrenze nähert, kann man durch geschicktes Fahren viel Zeit ersparen. Während alle ihre Wagen langsam auslaufen lassen, um vor dem Zoll zu halten, tritt man auf den Gashebel und überholt noch leicht drei, vier Wagen vor sich, ist vor ihnen an der Grenze und schon längst wieder unterwegs, während die Überholten noch am Zoll warten. Ich bin nicht der einzige, der es tut, aber einer der schnellsten und geschicktesten bei diesem Manöver.

Das heißt, ich war es bis vor ein paar Jahren. Heute habe ich diese Unart längst abgelegt und lasse mich vor der Grenze von den Rücksichtslosen, die sich dazu noch gern des Signalhorns bedienen, leicht überholen. Ich schimpfe nicht einmal hinter ihnen her, hinter jenen, die mir durch ihr Vordrängen die Zeit stehlen. Ich war ja auch einmal einer von jenen, denen ihr Egoismus auf das Gas zu treten befahl.

Das war vor einigen Jahren an der französischen Grenze, kurz vor Straßburg. Die Straße war verhältnismäßig leer, ich hatte in rascher Fahrt überholt, was vor mir war, ich hatte es wie immer eilig, schon las ich das Schild „Landesgrenze 1000 Meter", ich schnitt eine Kurve und da erblickte ich einen roten Wagen auf der Straße, Richtung Zoll, genau auf der halben Höhe zwischen mir und den Zollschranken. Schon der Ehrgeiz gebot mir, ihn zu überholen und mich vor ihn zu setzen, eine rein sportliche Frage, ich tat es und es gelang mir auch. In der letzten Minute trat ich auf die Bremse und hielt keine zehn Zentimeter vor der Zollschranke, während der rote Wagen hinter mir langsam ausrollte und hielt. Man mußte damals noch an der Grenze aussteigen und mit seinem Paß und den Wagenpapieren durch die Zollhalle gehen. Ich war ein paar Meter zu weit gefahren und mußte zwanzig, dreißig Schritte zurückgehen und sah eine Dame aus dem roten Wagen steigen, der näher an der Tür war, aber es gelang mir durch mein blitzschnelles Erfassen der Situation, noch vor ihr durch die Tür zu gelangen, gerade so knapp, daß ich ihr die Tür noch aufhalten konnte, ohne ihr den Vortritt lassen zu müssen.

Ich trat also als erster an den Zollschalter, einen langen Tisch, hinter dem ein Beamter saß. Ich legte meine bereitgehaltenen Papiere vor ihn hin, das gleiche tat die Dame aus dem roten Wagen. Der französische Zöllner, nach einem kurzen uninteressierten Blick auf uns beide, ergriff zuerst den Paß der Dame und –

„Moment!“ sagte ich. „Ich war zuerst da!“

Der französische Zöllner behielt den Paß der Dame in der Hand, nahm den meinen und sagte:

„Verzeihen Sie, mein Herr! Sie haben recht, ich habe mich geirrt.“

Ich wurde vor der Dame neben mir abgefertigt. Aber der Blick, den er mir zuwarf, als er sagte: „Sie haben recht, mein Herr!“, den werde ich nie vergessen und auch nicht das wie um Entschuldigung bittende Lächeln, mit dem er sein Gesicht der Dame zuwandte, während er meinen Paß abstempelte. Dabei war die Dame weder jung, noch schön, sie war eine Frau und er war ein Franzose und ich merkte zum ersten Mal, was die Franzosen unter einem Boche verstehen. Er sagte es nicht, denn welcher Franzose sagt es überhaupt, aber versteht mich, daß ich seitdem anders an einer Grenze vorfahre, den anderen den Vortritt lasse, um wiedergutzumachen, was ich mir und meinem Lande durch mein früheres Verhalten antat. Oft genügt ein Blick, den Menschen wieder auf seinen Platz zu verweisen, der ihm zukommt. Ich begnüge mich seitdem gern mit dem zweiten, dritten, die schnellsten und geschicktesten gehören nicht immer zu den beliebtesten, auch dann nicht, wenn sie de jure im Recht sind.

Der Mann vorm Kamin

Es war Montag morgen, zehn Uhr.

Vor dem Kamin des einsam gelegenen Landhauses saß ein Mann und frühstückte. Er saß im weißen Bademantel und frühstückte ausgiebig. Zwischen jedem Bissen trank er einen Schluck Burgunder, und gerade hatte er eine neue Schallplatte aufgelegt, als es an der Tür klopfte und ein Mann eintrat. Er entschuldigte sich vielgesichtig.

„Ich bitte tausendmal um Verzeihung – ich fand die Haustür offen – habe ich die Ehre mit dem Hausherrn, Herrn Generaldirektor Bahar?"

Der Mann am Kamin sah ärgerlich auf.

„Ja. Sie wünschen?"

„Nagel ist mein Name. Nagel von Nagel und Sohn, Installationen."

„Das sagt mir nichts."

„Da wäre noch eine kleine Restschuld von vierhundert Mark, vom vorigen Jahr, Herr Generaldirektor –"

„Schon gut, ich werde Ihnen den Betrag von meinem Büro überweisen lassen."

Der Installateur trat bescheiden einen Schritt näher.

„Das wurde mir schon zweimal schriftlich versprochen, Herr Generaldirektor, aber leider, leider – ich dachte, es regelt sich schneller, wenn ich Sie direkt aufsuche – ich habe so zugleich, wenn ich mich so ausdrücken darf, die Freude, einen meiner Kunden persönlich kennenzulernen –"

„Finden Sie Ihre Art des Inkassos nicht recht aufdringlich, Herr –"

„Nagel, von Nagel und Sohn, Installationen."

„Finden Sie diese Art nicht recht aufdringlich?"

„Wohl wahr, Herr Generaldirektor", sagte der Installateur und nickte dazu, „aber dies gehört leider zu meinem Beruf bei Kunden, die es mit dem Auftrag sehr eilig haben und sich hinterher mit dem Bezahlen Zeit lassen. Ihre Rechnung steht weit über ein Jahr offen, Herr Generaldirektor."

„Verschwinden Sie und schreiben Sie mir! Ich bin heute zufällig aus der Stadt herausgekommen und habe kein Geld bei mir."

„Das macht nichts", sagte der Installateur höflich, denn er wußte, welchen Respekt er seinen Kunden schuldig war, „ich habe auch dies vorausgesehen. Ich hoffte indessen, wir könnten es unter uns direkt erledigen, ehe ich den Gerichtsvollzieher, der Sie ja persönlich kennt und der draußen vor der Tür wartet, hereinbitte, seines Amtes zu walten."

Der Mann am Kamin sprang so heftig auf, daß die Weinflasche vom Tisch fiel. Mit einem Ruck stellte er die Schallplatte ab und schrie:

„Das ist eine Dreistigkeit ohnegleichen! Da – hier – nehmen Sie Ihre vierhundert Mark und lassen Sie sich nie wieder sehen!"

Nicht alle, die aufs Land fahren, tun es aus Urlaubsgründen, um sich in Sonne und Luft zu erholen. Es gibt eine ganze Gilde, die nur zu dem Zweck, ihren Lebensunterhalt zu erlangen, die Reise auf die Dörfer antritt und vor allem die abseits gelegenen Villen besucht. Erwin Klaue gehörte zu ihr, ein Mann, der noch in den Anfängen seiner Kunst stand, unbewohnten Landhäusern einen Besuch abzustatten und zu sehen, was sich dort vorfindet: silbernes Tafelgeschirr, orientalische Teppiche, Heilige aus Holz aus dem 16. Jahrhundert – das ist so die Beute, die leicht zu Geld zu machen ist und für die sich das Übers-Land-Streichen schon lohnt.

Erwin Klaue, 40, trug bei seinem heutigen Einbruch bare 500 Mark in seiner Brieftasche, und das ist übrigens einer der Grundsätze in der zeitgemäßen Ausübung dieses Berufes: stets während der Arbeit bares Geld bei sich zu tragen. Einem Mann mit gefüllter Brieftasche glaubt man leichter, er habe sich beim Einstieg in ein einsames Landhaus geirrt oder er wolle sich nur einen Jux machen. Wehe dem Einbrecher, der mit leeren Taschen bei seiner Arbeit erwischt wird, mit seinesgleichen macht man nicht viel Federlesens bei der Polizei.

Das Eindringen in das Haus des Generaldirektors war ein Kinderspiel gewesen. Ein einfacher Dietrich hatte genügt, die Tür aufzusperren. Da das Haus einsam gelegen war, brauchte sich der Einbrecher bei seiner Arbeit nicht zu beeilen. Er nahm zunächst nach den heutigen Usancen der Villenknacker, wie man überall liest, ein warmes Bad, hüllte sich dann in den weichen weißen Frottiermantel des Hausherrn, fand in der Speisekammer eine Hartwurst, im Keller eine Flasche Burgunder, machte sich mehr zum Spaß ein kleines Feuer im offenen Kamin, wie es ihm sein Übermut eingab, und legte sogar eine Langspielplatte auf, um eine Art Tafelkonzert bei seinem gemütlichen Frühstück zu haben.

„Ihr könnt euch vorstellen, daß ich nicht schlecht erschrocken bin, wie plötzlich ein Mann in der Tür stand und bares Geld von mir für eine alte Schuld verlangte", erzählte Erwin Klause von der Gilde der Villenknacker später seinen Freunden, „seit Wochen hatte ich das verlassene Landhaus beobachtet, seit Wochen war kein Mensch dorthin gekommen. Ich stieg also mit bestem Gewissen ein, und da muß doch plötzlich dieser geldgierige Handwerker, dieser vom dummen Zufall geschickte Installateur kommen, nur weil der Hausbesitzer seine Rechnung nicht bezahlt hatte! Was blieb mir übrig? Zum Glück hielt er mich in meinem Bademantel für den Hausherrn, und ich natürlich, nachdem mich der Kerl ja gesehen hatte und beschreiben konnte, sofort getürmt, ohne etwas mitzunehmen. Also die ganze Arbeit umsonst und noch bare 400 Mark Schaden dazu!"

Das Tollste dieser Geschichte aber kommt erst. Der Hausherr, der kein Hausherr war, wurde von einem Handwerker, der kein Handwerker war, geschröpft. Der Installateur war der Hausherr selbst gewesen, Herr Generaldirektor Bahar.

„Eine großartige Idee, lieber Bahar! Sie haben sich also für den Handwerker ausgegeben, der sein Geld eintreibt?"

„Was sollte ich denn tun?" sagte der Generaldirektor lachend. „Ich finde in meinem Landhaus vor meinem Kamin einen Einbrecher in meinem Bademantel. Der Kerl ist groß und stämmig, vielleicht hat er auch eine Waffe bei sich — da habe ich einfach so getan, als ob ich ihn für den Hausherrn hielte, der gerade frühstückt."

„Und kommen mit diesem Einfall noch zu unverdienten 400 Mark."

Der Generaldirektor nickte: „Ich habe dieses Geld gut angelegt. Ich habe meine Einbruchdiebstahlversicherung damit wesentlich erhöht und auf etliche Jahre vorausbezahlt. Denn eingebrochen werden kann täglich, aber nicht jedesmal kommt man rechtzeitig dazu und nicht jedesmal hat man einen so guten Einfall."

Ein kleiner Koffer aus rotem Leder

Der Nachtexpreß nähert sich der Grenzstation. Sie sah auf die Uhr. Dann stand sie auf, nahm ihren kleinen rotledernen Koffer aus dem Gepäcknetz und trat auf den Gang.

„Darf ich Ihnen das Fenster öffnen, gnädige Frau?" Sie drehte sich erstaunt um. Ein Herr stand vor ihr. Lachte ein wenig verlegen. „Verzeihen Sie meine vielleicht etwas aufdringliche Hilfsbereitschaft", sagte er, „aber seit Paris warte ich auf eine günstige Gelegenheit, mit Ihnen bekannt zu werden."

„Und das Fenster soll Ihnen dazu verhelfen?"

„Ich hoffe es, gnädige Frau." Sie schwieg, sah aus dem Fenster. Der Zug verlangsamte seine Fahrt.

Plötzlich drehte sie sich schnell um: „Wollen Sie mir eine große Gefälligkeit erweisen?“ — „Mit Vergnügen.“

„Dann nehmen Sie bitte diesen kleinen Koffer und legen Sie ihn zu Ihrem Gepäck. Ich muß auf der nächsten Station einige Depeschen aufgeben und möchte mich daher nicht mit der Zollrevision aufhalten. Ich habe sonst nichts bei mir als diesen Koffer, der einige Toilettengegenstände enthält.“

Der Herr nahm den Koffer entgegen und trug ihn in sein Abteil. „Legen Sie ihn bitte hinter Ihren großen Koffer!“ bat sie. „Vielleicht haben wir Glück und er fällt nicht auf. Ich habe es nicht gern, wenn an der Grenze fremde Männer meine Sachen durchwühlen.“

Der Herr kam ihrem Wunsch nach. „Ist es Ihnen so recht?“ — „Ja“, lachte sie, „ich danke Ihnen.“

„Im Gegenteil. Ich habe Ihnen zu danken, gnädige Frau, für Ihr Vertrauen.“

Der Zug lief in die Station ein. Der Herr ging in sein Abteil zurück. Als der Zug endlich hielt, öffnete die Dame schnell die Tür, lief über den Bahnsteig und eilte zur Sperre.

Ein Beamter hielt sie auf: „Ihren Paß, gnädige Frau?“ Sie öffnete die Handtasche und hielt das Papier nachlässig hin. Der Beamte faltete es sorgfältig auseinander. Verglich Bild und Unterschriften. Dann drehte er sich um und gab ein unauffälliges Zeichen nach hinten. „Ist mein Paß nicht in Ordnung?“ — „Doch, gnädige Frau.“ Er gab ihr den Paß zurück, „danke sehr.“

Sie eilte durch die Sperre. Plötzlich standen zwei Herren neben ihr. „Annette Vanet?“ — „Ja, Sie wünschen?“ — „Bitte folgen Sie uns unauffällig. Kriminalpolizei.“

Sie versuchte zu lächeln. „Ich verstehe nicht . . .“

Sie traten in einen kleinen Raum.

„Wir haben heute einen Drahtbericht aus Paris bekommen“, sagte der Kommissar, „daß Sie die geraubten Juwelen aus dem letzten Einbruch in der Rue de la Paix über die Grenze bringen. Wo haben Sie Ihr Gepäck?“ Sie gab keine Antwort.

„Wir raten Ihnen in Ihrem Interesse, uns nicht zu zwingen, Sie zu verhaften. Wo ist Ihr Gepäck?“

„Ich finde es empörend, wie man als alleinreisende Dame behandelt wird. Außerdem habe ich kein Gepäck. Oder glauben Sie, daß ich ein Ihrer Meinung nach so wertvolles Objekt allein im Abteil liegenlassen würde?“

„Das werden wir in Kürze wissen“, sagte der Kommissar, „zwei von unseren Beamten durchsuchen den Zug. Inzwischen müssen wir Sie bitten, sich einer Leibesvisitation durch Frau Dupont unterziehen zu lassen.“

Frau Dupont war verständigt. Die Herren verließen den Raum. Vor der Tür warteten zwei Kriminalbeamte. „Wir haben den Zug durchsucht, Herr Kommissar“, meldeten sie, „der rote Koffer hat sich nirgends gefunden.“

„Sind die Polster der zwei Waggons erster Klasse auch rückwärts untersucht?“ – „Ja, alles ist geschehen.“ – „Dann können wir wohl mit Sicherheit annehmen, daß die Leibesvisitation etwas zutage fördert.“

Die Tür wurde geöffnet. Frau Dupont sagte: „Es hat sich nichts gefunden.“ Der Kommissar stieß ärgerlich hervor: „Dann bleibt uns diesmal nichts übrig, da wir keinen Haftbefehl haben, als uns bei der Dame zu entschuldigen.“

Der Zug setzte sich in Bewegung. Am Fenster eines Abteils erster Klasse lehnte Annette Vanet. Sie rauchte eine Zigarette und blies den Rauch spöttisch vor sich hin. Dann betrat sie das Abteil ihrer kurzen Reisebekanntschaft.

Der Herr stand höflich auf und bot ihr den Fensterplatz. „Haben Sie Ihre Angelegenheiten gut geregelt?“ – „Danke“, lachte sie, „alles ging, wie ich erwartet hatte. Übrigens – meinen Koffer hat man wohl nicht gefunden?" – „Nein. Obwohl man zweimal hier war und sogar die Polster durchsuchte."

„Fabelhaft. Wo hatten Sie ihn versteckt?" – „Ich hatte ihn nicht versteckt!" – „Sondern?"

„Ich habe ihn schon – bevor wir in der Station einliefen – aus dem Fenster geworfen." – Die Dame sprang erschrocken auf. „Um Himmels willen! Die Juwelen!"

Der Herr lächelte. „Die Juwelen sind in Sicherheit. Die habe ich vorher herausgenommen, gnädige Frau, und werde sie wohlbewahrt nach Paris zurückbringen. Denn schließlich bin ich ja nur deswegen im Auftrag der beraubten Pariser Firma mitgefahren. Und Ihnen persönlich, gnädige Frau, wird es wohl immer noch lieber sein, mit leeren Händen nach Paris zurückzukommen als mit gebundenen."

Zwischenfall in Verona

Ich fahre öfter von Wien nach Rom und kenne daher gut die besten Zugverbindungen und wie man sich die lange Reise angenehm gestalten kann. Diesmal aber hatte ich es schlecht getroffen. In mein leeres Abteil erster Klasse war ein Ballettmeister aus Paris zugestiegen, ein Monsieur Dudurand, der unbedingt darauf bestand, mich in die Geheimnisse des klassischen Balletts einzuweihen und mir die berühmten Schritte vorzutanzen. Schon nach einer Stunde, kurz vor Linz, wußte ich Bescheid über den Pas des deux. Über das Dégagez nach vorn und über das Dégagez nach hinten, über die berühmten klassischen Complimente, die die Dame fast ohne Bewegung des Oberkörpers mit einem angedeuteten verlegenen Knicks entgegennimmt. Ja, ich mußte mich, wollte ich nicht als unhöflicher Reisegefährte erscheinen, unter seinen charmanten Redefällen von meinem Sitz erheben, die Schritte erst im Solo üben, um später ihm gar noch die Partnerin abzugeben. Ich gestehe, daß mir diese albernen Späße, denen ich mich nicht entziehen konnte, höchstes Unbehagen einflößten und mir den französischen Ballettmeister, je mehr er sich um meine Sympathie bemühte, desto unsympathischer werden ließen. Aber ich machte gute internationale Miene zum bösen Spiel, brütete aber insgeheim bereits einen Racheplan aus, mich für die gestörte Nachtruhe zu entschädigen.

Der Romexpreß lief in Verona ein. Aus meinen früheren Reisen – ich hatte diesen Zug zum letztenmal erst vor vierzehn Tagen benützt – wußte ich, daß wir in Verona einen Aufenthalt von vierzig Minuten hatten, ehe der Zug nach Rom weiterfuhr. Ich wußte sogar noch mehr. Der Zug aus Wien lief auf Gleis 2 ein, hielt dort eine halbe Stunde, fuhr dann aus der Halle, um rückwärts wieder auf Gleis 6 einzulaufen, von wo er nach fünf Minuten seine Fahrt nach Rom fortsetzte. Darauf baute ich meinen Plan.

Ich wollte Monsieur Dudurand einen kleinen Schreck einjagen, indem ich mit ihm die halbe Stunde des Zugaufenthaltes den Bahnhof verließ, Köstlichkeiten des Landes einzuhandeln, Trauben, Nüsse, Salami, Süßigkeiten, Wein – um mit ihm just in dem Augenblick zurückzukehren, wo der Zug das Gleis 2 verließ, um rückwärts auf Gleis 6 einzufahren, was Monsieur Dudurand ja nicht wissen konnte, ihm also vorzugaukeln, daß wir zu spät gekommen seien und der Zug mit unseren Koffern, ich selbst hatte ein gerade fertiggestelltes Drehbuch für Rom im Gepäcknetz liegen, ohne uns abgefahren sei. Es gelang. Wir kamen just in dem Augenblick auf den Bahnsteig 2, als der Zug sich in Bewegung setzte und aus der Halle rollte.

„Um Gottes willen!“ schrie ich heuchlerisch auf. „Unser Zug! Sehen Sie! Dort fährt er!“

„Nein! Mein Gepäck! Meine Papiere!“

„Zu spät!“ sagte ich dumpf und betrachtete ihn vergnügt.

Und jetzt kam das, worauf ich wartete, wenn er dann in wenigen Minuten noch immer atemlos mit dem Zug auf Gleis 6 einfuhr und ich gemütlich zu ihm ins Abteil steigen würde: Er warf alles, was er gerade eingekauft hatte, zu Boden und rannte, was er konnte, stolpernd und stürzend, bei Gott nicht in klassischen Ballettschritten, hinter dem Zug her, verlor seinen Hut, sein Halstuch . . . er lief und lief hinter dem blauen Schlußlicht her, und ganz draußen, auf den letzten Metern des Bahnsteiges, gelang es ihm, sich auf den letzten Wagen zu schwingen und einzusteigen.

Ich lachte, daß mir die Tränen über die Wangen rollten.

„Haben Sie gesehen, wie er dem Zug nachgelaufen ist?“ fragte ich den Fahrdienstleiter, der den leeren Bahnsteig herunterkam, und lachte noch immer aus vollem Halse.

„Aber er hat ihn noch erreicht!“ sagte der Fahrdienstleiter nicht ohne Anerkennung.

„Zugegeben!“ lachte ich. „Aber der Zug kommt ja noch einmal rückwärts auf Gleis 6 in die Halle.“

Der Fahrdienstleiter sah mich groß an und sagte:

„Nicht mehr seit einer Woche! Seit einer Woche fährt er direkt von diesem Bahnsteig nach Rom weiter.“

„Sie haben genug gearbeitet in Ihrem Leben...“

Gestern früh hatte man ihn in das Direktionszimmer gebeten. Die drei Direktoren in ihren korrekten Anzügen, alle jünger als er selbst, hatten ihn aufgefordert, Platz zu nehmen.

„Wir wollen Sie nicht lange auf die Folter spannen, Herr Bergmeister, wie viele Jahre sind Sie jetzt bei unserer Firma?“

„Ich feiere nächstes Jahr mein dreißigjähriges Jubiläum.“

„Haben Sie nie daran gedacht, sich zu verändern? Zu einer anderen Firma zu gehen, wo sich Ihnen eine größere Chance bietet?“

„Mit meinen 58 Jahren?“

„Was hat das bei Ihnen zu sagen? Sie sind gesund, rüstig, haben eine große Erfahrung, die Sie sich bei uns aneignen konnten...“

„Mit 58 findet man nicht so leicht einen neuen Posten. Warum fragen Sie das alles?“

„Wir sind im Augenblick mit einer Reorganisation unseres Betriebes beschäftigt. Wir haben neue moderne Maschinen bestellt. Unser Betrieb ist ein wenig überaltert. Die jungen Menschen wollen auch einmal an die Reihe kommen, sie wollen eine Familie gründen, heiraten, Kinder haben, das können sie natürlich nur, wenn wir ihnen eine Aufstiegschance bieten. Das ist selbstverständlich nicht gegen Sie gemünzt, Herr Bergmeister, es sind rein prinzipielle Fragen, um die es geht.“

„Mit anderen Worten?“

Er verschluckte sich, ein kurzer Hustenanfall, wie er ihn in der letzten Zeit häufiger überfiel. Er mußte darum die drei Worte wiederholen, und seine Stimme klang brüchig:

„Mit anderen Worten?“

„Wir haben Ihnen einen Brief geschrieben. Wollen Sie sich wirklich wie ein alter Gaul zu Tode rackern? Jetzt haben Sie noch etwas von Ihrem Lebensabend, Sie haben genug gearbeitet in Ihrem Leben, wäre es nicht an der Zeit, es sich ein wenig leichter zu machen?"

Das war gestern gewesen. Er hatte es seiner Frau noch nicht gesagt. Er war nach Hause gekommen, wie jeden Abend, hatte seine Jacke über einen Stuhl gehängt und war in den Garten gegangen, zu seinen Rosen. Als Anna ihn dann zum Abendessen ins Haus rief, schnitt er die schönste seiner Rosen, eine „First love", und legte sie neben den Teller seiner Frau.

„Ich habe eine Überraschung für dich, Anna. Wir werden morgen mit unserem Wagen einen Ausflug machen."

„Morgen? Am Donnerstag?"

„Ich habe ein paar Tage frei bekommen."

„Mitten in der Woche?"

Sollte er ihr antworten, daß er jetzt jeden Tag in der Woche „freihaben" würde, daß man ihn entlassen hatte, von heute auf morgen, in allen Ehren natürlich, ein Jahr mit dem vollen Gehalt, wozu sie nicht verpflichtet waren? Abgebaut wegen Überalterung, so wie man einen alten Wagen tauscht gegen einen neuen. Vielleicht ist der neue ein wenig wendiger und sieht repräsentativer aus, mit Menschen mag es ähnlich sein, er hatte sich noch nie Gedanken darüber gemacht, bis heute, wo es ihn traf. Auf dem Heimweg und draußen im Garten hatte er darüber nachgedacht, wie er es seiner Frau beibringen sollte. Denn das ist das Schlimmste, seiner Frau sagen zu müssen: „Sie brauchen mich nicht mehr. Ich bin zu alt für sie." Das geht wohl allen Menschen so, der eigenen Frau und den Kindern zu gestehen: „Schaut mich an! Ich gehöre zum alten Eisen!" Und auch dies, die Folgerung: „So weit hat es euer Vater nicht gebracht, in seinem ganzen Leben nicht, daß nicht ein anderer von heute auf morgen seinen Platz einnehmen könnte."

Jetzt saßen sie in ihrem kleinen Wagen, auf einer Gebirgsstraße mit steilen Kehren und unübersichtlichen Kurven. Er hatte seiner Frau noch immer nichts gesagt, er fand einfach nicht den Mut dazu. Wie sollte er auch beginnen, ihr die Schande zu gestehen, wie er es empfand, abgebaut zu sein? Er hatte zu ihr noch nicht von der Hoffnungslosigkeit gesprochen, die ihn erfüllte, sich mit 58 Jahren einen neuen Posten suchen zu müssen. Denn von der Rente zu leben, hätte gewaltige Einschränkungen bedeutet, sie hatten sich nichts erspart, man hatte für die Erziehung der Kinder mehr Geld ausgegeben, als dem Stande des Vaters entsprach. Ein neuer Posten, selbst wenn er einen fände, ist für einen Mann in seinen Jahren eine harte Aufgabe. Einen alten Baum kann man nicht umpflanzen. Wenn auf dem Platz, wo er stand, ein junger Baum gesetzt wird, zerschlägt man den alten am besten zu Feuerholz.

„Übernimmst du dich nicht, Albert? Die Strecke, die wir fahren, ist gefährlich."

„Und der Wagen alt, meinst du?"

„Nicht nur der Wagen, Albert."

Da war es wieder, das gleiche. Wenn man älter wird, soll man sich die Straßen aussuchen, die man fährt. Er hatte sich diese gefährliche Strecke bewußt ausgesucht. Er kannte sie aus früheren Jahren, als er jung gewesen war, der Wagen neu. Er wußte, welche Kurve ungeschützt knapp am steilen Felshang vorbeiführte, hoch über einem See, die kleinste Unachtsamkeit am Steuer, ein Unfall, wie in den Zeitungen stehen wird, ein bedauernswertes Unglück, mitten aus dem Leben heraus. Das war ja der Sinn dieses Ausfluges, alles zurechtgelegt, eine kleine Unachtsamkeit am Steuer, er brauchte dann seiner Frau nicht die Schande gestehen, konnte ihr den Schock seiner Entlassung ersparen, die Not der kommenden Jahre, sie würden dann nicht das Haus verkaufen müssen, nicht auf die Hilfe ihrer Kinder angewiesen sein. Aber er gab sich falsche Rechenschaft, es war nur die Feigheit in ihm, seiner Frau zu sagen: „Man hat mich entlassen."

„Ich bin müde", sagte Anna, „halten wir ein wenig an."

„Laß uns noch ein Stück weiterfahren."

„Nein, bitte, Albert."

Er parkte den Wagen in einer Ausweiche, die man dort wegen der überwältigenden Aussicht auf die gigantische Bergwelt gebaut hatte. Wie alt sind die Berge, da hat noch keiner daran gedacht, sie durch neue zu ersetzen, wie alt sind die Täler da unten, die Dörfer, die Kirchen, die Friedhöfe darum, wie armselig ist der Mensch, dem man nicht einmal die Gnade des Altwerdens gönnt. Selbst manchen alten Baum läßt man stehen, bis ihn der Sturm von selbst fällt, aber der Mensch wird ausgetauscht, über Nacht, nur weil er vielleicht weniger Früchte trägt als in den Jahren seiner besten Fruchtbarkeit.

„Stell das Radio an, Albert."

„Ermüdet es dich nicht?"

„Musik ermüdet nie, Liebster."

Aus dem Lautsprecher erklang ein Sinfoniekonzert.

Es war Beethovens Neunte, von den Bamberger Sinfonikern gespielt. Die beiden Menschen im Wagen schwiegen. Sie saßen Hand in Hand und ihre Gedanken eilten weit fort. Nicht so weit, daß ihre Herzen sich nicht nahe blieben, aber jeder dachte an die Dinge, die ihn am heftigsten erfüllten. Es ist das letzte Mal, daß Anna und ich diese Sinfonie hören. Wie schön Musik sein kann! Es ist, als wenn die Rosen im Juni erblühen, wenn sie ihre Knospen entfalten, ein wenig schüchtern fast, wie zum ersten zärtlichen Geständnis.

Er mußte an Anna denken, wie sie sich kennenlernten. Wie froh war er, Anna zu besitzen, wie glücklich machten ihn die Rosen in seinem Garten, die Musik Beethovens, die jetzt an sein Ohr klang. Das sollte alles vorbei sein, die Liebe, die Rosen, die Musik, nur weil man ihn entlassen hatte? Und die anderen hundert Dinge, die das Leben froh und reich machen, Freude, schöner Götterfunken, Tochter aus Elysium – er wird die Gesichter im Betrieb nicht mehr sehen, die grauen Maschinen, die weißen Wände, die trüben Fenster, die laute Kantine – jeder Tag ist ein Sonntag, eine ganze Woche Feiertag, ein volles Jahr Urlaub, man kann nach Belieben in der Sonne sitzen, spazieren gehen, im Garten umgraben, mit dem Nachbar am Zaun stehen, Freude, schöner Götterfunken, Tochter aus Elysium – man wird sich ein wenig einschränken müssen, gewiß, aber es leben Tausende von ihrer Rente und freuen sich ihres Lebens. Warum hat er eigentlich Angst, seiner Frau zu gestehen: „Stell dir vor, Anna, sie haben mich entlassen!?" Sie ist doch seine Frau, sie hat immer einen Weg aus der Bedrängnis gewußt, selbst einen angebrannten Sauerbraten wußte sie noch zu retten, und was ist eine Entlassung schon viel mehr? Im Alltäglichen ist etwas schiefgegangen, das ist alles, deswegen muß man doch nicht gleich die Flinte ins Korn werfen, das Leben ist doch so schön, das Leben zu zweit doppelt schön – Freude, schöner Götterfunken, Tochter aus Elysium ...

Die Sinfonie klang aus.

„Du, Anna ... sie haben mich gestern entlassen ..."

„Daß du mir es erst jetzt sagst?"

„Ich hatte Angst, du würdest dich kränken. Aber jetzt, wo es heraus ist, wo ich es dir gesagt habe ... ist heute nicht ein herrlicher Tag?"

Anna mußte sich schneuzen. Sie tat es mit viel Geräusch.

„Geliebter Dummkopf!" sagte sie zu ihrem Mann. „Als ich gestern abend deine Jacke ausräumte und den Brief fand, las ich ihn –"

„Du hast es gewußt?"

Anna nahm seine Hand.

„Ich wußte es schon gestern beim Abendessen, als ich dich aus dem Garten hereinrief – ich wußte auch, was in dir vorging, als wir hier herauffuhren, wie es in dir aussah und was du vorhattest, nämlich dies, von dieser Fahrt nicht zurückzukehren . . . glaubst du, ich hätte dich sonst gebeten, ein Sinfoniekonzert mit mir anzuhören?"

Sie nahm ihre Hand aus der Hand ihres Mannes und legte sie auf das Radio. Es sah so aus, als wollte sie sich bei ihm bedanken. Aber Autoradios sind nicht daran gewöhnt, daß man sich bei ihnen bedankt. Sie müßten sonst den ganzen Tag „Bitte sehr! Gern geschehen!" sagen, und das kann man ihnen freilich nicht auch noch zumuten.

Weihnachten ohne Baum

Die Tage vor Weihnachten waren früher eine stille Zeit. Man hörte die Schneeflocken fallen. Sie waren damals viel größer als in unseren Tagen, und wenn man vor dem Haustor stand und richtig hinhörte, wenigstens war es in meiner Kindheit so, dann hörte man es schneien. Ich möchte diese Vorweihnacht nicht missen, wo man Nüsse vergoldete, die Kerzen in die Halter steckte und kleine rotbäckige Äpfel an einen Wollfaden knüpfte. Den Weihnachtsbaum bekam ich vor dem Heiligen Abend nicht zu sehen. Mein Vater versteckte ihn vor uns Kindern, er putzte ihn selbst auf, hängte die roten Kugeln und die silbernen Fäden in die Zweige, obenauf kam ein goldener

Stern und dann verteilt an den Zweigen die kleinen Süßigkeiten, winzige Schokoladentäfelchen, Zuckerhüte, kleine Netze mit Silbertalern, auch ein wenig Marzipan dazwischen, und an die schönste Stelle des Baumes, die er sorgfältig aussuchte, hängte er unser rotes Wachsherz mit dem Christkind in der Wiege darin. Nicht einmal meine Mutter durfte das Zimmer betreten, in dem unser Christbaum stand. Erst am Heiligen Abend, wenn vom Kirchturm die Glocken das Fest einläuteten, brannte Vater die Kerzen an und öffnete für uns die Tür. Ich werde diese Minute nie vergessen, wie wir so ein Weihnachtslied anstimmend vor den Kerzen des Baumes standen und jedes Jahr empfanden wir, so einen schönen Weihnachtsbaum hatten wir noch nie.

Heute ist es anders geworden, auch für die Kinder. Der Weihnachtsbaum, der schönste Baum auf Erden, hat seine Bedeutung verloren. Wir haben oft in harten Jahren auf jedes Geschenk verzichtet, aber einen Christbaum mußten wir haben. Heute ist es genau umgekehrt, der Geschenktisch ist in den Vordergrund gerückt und der Christbaum ist zur Staffage geworden. Niemand schaut mehr recht zu ihm hin, man vergißt sogar oft, das Licht der Lampen abzuschalten und die Geschenke stehen eindringlich, beinahe protzig da, während sie sich früher geheimnisvoll und dadurch um ein Vieles schöner in den Schatten, den die Kerzen durch die Zweige warfen, versteckten. Da stand man ergriffen und traute sich gar nicht, auf den Tisch zu schauen, was das Christkind für uns gebracht hatte. Auch wir Erwachsenen blieben lange in den Anblick des Lichterbaumes versunken und gingen erst dann, nachdem wir uns geküßt und frohe Weihnachten gewünscht hatten, zu unseren Geschenken.

Heute hat der Christbaum seine Illusion, seinen Zauber über uns verloren. Ich weine diesem Zauber nach, aber was sollen wir tun, wenn schon wochenlang vor Weihnachten in den Straßen der Stadt, auf den Marktplätzen, in den Schaufenstern, in den Gaststätten, auf den Brücken und am Rathaus und vorm Kinoeingang, ja selbst auf den Bahnhöfen die Christbäume brennen, größer, schöner und heller als später unser kleiner Weihnachtsbaum daheim?

Die stille Zeit vor Weihnachten und ihre dunklen frühen Abende, die uns den Heiligen Abend kaum mehr erwarten ließen, an dem die Kerzen zum ersten Mal während des Gebetläutens angezündet wurden, ist verschwunden. Heute stehen sie wochenlang vor Weihnachten überall prall und prächtig, die Weihnachtsbäume mit ihren leuchtenden Kerzen, eine Invasion von Weihnachtsbäumen sozusagen, wir haben uns an ihnen schon satt gesehen, ehe Weihnachten eigentlich begann. Die trockenen Nadeln fallen von diesen Allerweltchristbäumen am Heiligen Abend schon ab, so lange stehen sie schon und hämmern uns ein, daß Weihnachten vor der Tür steht, in vier Wochen, in drei Wochen, in zwei – die Nadeln rieseln von ihren Zweigen, die versteckten Drähte zu den elektrischen Kerzen werden sichtbar und noch ist Weihnachten nicht einmal da. Das Licht, das einmal verkündete „Freue dich, o Christenheit!" scheint heute zu rufen „Kaufe ein, o Christenheit!" Ich glaube fast, daß manche Menschen schon gar nicht mehr wissen, warum wir Weihnachten feiern und was in dieser Nacht geschehen ist in Bethlehems Stall. Wenn ich mit dieser Frage am Abend durch die Straßen ginge, ich fürchte, ich sähe in ratlose Gesichter und bekäme die seltsamsten Antworten.

Ich habe nichts gegen die Christbäume auf den Marktplätzen und auf Bahnhöfen, im Gegenteil, ich danke dem, der sie aufstellt. Nur sollten die Kerzen nicht schon wochenlang vorher brennen und Festliches vortäuschen, wenn wir von Geschäften zu Geschäften eilen, die Uhr in der Hand, den Alltag im Blut. Laßt sie im Dunkeln stehen, daß sie uns still gemahnen, bald kommt das Fest der Liebe, beginn, dich darauf zu freuen, so wie die Christbäume still und stumm an den Adventsonntagen am Altar der Kirche stehen. Vernehmt darum meine Bitte: zündet die Kerzen auf den Marktplätzen und auf den Bahnhöfen erst am späten Nachmittag des Heiligen Abends zum ersten Male an, wenn die Reisenden festlich gestimmt zu den Feiertagszügen eilen, die Söhne zu ihren Müttern, die Väter zu ihren Kindern. Wie weihnachtlich froh und beglückten Herzens wäre dann der Beginn der Fahrt und der Gang durch die nächtlichen Straßen zum Haus, wo man erwartet wird, die Kerzen am Weihnachtsbaum brennen, jetzt ist Weihnachten. Macht den Weihnachtsbaum wieder zum Symbol des Heiligen Abends, laßt seine Kerzen erst wieder in der Dämmerung zur Heiligen Nacht aufleuchten. Dann steht der Weihnachtsbaum wieder im Vordergrund der Weihnachtsfreude, dann brennen seine Kerzen wieder täglich bis weit über Neujahr, bis über das Fest der Heiligen Drei Könige in den Wohnungen und in uns klingen die Weihnachtslieder und das „Christ ist erschienen“, dann steht der Christbaum mit seinem ersten Satz Kerzen, halb heruntergebrannt und seit dem Heiligen Abend nicht mehr angezündet, nicht mehr im Wege, dann wird der Weihnachtsbaum wieder das, was er einmal war: der schönste Baum auf Erden.

Silvester auf der Zugspitze

Anneliese machte keineswegs den Eindruck, als ob sie in Peter verliebt sei. Auch Peter tat nichts dergleichen. Man war in einer Bank angestellt, beide Volontär und Volontärin, ging täglich aneinander vorbei, vielleicht sogar ein wenig öfter als notwendig war, und gab sich gegenseitig auf spöttische Fragen spöttische Antworten. In einer Bank geht das nicht anders, im Beruf trägt man einfachere Kleider, im Beruf ist der Mann kein Held und ein junges Mädchen keine Madonna. So blieben sie Kollegen, Volontär und Volontärin, und man hatte den Eindruck, als ob sie sich nicht besonders miteinander vertrügen.

Die Bank hatte über Neujahr drei Tage geschlossen. Als sie sich verabschiedeten, fragte Peter, wie nebenbei:

„Was machen Sie über Silvester, Anneliese?"

„Ich verreise. Und Sie?"

„Ich verreise auch."

„Viel Vergnügen."

„Danke. Guten Rutsch ins neue Jahr!"

Sie gaben sich die Hand, flüchtig, fast ein wenig verstimmt.

Ein guter Freund vermag oft Wunderdinge. Wenn man gar einen Freund hat, der wohlsituiert wirklich eine kleine Neujahrsreise macht, noch dazu auf die Zugspitze, und man ist selbst ein armer Hund, der daheim bleiben muß, kommt man wohl auf die Idee, den Freund zu bitten:

„Willst du mir einen Gefallen erweisen, Günther? Du weißt doch, ich bin in der Bank mit einer gewissen Anneliese zusammen."

„Du hast mir oft genug von ihr erzählt."

„Ich möchte ihr gern eine Karte von der Zugspitze schicken, einen Neujahrsglückwunsch."

„Du fährst doch gar nicht!"

„Eben", sagte Peter, „du wirfst die Karte dort oben für mich in den Kasten. Diese dumme Gans glaubt nämlich, sie kann mir mit ihrer Winterreise imponieren. Wenn sie dann liest, daß ich auf der Zugspitze war, zerspringt sie! Und genau das soll sie!"

„Ist sie dir so unsympathisch, Peter?“

„Unsympathisch nicht — aber ich kann sie nicht leiden.“

Am Neujahrstag bekam Peter eine Ansichtspostkarte von der Zugspitze. Anneliese hatte sie geschrieben.

Auf der Karte stand schwarz auf weiß:

„Hier oben ist es herrlich! Hoher Schnee und strahlende Sonne! Ich bin schon ganz braun. Für heute zur Silvesterfeier bin ich von drei sehr attraktiven Herren eingeladen. Alles Gute zu Neujahr! Anneliese.“

Peter starrte die Karte an.

Das neue Jahr begann gut. Da hatte er sich wieder einmal prächtig blamiert. Wenn Anneliese jetzt seine Karte von der Zugspitze erhielt, die Günther gestern dort oben in den Kasten geworfen hatte, wußte sie, daß er gelogen hatte. Sie hätten sich unbedingt auf dem kleinen Plateau und im Hotel treffen müssen. Er schnaufte vor Zorn über die eigene Dummheit. Was sollte er morgen früh in der Bank Anneliese antworten, wenn sie ihn spöttisch fragen würde, wie es ihm auf der Zugspitze gefallen hätte? Er sieht sie schon vor sich stehen, er sieht ihren spöttischen Mund, hört ihre Stimme, wie sie ihn fragt: „Wie war es denn da oben, auf der Zugspitze?“ Man soll sich nicht mit Frauen einlassen! Ach was, er wird einfach sagen, er habe sich einen Scherz gemacht. Und wenn sie es nicht glaubt? Sand darüber, wen kümmert's?

Er trat also am nächsten Morgen, kaum daß er Hut und Mantel in den Schrank gehängt hatte, forsch zu Anneliese.

„Haben Sie meine Karte von der Zugspitze erhalten?“

„Ja, Peter.“

Nanu? Keine Spur von Spott? Was war mit dem Mädchen?

„Ich habe Ihre Neujahrskarte auch erhalten, Anneliese.“

„Ja. Leider."

„Leider? Wieso?"

„Es war ein dummer Scherz von mir, Peter. Ich wollte Ihnen imponieren. Das hat jetzt keinen Sinn mehr. Sie waren wirklich oben und hätten mich dort sehen müssen."

Anneliese griff nach einem Taschentuch. Aber es war schon zu spät. Die Tränen purzelten aus ihren Augen.

„Was denn? Sie waren – verstehe ich recht – Sie waren nicht auf der Zugspitze?"

„Nein. Eine Freundin fuhr hinauf. Ich gab ihr die Karte mit."

Peter wußte nicht, wie ihm geschah. Die ganze Schalterhalle der Bank sah aus wie ein goldener Krönungssaal. Da es ihm die Rede verschlug und er sich keinen anderen Ausweg wußte, gab er Anneliese einen Kuß. Mitten in der Bank und mitten auf den Mund.

„Das ist die Strafe dafür, daß du mich beschwindelt hast!"

„Ich wollte doch nur –"

„Mir imponieren?"

„Ein wenig."

„Zu Ostern ist Verlobung und bei der nächsten Gehaltserhöhung wird geheiratet. Dann ist es aus mit dem Imponieren! Und unsere Hochzeitsreise machen wir auf die Zugspitze. Ich möchte sie nämlich auch gern einmal kennenlernen."

„Du warst doch über Neujahr dort."

„Ich war nicht!" rief Peter und hörte gar nicht mehr auf mit dem Küssen.

„Ich hatte genauso wenig Geld und bin genauso daheim geblieben wie du. Ich habe dich genauso beschwindelt wie du mich. Aber das hat jetzt ein Ende. Deswegen heirate ich dich, damit du nicht wieder schwindeln kannst."

Anneliese sagte leise:

„Ich will dich nie wieder beschwindeln, Peter, und kochen kann ich übrigens auch . . .“

Peter lachte:

„Fängst du schon wieder an zu schwindeln, Anneliese?“

Von der Freude des Zubettgehens

Der größte, sonnigste Raum unserer Wohnung sollte – wenn es nach uns ginge, aber wann geht es je nach den Männern? – das Schlafzimmer sein. Aber es ist immer das Stiefkind, das kleinere, das nach hinten gelegene, das ja nicht hergezeigt wird, wenn Besuch kommt. Wir sind sowieso nur in der Nacht darin, sagt man, in der Nacht schläft man, geben wir das Geld lieber für das Wohnzimmer aus, dort hinein gehört der gute Teppich, das schöne Bild, die Vase mit den Blumen.

Ihr Kleingläubigen der Lebensfreude! Ihr falschen Rechner, die ihr nicht zu addieren versteht! Warum erkennt ihr nicht, daß der Mittelpunkt jeder Wohnung das Schlafzimmer sein sollte? Zehn Stunden des Tages verbringt ihr hier, die Stunde des Zubettgehens und des morgendlichen Anziehens eingerechnet. Hier erwacht ihr, hier beginnt jeder neue Tag für euch. Wenn ihr die Augen öffnet, fällt euer Blick zuerst auf die Wand dieses Zimmers, auf die von der Sonne durchfluteten weißen Vorhänge vor den Fenstern, auf das Bild, das über eurem Bett hängt, auf den Stuhl, auf dem euer Anzug liegt, auf den Teppich, auf den ihr jeden Tag eures Lebens zuerst den Fuß setzt. Der Fuß ist nackt, ihr spürt das dunkle

Rot, das satte Blau der weichen Wolle warm und beglückend — drüben im Wohnzimmer unter der dicken Ledersohle eurer Schuhe darf der Teppich getrost härter und gröber und abgetretener sein, hier aber ist er euch so nahe wie das Hemd auf eurer Haut, ein kostbarer Reichtum, der euch spüren läßt, es geht euch gut, ihr habt es zu etwas gebracht, auf zu den Taten des neuen Tages.

Denkt auch an das Zubettgehen am Abend. Ihr verwöhnt euer Wohnzimmer mit allem Glanz, den ihr euch zu gönnen vermögt. Erst das Wohnzimmer, das Schlafzimmer kommt später, pflegen alle zu sagen, wenn sie jung getraut ihre Wohnung einrichten. So gehen sie am Abend aus all der Behaglichkeit, die sie umgibt, hinüber in das Schlafzimmer. Es ist kleiner, es ist dunkler, die Möbel sind nicht so festlich, nun ja, der Tag geht zu Ende, gehen wir schlafen. Könnte es nicht so sein, daß der Tag mit allen seinen Plagen und Hetzen und dem Erfolg Nachjagen, der euch bis ins Wohnzimmer und eure letzten Gespräche hinein verfolgt, an der Tür zum Schlafplatz endet und euch ein heiterer, froher Glanz umfängt? Alles Geld der Welt für das Bett, in dem ihr euch jetzt ausstreckt und reckt und räkelt, das schon bei seinem Anblick euch froh macht, so viele Stunden in ihm verbringen zu dürfen, eine Sänfte in die Träume. Hängt neben euer Bett an die Wand das schönste Bild, das ihr besitzt, ein Kinderbild vielleicht oder einen Druck von Amerling, Hirt und Herde am Berghang, eine sonnendurchflutete Landschaft im Grünen, die euch wie ein Sonntagsspaziergang anmutet — euer letzter Blick, ehe ihr das Licht löscht, fällt auf das Bild und füllt eure Augen, die am Tag nur Zahlen und Statistiken und Waren sehen, noch einmal mit Schönheit für die acht Stunden eures Schlafes. Wenn ihr früh erwacht und die Augen aufmacht, seht ihr wieder das Bild und sagt: „Ja richtig, das war es — das Leben ist schön!“

Ich kannte einen, der hatte ein Eisbärfell vor seinem Bett. Jeden Morgen beim Aufstehen, jeden Abend beim Zubettgehen stolperte er über den Kopf des Eisbären. Es war ein gutes, teures Stück, ein Hochzeitsgeschenk, aber was soll ein Eisbär in eines Mannes Leben? Die Frau weigerte sich ganz energisch, das Fell vor ihr Bett zu nehmen. „Ich würde die ganze Nacht von der Bestie träumen!“ sagte sie. Da warf der Mann eines Tages das Eisbärfell, das teure, hinaus und tauschte es beim Gärtner, der es bewunderte, gegen ein Blumenabonnement für sein Schlafzimmer. Es besteht vielleicht kein Zusammenhang, aber die Ehe wurde von diesem Tag an glücklicher, der Mann ging nicht mehr mit einem Fluch zu Bett, den er gewohnheitsgemäß beim Stolpern ausstieß, jetzt sahen seine Augen nur noch die Blumen auf dem Nachttisch seiner Frau, und da war plötzlich ein Zusammenhang: die Blumen und seine Frau.

Das Schlafzimmer der Mittelpunkt eurer Wohnung? Ein ketzerischer Gedanke! Wenn ich euch sagen möchte, daß das Schlafzimmer der Mittelpunkt eures Lebens ist, ihr würdet wahrscheinlich weniger verdutzt dreinschauen. Jeder Mensch ist einmal in einem Schlafzimmer geboren, jede Mutter legte zum ersten Mal im Schlafzimmer ihren Säugling an ihre Brust und spürte beglückt das zufriedene Schmatzen des geliebten Ersten der neuen Generation, für sie war in dieser Minute das Schlafzimmer der Mittelpunkt ihres Lebens, alte Erinnerungen werden wach, die Freude des Zubettgehens damals, als sie ihren Mann zum ersten Male sah, sich am Abend von ihm vor der Haustür trennte und hinaufging in ihr Zimmer, sich auszog und mit klopfenden Herzen an ihn dachte, das Glück des Zubettgehens, weil man die ganze Nacht an ihn denken konnte und wußte, er denkt jetzt in seinem Bett an dich. Und später, als man nicht mehr am Abend vor der Haustür sich trennen mußte und zusammen Hand in Hand einschlafen konnte, welch beglückende Freude des Zubettgehens. Heute ist das Kind da und morgen werde ich einmal nicht aufstehen, weil ich schon am Abend beim Zubettgehen spüre, daß meine Zeit um ist, und ich bleibe im Schlafzimmer und küsse in meinen Bett das Kruzifix und mache mich für die große Reise fertig – nicht aus dem Wohnzimmer heraus gehe ich zum letzten Male, sondern aus dem Schlafzimmer. Mit einem letzten Blick auf das Bett neben mir, auf das Bild an der Wand, auf die weißen Vorhänge am Fenster, und wenn Gott mir gnädig ist, scheint an diesem Tag die Sonne.

Ein Brief

„Meine liebste Mutter,

es hat viele Jahre Zeit gebraucht, bis ich Dir Deinen Herzenswunsch erfüllen konnte; daß Du zu uns ziehen und Dein eigenes Zimmer bei uns haben kannst. Noch dazu in einer Stadt, die Du so liebst und von der Du immer geschwärmt hast, weil Du, lange bevor ich auf die Welt kam, Deine Hochzeitsreise nach hier gemacht hast. Vielleicht ist diese Stadt am Ufer des berühmten Flusses gar nicht so schön, wie sie sich in Deiner Erinnerung ausmalt. Aber ich weiß, daß Du Dein ganzes Leben nur einen Gedanken hattest, diese Stadt wiederzusehen und möglichst hier die letzten Jahre Deines Lebens mit uns zu verbringen. Ich versprach es Dir schon als Junge, ich war damals 18 Jahre geworden, und ich wiederholte mein Versprechen, so oft ich Dich wiedersah. Jetzt ist es endlich soweit.

Wie Du weißt, habe ich mir in dieser Stadt einen Beruf aufgebaut, ich bin vorwärtsgekommen und habe gespart, jetzt sind unsere Kinder aus dem Gröbsten heraus, verdienen schon ein wenig mit, und so konnte ich vor ein paar Monaten uns ein eigenes Haus kaufen. Es liegt ein wenig außerhalb zwischen den Weinbergen, aber die Straßenbahn fährt bis hinaus, es hat einen großen Garten und ist genau das Haus, von dem Du immer geträumt hast. Es ist nicht sehr groß und auch nicht sehr neu, dafür stehen alte Bäume in unserem Garten und aus dem Fenster des Zimmers, das ich für Dich gedacht habe – es ist das schönste Zimmer im Haus, Mutter – siehst Du genau auf den Kahlenberg.

Ich habe immer an Dich gedacht, als ich hinausfuhr, mir dieses Haus anzusehen und es zu kaufen. Ich war voll glücklicher Gedanken an den Tag, an dem ich Dir diesen Brief schreiben würde: „Mutter, komm zu uns! Wir haben ein Haus." Aber wie das so geht, zuerst langte das Geld nicht, dann wollte der Besitzer es plötzlich nicht verkaufen, wir hatten schon ein paarmal das Geld beisammen, aber dann kamen immer wieder Rückschläge, eine lange Krankheit – sieben Jahre hat es gebraucht, bis wir den Kaufvertrag unterschreiben konnten. Jetzt gehört das Haus uns. Die Handwerker sind gegangen, es gab viel daran zu reparieren, es hatte keine Wasserleitung, wir mußten sie einlegen, das Dach war undicht und was so alte Häuser noch alles für Mängel haben. Aber jetzt können wir Dich zu uns holen.

Du hast lange Geduld gehabt, Mutter, und hast die Hoffnung nie aufgegeben, daß es eines Tages so weit sein wird, daß wir Dich zu uns rufen. Immer wieder schreibst Du: „Übernimm Dich nicht, mein Junge, laß Dir Zeit, ich warte hier, bis Du mich holst." Und dann hast Du dazugesetzt, wie schön es sein wird, wenn Du bei uns bist, und wie Du Dich auf die Stadt freust, auf ihre Kirchen, ihre Brücken, ihre Straßen, und wie Du mit Deinen Enkeln spazieren gehst, am Sonntag vormittag, wenn sie keine Schule haben. Auch daß Du manchmal ein Konzert besuchen willst und an den Feiertagen gar ein Theater. Du wirst Dir denselben Platz nehmen, schreibst Du, vorn in der dritten Reihe rechts, wo Du als 19jähriges Mädchen auf Deiner Hochzeitsreise Hand in Hand mit Vater gesessen bist.

Verzeih, Mutter, daß es so lange dauerte, bis ich für uns ein Heim und für Dich ein Zimmer geschaffen habe. In unsere enge Stadtwohnung, winzige drei Räume im fünften Stock, konnten wir Dich ja nicht rufen. Aber jetzt, Mutter, wo wir das Haus haben und Platz für Dich – ich denke immer daran, wie es sein wird, wenn ich Dich von der Bahn abhole, Dir alles zeige und Dich in Dein neues Haus führe, wo am Fensterplatz ein bequemer Sessel auf Dich wartet und ein großer Blumenstrauß natürlich, bunte Anemonen, wie Du sie liebst, und ein großer Strauß Veilchen – ich kann Dir nicht sagen, Mutter, wie ich diese Stunde herbeisehne, immer herbeigesehnt habe.

Und nun schreibe ich die Adresse. Ich werde sie sehr deutlich schreiben, denn ich fürchte, daß der Briefträger, der diesen Brief zu Dir trägt, Dich nicht findet und lange suchen muß. Ich adressiere diesen Brief darum: An meine Mutter, Pirna an der Elbe, Waldfriedhof, 49. Reihe, 3. Sektor, Stelle 6954 ..."

Beigesetzt in aller Stille

Ich bekam die Nachricht, daß einer meiner Freunde nicht mehr unter den Lebenden weilte. „Beigesetzt in aller Stille" stand auf der kleinen schwarzumränderten Karte. Es trifft mich hart. Wir waren Nachbarn und Freunde zugleich. Dreißig Jahre wohnten wir Haus an Haus. Vor einem Jahr trennten sich unsere Wege. Er zog in eine andere Stadt, nicht allzuweit, zwei Bahnstunden. Ich brachte ihn zum Zug und winkte ihm noch lange nach. Als ich in meine Wohnung zurückkam, sah drüben im Nachbarhaus schon ein anderer Mensch aus dem Fenster, das ebenso wie das meine stets offen stand, denn wir hatten uns oft am Tag etwas zuzurufen. Auch jetzt, wo ich die letzte Nachricht in der Hand hielt, wollte ich unwillkürlich mit dem Brief zum Fenster treten und hinüberrufen: „Was sagst du dazu? Paul ist gestorben." Aber Paul wohnte mir ja nicht mehr gegenüber. Ich hatte ihn seit jener Stunde, in der ich ihn zur Bahn brachte, nie wieder gesehen. Wir wechselten ein paar Briefe, wie Männer so Briefe wechseln. Ich erfuhr, daß es ihm gut ginge, auch gesundheitlich, und jeder schloß mit den Worten: „Jetzt wird es aber höchste Zeit, daß wir uns einmal wiedersehen."

Ich werde ihn nicht wiedersehen. Diese Erkenntnis kommt mir erst jetzt und ich starre auf die Karte. „Beigesetzt in aller Stille!" In dieser Stunde, da ich diese Nachricht in der Hand halte, liegt mein Freund schon unter der Erde und die Schollen über seinem Sarg rutschen sich für die Ewigkeit zurecht. Die Erde senkt sich noch ein paar Wochen, dann werde ich eines Tages an seinem Grab stehen, aber da ist schon Gras darüber gewachsen. Ich brauche alle meine Phantasie, mir sein Gesicht zurückzurufen. Ich habe ja keinen Abschied für immer von ihm genommen, wo man sich das Gesicht noch einmal aufmerksam einprägt, um es nicht zu vergessen, wie vor Jahren von meiner Mutter, bei der ich noch eine Stunde an ihrem Bett saß, ehe man sie aus der Stube trug. Ein Abschied am Bahnhof, mitten aus dem Leben heraus, da ist immer ein Scherzwort dabei, da rechnet man mit dem Wiedersehen, das nimmt man nicht so ernst. Der letzte Abschied aber, wenn der andere bereits für immer schweigt – wer hat das Recht, einen Menschen in aller Stille beizusetzen und mir den Abschied von einem Freund zu verwehren? Warum sagt man mir, daß ein Grab gegraben wurde, erst dann, wenn es schon wieder zugeschaufelt ist? Vielleicht hatte ich ihm noch ein „Verzeih mir!“ nachzurufen oder ihm ein letztes „Ich danke dir“ zu sagen. Vielleicht wollte ich auch, daß eine Blume aus meinem Garten, eine Rose nur, auf dem harten Holz über seinem schlafenden Gesicht liegt und dort liegen bleibt bis zur Ewigkeit, in Erde gebettet und zu Erde werdend. Wir hatten den Rosenstrauch vor Jahren zusammen am Zaun gepflanzt. Weißt du noch, wie du eine seiner drei Wurzeln so legtest, daß sie zu dir herüberwuchs, daß auch der Regen aus deinem Garten ihr zugute kam. Bei dem einen ist es eine Rose, bei anderen ist es eine andere Kleinigkeit, die zwei Menschen verbindet, längst vergessen, am letzten Tag werden alle Erinnerungen wieder wach. Beigesetzt in aller Stille? Vielleicht hast du gewartet auf mich, ob ich bei dir wäre, als man dich aus dem Haus trug. Vielleicht hast du gerade meinen Zuspruch gebraucht in der Einsamkeit deines neuen Zuhauses, aus dem es keine Tür nach außen gibt. Ich hätte bestimmt verstanden, dir zu sagen: „Nimm's leicht, Paul! Vielleicht wird jetzt alles tausendmal schöner.“ Und auf deine Frage, ob ich es glaube, hätte ich dir geantwortet: „Ich glaube fest daran.“

So hat man dich in aller Stille beigesetzt und deine Freunde erst dann verständigt, als du bereits unter der Erde warst. Wir wären alle zu dir gekommen, dir die letzte Ehre zu erweisen. Noch einmal hättest du gesehen, wie vielen Menschen dein Leben etwas bedeutet hat, die große letzte Überraschung in jedes Menschen Leben, daß er mehr Freunde besitzt, als er je geglaubt hat. Um einem Toten die letzte Ehre zu erweisen, dazu ist sich kein Mensch zu gut. Man zieht zum letztenmal vor einem Menschen den Hut, wer würde da nicht am Straßenrand stehen wollen. Man hat dich in aller Stille beigesetzt. Sie haben dich in der Nacht geholt und wenige Menschen haben sich vor der kleinen Friedhofskapelle eingefunden. Man hat keinem etwas gesagt, die Familie wollte unter sich sein. Wer hat auch heute noch Zeit, einen Menschen würdig zu begraben? Wer richtet einen langen Trauerschmaus, nimmt Beileidskundgebungen entgegen? Läßt alle Erinnerungen noch einmal wach werden und gibt ihnen Raum bis tief in die Nacht? Es muß alles so schnell gehen in unserer Zeit, die unangenehmen Dinge muß man schnell hinter sich bringen, für Kränze muß man sich hinterher bedanken und Briefe muß man erwidern. Kommen die anderen zu meines Vaters Tod, muß ich auch zu ihres Vaters Tod gehen und was wird dann aus unseren geschäftlichen Terminen? So häufen sich in allen Ständen und Schichten die Karten, auf denen in feiner Haarschrift steht: „Beigesetzt in aller Stille".

Bitte, begrabt mich nicht in aller Stille! Wenn ich einmal sterbe, so sollen nicht nur meine Frau und meine Töchter und meine Schwiegersöhne und meine Enkel meinem Sarg folgen. Ich will, daß ringsum in den Dörfern die Glocken läuten, daß es alle hören, und daß die Stunde meines Begräbnisses so gelegt wird, daß viele mitgehen können. Sie sollen alle kommen, die mich gekannt haben, der Briefträger, der mir die Post brachte, die Zeitungsfrau, alle, mit denen ich am Wirtshaustisch saß, mit denen ich auf den Zug wartete, mit denen ich sonntags auf der Kirchbank saß oder im Zirkus, wenn die Gaukler im Dorf waren. Sie sollen alle zu meinem Begräbnis kommen, denn es ist ja mein letzter Tag mit ihnen. Bei manchen habe ich mich zu entschuldigen, bei vielen zu bedanken und einigen zuzuzwinkern und unser

Geheimnis mit ins Grab zu nehmen. Aber auch die Neugierigen sollen nicht daheim bleiben, damit ich an ihnen vorübergetragen werden kann, um ihre Gesichter zu sehen. Denn ich bin von dieser Stunde an lange, lange allein und entbehre der schönsten Gesellschaft der Welt: eines Menschen.

Im Selbstbedienungsladen des Lebens

Da stand ich nun mit meinem Korb im Selbstbedienungsladen des Lebens und die ganze Pracht und Herrlichkeit des Daseins lag vor mir. Ich griff munter zu und füllte meinen Korb aus dem vollen.

Gleich neben dem Eingang, wo die Körbe zum Mitnehmen standen, war die Abteilung der Kindheitsfreuden. Da hing das Schürzenband der Mutter, das Traummännlein und das Sandmännlein, da standen Osterhasen und Weihnachtsmänner, die Schultüten zum ersten Schultag, das Eislaufen im Winter und das Schwimmengehen im Sommer im kleinen Stadtbach, da hingen die ersten langen Hosen und viel Spielzeug lag herum, der Schwarze Peter und das Blumenquartett, die Puppe, die Mama sagen konnte, und der kleine Affe, der trommelte. Ein Papierdrachen für den Herbstwind über dem Stoppelfeld, das Indianerspiel und Zeltebauen, die Schnur und der große Fußball, alles nahm ich in meinen großen Korb, auch die Puppenküche und den Kaufmannsladen und die Karten für das Weihnachtsmärchen und einen Zirkusbesuch als Belohnung für gute Zensuren.

Dann trug ich meinen Einkaufskorb weiter zur Abteilung der ersten Liebe. Diese Abteilung im Selbstbedienungsladen des Lebens war besonders bunt und heiter und von Sonne überflutet. Da gab es klopfende Herzen und banges Erröten, Stelldicheins unter der Bahnhofsuhr, ein Kinobesuch zu zweit, von dem die Eltern nichts wissen durften, einen Strauß Wiesenblumen, selbst am Waldrand gepflückt, der erste Tanzstundenball, ein Spaziergang durch den Stadtpark, der Mond, der über die Dächer schien, der erste ungeschickte Kuß und dann viele Packungen Liebesbriefe im gefütterten Umschlag, mit einem gemalten Herzen und einer gepreßten Blume, mit Immerdein und Ewigdein. Ich füllte meinen Korb reich damit und obenauf legte ich aus dem letzten Regal die heimliche Verlobung, die öffentliche Verlobung, die Hochzeitsglocken und den Segen der Eltern.

Jetzt war mein Korb, mit dem ich durch den Selbstbedienungsladen schritt, schon ganz ansehnlich voll geworden, aber ich bediente mich weiter. Das Angebot war reich. Ich nahm die Freuden der ersten Ehejahre aus den Regalen, den ersten Streit und die erste Versöhnung, die kleine Wohnung und die neuen Möbel, den Küchenbalkon nicht zu vergessen, wo man jeden Morgen im Sommer frühstückte und den man mit Geranien schmückte. Ich ließ die Freunde unter den Nachbarn nicht aus, die zu Besuch kamen und die man wieder besuchte, das erste Sparkassenbuch des jungen Paares, der Traum vom eigenen Haus und vom eigenen Wagen, das alles legte ich in meinen Korb. Und mit viel Liebe deckte ich mich ein, mit Geduld und Nachsicht und Verzeihen, dem zärtlichen Gutenachtkuß und dem frohen Kuß am Morgen, und ein paar Schritte weiter konnte ich unser Kind in den Korb legen, unser zweites, unser drittes Kind. Mein Korb war schon recht schwer geworden, aber noch immer ging ich von Regal zu Regal, jetzt kamen die gewichtigeren, schweren Dinge zum Mitnehmen: der Erfolg im Beruf, die Sicherheiten des Lebens, die Achtung der Mitbürger, das Ehrenamt in der Stadtverwaltung, der erste Schultag meiner Kinder und der letzte Schultag meiner Kinder und jene Minute, wo sie zu uns nicht mehr sagen: „Vater und Mutter, ich brauche...", sondern, wo sie sagen: „Vater und Mutter, braucht ihr..."

Weiter geht es, wenn ich in meinen Korb blicke und die vielen Freuden sehe, die ich seit meinem Eintritt in diesen Lebensladen aus den Regalen genommen habe – und nicht nur ich, denn die Schar derer mit einem Einkaufskorb von Lebensfreuden geht in die Millionen und Abermillionen – denke ich an jenen, der die Regale unsichtbar füllt, daß für jeden etwas da ist zum Mitnehmen, auch Tränen zum Weinen und Taschentücher zum Tränentrocknen. Nicht einmal die Trostpflästerchen sind vergessen, und ich muß den Meister loben, der alles so wohl bedacht hat, daß keiner leer ausgeht und daß uns so viel zum Mitnehmen im Selbstbedienungsladen des Lebens zur Verfügung steht. Und wenn es nur einfache Sonntage sind oder der Duft der Blumen und die Luft des Waldes und der Flug der Schwalben und das Lied der Lerche und die Früchte, die reifen. Wir nehmen es uns einfach, wir gehen die Ladengasse entlang und nehmen mit, was uns gefällt.

Noch habe ich ein paar Regale vor mir und noch ein wenig Platz in meinem Korb, und was ich jetzt einpacke, ist schon härter verschnürt und gar nicht mehr bunt, aber es ist noch immer von einer Köstlichkeit, wenn auch manchmal ein wenig bitter wie Ingwerschokolade: das Wiedergesundwerden im Alter, das Nachlassen der Schmerzen im Bein, die Einsicht und Erkenntnis und die Versöhnung mit Gott, das

Glück des gemeinsamen Altwerdens und der späten Zweisamkeit eines Ehepaares, beide nicht mehr gut auf den Beinen, aber sie können sich gegenseitig stützen, was für ein Glück! Der Lahme und der Blinde, die Bank vorm Haus, der letzte Sonnenstrahl, der Brief von den Kindern, die weit weggezogen sind, die Enkelkinder, die man uns gut frisiert und frisch gewaschen und ermahnt, brav zu sein, in ihren neuen Kleidchen an einem Festtag zuführt, damit sie die Großeltern wenigstens einmal gesehen haben . . . Ich darf mit diesen Dingen noch meinen Einkaufskorb so vollpacken, daß er überläuft, aber das Angebot der letzten Lebensfreuden, so unansehnlich sie jungen Leuten erscheinen mögen, ist so groß, daß ich nicht widerstehen kann und alles mitnehme aus dem reichen Angebot neben der Kasse.

„War alles zu Ihrer Zufriedenheit?" fragte mich dann der hagere Mann an der Kasse. „Was hatten wir denn?"

Er blickt in meinen Korb und nickt zufrieden.

„Was habe ich dafür zu bezahlen?" frage ich.

„Das Leben", sagt er.

Ich gebe ihm, was er verlangt, und während ich langsam hinausgehe und mir die Augen zum letztenmal vor Müdigkeit zufallen, daß ich sie nicht mehr aufschlagen werde, sehe ich gerade noch, wie ein neuer Mensch meinen leeren Korb nimmt und ihn wieder mit allen Herrlichkeiten im Selbstbedienungsladen des Lebens füllt. „Guten Einkauf!" rufe ich ihm noch zu. Aber er hört es nicht. Wer hört auch im Leben den Ruf eines Menschen, der seit einer halben Minute draußen ist?

Der Einsame

Voriges Jahr ging ich erst im Herbst in Urlaub. Ich hatte eines Tages ein Inserat in der Zeitung gelesen: „Waldaufenthalt mit Jagdgelegenheit bietet zahlenden Gästen das Jagdschloß Stein am Bach, Steiermark, zivile Preise."

Dieses Inserat ließ mich nicht los. Ich hatte immer gern Jagdgeschichten gelesen, die Bücher Ganghofers, Löns' und des Franzosen Fleuron nahmen einen breiten Platz in meiner Bibliothek ein. Schon als Junge träumte ich vom edlen Weidwerk, von Horrido und Halali, ein Hirsch erschien mir tatsächlich als König der Wälder, schon ein Reh am Waldrand läßt mich heute noch den Wagen anhalten, ein Hase, der über den Acker hoppelt, oder ein Fuchs, der über den Weg streicht, sind für mich aufregend genug, ihnen nachzuschauen. Ich stellte es mir als aufregendes, nicht mit Gold zu bezahlendes Erlebnis vor, einen jagdbaren Bock zu schießen, ihm einen grünen Bruch in den Äser und mir an den Hut zu stecken, wie oft hatte ich es mir ausgemalt! Später, sagte ich zu mir, später, wenn du mehr Zeit hast, später, wenn du genügend Geld hast, dann pachtest du dir eine Jagd. Ich fand nie die Zeit, ich hatte nie das Geld, ich wurde inzwischen fünfzig Jahre. Als ich jetzt dieses Inserat las, das mir zu zivilen Preisen eine Jagdgelegenheit verhieß, schrieb ich sofort hin und meldete mich für den Herbst an.

„Wenn es Ihnen Freude macht, können Sie bei mir einen guten Sechserbock schießen", sagte mein Gastgeber, bei dem ich ein wirklich preiswertes Quartier gefunden hatte, zu mir, „waren Sie schon einmal auf der Jagd?"

„Nein", gestand ich, „ich habe bisher immer nur davon geträumt. Aber ich habe mir eine Jagdkarte besorgt, Sie brauchen keine Bedenken zu haben."

„Ich werde Sie morgen von meinem Förster durch das Revier führen lassen", sagte er, „gehen Sie erst ein paar Tage ohne Büchse durch den Wald. Sie können sich auch am Abend und Morgen ansetzen und das Wild beobachten. Aber lassen Sie vorläufig Ihre Büchse zuhause. Machen Sie sich einen guten Bock aus, erkunden Sie seinen Wechsel — Ich gebe Ihnen einen Bock frei, mehr nicht. Bei mir gibt es keine Abschußgebühren und ähnliche Dinge, womit manche Jagdherren ihr Budget lukrativ gestalten, auf der Jagd sind Sie mein Gast — aber, wie gesagt: nur einen Bock! Suchen Sie sich den schönsten aus!"

Zwölf Tage ging ich jeden Morgen vor Sonnenaufgang auf den Ansitz, jeden Abend pirschte ich bis nach dem Dunkelwerden durch den Wald. Es war ein herrliches Revier, geschont und gepflegt, ich bekam manchen guten Bock zu Gesicht, und nicht nur einmal, denn sie pflegen meist an derselben Stelle zu wechseln, erst die Ricke mit dem Kitz und viel später erst der Bock, der sich zu ihnen gesellte. In meinen Gedanken gab ich jeder Rehfamilie einen Namen, meist nach dem Ort, wo ich sie sah: der Himbeerbock, der Forellenteichbock, der Genossenschaftsbock, jener nämlich, der auf die große vom Wald umschlossene Wiese austrat, die einer landwirtschaftlichen Genossenschaft gehörte. Der Prächtigste von allen aber, mit stark geperltem Gehörn, schon ein wenig zurückgesetzt, aber von unvergleichlicher Schönheit, war jener Bock, den ich den Einsamen nannte. Die letzten Tage ging ich nur noch zu ihm, jeden Morgen und Abend, er war der Bock, den ich schießen wollte, er allein. Ich hatte an einem Waldschlag einen alten Hochsitz mit einer brüchigen Leiter entdeckt, von dem ich auf die von Blaubeeren und Farnkräutern bestandene Blöße hinuntersah. Es war kein sehr bequemer Sitz, ich hatte mir erst das Tannengrün ein wenig zurechtschneiden müssen, um einen freien Blick zu bekommen, aber der Einsame und ich, wir gehörten schon zusammen, er wußte es nur noch nicht. Er war ein etwas rauher Geselle, ein Einzelgänger, mir nicht unähnlich, auch von einem Hochmut, den man oft bei starken gesunden Tieren antrifft, die vor keinem Feind mehr Angst zu haben brauchen. Sicher hatte er in seiner Jugend viele Liebesabenteuer bestanden, manchen Rivalen abgeschlagen, er sah auch heute noch nicht so aus, als ob eine Schmalgeiß nicht Gefallen an ihm finden würde, wenn sie ihn bei guter Laune träfe – ich sagte schon, ich fand ihn in Gebaren und Aussehen mir sehr ähnlich. Ich hätte den Einsamen keinem anderen Jäger gegönnt, er war für meine Kugel bestimmt, ich wachte eifersüchtig über ihn, fast mit einer Leidenschaft, die ich längst aus meinem Blut weggespült glaubte, ich verschwieg jedermann den Wechsel des Einsamen, und als mich mein Gastgeber fragte, ob ich mir schon einen Bock ausgemacht hätte, ging ich mit ein paar nichtssagenden Worten darüber hinweg.

„Ja", sagte ich, „es sind ein paar prächtige Burschen darunter, da fällt einem die Wahl schwer."

„Ab heute gebe ich Ihnen den Schuß frei", sagte er, „Sie können auch hinterher bei mir noch ein paar Fasane und Hasen schießen, wenn es Ihnen Freude macht."

An diesem Abend ging ich zum ersten Mal mit der Büchse in den Wald. Ich gestehe, daß ich sehr aufgeregt war. Aber von einem war ich überzeugt, daß ich heute mit dem Bruch am Hut zurückkehren würde, mit dem Tannenzweig, in das Herzblut des Einsamen getaucht. Meine Ferientage waren bald zu Ende. In zwei Tagen würde ich in die Stadt zurückfahren, die Trophäe, das geperlte Gehörn des Einsamen im Rucksack. Es würde bei mir über dem Schreibtisch hängen, zum Zwiegespräch, wenn mir danach zumute war und ich Sehnsucht nach diesem Waldsommer hatte, wo wir uns das erste Mal begegnet waren.

Ich pirschte mich leise, jedem trockenen Ast ausweichend, zu meinem Hochsitz. Der Wind stand günstig, er kam von dem blaubeerbestandenen Schlag zu mir herüber, mir klopfte das Herz vor Jagdfieber, den Einsamen als stolze Beute heimzutragen, so einen Bock schießt man nur einmal im Leben. Ich war heute eine halbe Stunde früher dran als sonst, ich hatte Zeit, mich oben gemütlich einzurichten, aber als ich meinen Fuß auf die unterste Sprosse der Leiter setzte, vorsichtig, auswiegend, um jedes Ächzen des verwitterten Holzes zu vermeiden, erblickte ich ihn plötzlich, den Einsamen. Er stand keine dreißig Schritt von mir entfernt und knabberte friedlich vom für ihn gedeckten Tisch des Waldes die jungen Zweige eines Ahornsprößlings, der aus der Wurzel des gefällten Baumes als sein Nachkomme ausgewachsen war. Der Einsame hatte mich nicht bemerkt, warf nicht einmal auf, sondern gab sich völlig dem Frieden des sonnigen Herbstabends hin. Er stand schußgerecht, das Blatt mir zugekehrt, der große Augenblick war für mich gekommen, die Minute des so oft vorgeträumten Schusses. Ich dachte noch daran, wie schön es war, daß er in dem letzten Sonnenstrahl auf seinem roten Rock stand, nie würde ich das Bild vergessen, dieses Waldstück in der Abendsonne, die weißen Spitzen des Gehörns, der rote Bock im grünen Feld, immer würde mich daheim das Gehörn des Einsamen an diesen Augenblick erinnern – ich hob die Büchse, schob mit dem Daumen die Sicherung zurück, ein letzter Druck auf den Stecher nach vorn, so daß jetzt die leiseste Berührung des Abzugs genügte, den Schuß zu lösen – das Blatt des Einsamen kam in mein Visier, Korn und Kimme standen waagrecht genau auf sein Herz, ich hatte ein Hochgefühl, mit nichts bisher in meinem Leben zu vergleichen... aber ich schoß nicht. Ich senkte den Lauf meiner Büchse. Ich konnte einfach nicht schießen. Ich liebte doch den Einsamen. Ich hatte in diesem Augenblick eine solche Sehnsucht, ihm etwas Gutes zu tun. Ich wollte ihn besitzen, ja, zugegeben, er durfte keinem anderen gehören, zugegeben, aber ist der Besitz höher als die Liebe? Wie würde es in mir aussehen, wenn ich zu ihm treten würde, den Bruch in der Hand? Ein Stück Wildbret zu meinen Füßen, nicht mehr mein Freund, ein totes Tier nur noch, mit einem Marktwert nach Pfunden gewogen, keine Kreatur Gottes mehr, mir ähnlich – es wäre sehr einsam um mich gewesen, und der Wald um mich herum feindlich und der Himmel über mir vorwurfsvoll. Ich klatschte in die Hände, der Einsame blickte zu mir herüber, er mußte mich sehen, ich stand aufrecht am Waldrand, vor der brüchigen Leiter, aber er wurde nicht flüchtig, er zog ein paar Schritte weiter, bis zum nächsten Ahornsprößling, dort äste er weiter. Und ich, um ihm in meinem Herzen durch gleiches Tun noch näher zu sein, bückte mich zu den Blaubeeren zu meinen Füßen und aß von ihnen eine Handvoll.

„Als Schneider zurück?" fragte mein Gastgeber, als ich in dieser Nacht mit meinem leeren Jagdsack heimkam. „Ist der Einsame heute nicht erschienen?"

Ich sah ihn überrascht an.

„Woher wußten Sie, daß ich ihn ausgemacht hatte? Und noch mehr: Wieso nennen Sie ihn den Einsamen? Das ist doch der Name, den ich ganz allein ihm gegeben hatte."

„Ein guter Jagdherr weiß alles, was in seinem Revier vorgeht", sagte er, „glauben Sie, ich hätte Ihnen diesen Bock freigegeben, wenn ich nicht genau gewußt hätte, daß Sie es nicht über das Herz brächten, ihn abzuknallen?"

Damit reichte er mir die Hand über den Tisch und wir tranken uns zu.

Als ich zwei Tage später die Rechnung über meinen Aufenthalt von zwei Wochen bezahlen wollte, lag sie bereits quittiert in meinem Fach. Darunter stand: „Sie waren zu Gast bei dem Einsamen."

In Asien ist es anders

Drei Familien sind mit uns befreundet. Die Baumanns, die Willingers, die Weidners. Wir besuchen uns sonntags gegenseitig, im Monat einmal. Im Winter gehen wir zu ihnen, im Sommer kommen sie zu uns aufs Land. Es ist so wie überall in Europa, man kennt sich, man besucht sich, bringt die Kinder mit, und wenn der Besuch wieder gegangen ist, sagt jede Familie erlöst: „Am schönsten ist es doch wieder allein!"

Baumanns leben daheim mit ihrem alten Vater. Wenn Baumanns Besuch bekommen, kaufen sie ihrem alten Vater eine gute Zigarre, eine Illustrierte und eine halbe Flasche Wein und sagen zu ihm: „Bleib heute abend in deinem Zimmer! Heute kommen die Röslers zu uns, du tust dich da schwer, du hörst schlecht, du sprichst langsam — sei lieb und laß dich möglichst nicht sehen, wir stellen dir das Radio hinauf."

Wir haben Baumanns alten Vater bis heute nie zu sehen bekommen, so oft wir dort waren, und fanden es ganz in der Ordnung, denn jung und alt gehören nicht zusammen.

Bei Willingers lebt die Mutter des Mannes mit im Haus. Sie ist Witwe, hat eine kleine Rente zu verzehren und trägt die abgelegten Kleider der jungen Frau. Nun ja, sie kommt ja auch nirgendwo hin, wo es darauf ankommt. Wenn Willingers über Sonntag zu uns kommen, bringen sie ihre Mutter mit, da man sie nicht gut allein zu Hause lassen kann.

„Du mußt verstehen, Johannes", sagt Herr Willinger, „wir können Mutter nicht gut allein zu Hause lassen. Du mußt schon verzeihen, daß wir sie mitbringen. Ich weiß, es ist nicht angenehm für euch, aber sie kann deiner Frau beim Geschirrabspülen helfen, auf die Kinder aufpassen, sich ein wenig im Garten nützlich machen. Abends geht sie zeitig zu Bett, sie wird euch nicht zur Last fallen, nur bei Tisch muß sie halt mitessen – ich hoffe, ihr habt nichts dagegen."

Bei Weidners ist die Sache anders.

Auch Herr Weidner hatte seine Mutter im Haus. Auch sie lebte von einer kleinen Rente.

Aber als wir zum ersten Mal zu Weidners kamen, sagte Herr Weidner stolz: „Johannes, darf ich dich meiner Mutter vorstellen?"

Es war für mich eine Ehre, würdig zu sein, mit der alten Dame bekannt gemacht zu werden, die alte Dame kennenlernen zu dürfen. Denn ich spürte die Liebe des Sohnes und die Verehrung für seine Mutter. Und wenn Weidners zu uns kamen, betrachtete ich es als eine Auszeichnung für mich und meine Frau, wenn Weidners ihre Mutter mitbrachten. Wir verwöhnten sie, sie bekam den besten Platz am Tisch und am Abend den bequemsten Sessel, und wir saßen um sie herum und hörten ihr aufmerksam zu. Denn wo einer seine Mutter hinstellt, dort steht sie für alle Zeiten.

Der Liebesbeweis

„Mein Junge Peter war damals gerade zwölf Jahre alt geworden", erzählte mir ein Herr, mit dem ich allein in einem Abteil des Personenzuges Rosenheim – München saß, „er war ein gesundes Kind, groß und kräftig für seine Jahre, hatte mehr Sinn für den Fußball und das Indianerspielen als für die Schule, wir ließen ihn gewähren, ich wollte, daß er später ein

Handwerk erlerne — kurz, er war ein Junge, wie jeder seines Alters und auch das hatte er mit seinen Altersgenossen gemein: er wusch sich nicht gern. Denn was ein echter Junge ist, der geht am liebsten im Sommer dreimal schwimmen, aber um die Seife macht er gern einen großen Bogen. Meine Frau hatte in dem Punkt ihre liebe Not mit ihm.

„Bist du schon gewaschen, Peter?"

„Ich wasche mich später, Mutti."

„Ein Junge wäscht sich das Gesicht, den Hals und die Ohren, ehe er sich zum Frühstück hinsetzt."

„Wir gehen doch mit der Schule gleich schwimmen!"

Ein Vorwurf für die Unvernunft der Erwachsenen. Denn wenn man sowieso schwimmen geht, wozu muß man sich dann vorher waschen?

Meine Frau, derartiger Ausreden müde, ließ dies nicht gelten. Sie schickte den Jungen zum Waschtisch zurück, ehe sie ihm sein Frühstück verabreichte, und beobachtete ihn vom Garten durch das offene Fenster, wie er listig den Waschlappen naß machte, ihn ausdrückte und wieder hinlegte, ohne sich damit über das Gesicht und den Hals zu fahren. Peter kam zurück zum Tisch und sagte:

„Jetzt habe ich mich gewaschen, Mutti!"

„Peter! Sag die Wahrheit!"

„Sieh dir doch den Waschlappen an. Er ist noch ganz naß."

Da sagte meine Frau:

„Ich habe dir durchs Fenster zugeschaut. Wenn du so weiter machst und dich nicht wäschst, wirst du bald sehr häßlich werden. Sauberkeit verschönt und Schmutz macht alt und häßlich, und kein Mädchen schaut dann später auf dich, und du wirst nie eine Frau bekommen."

Wie Mütter so reden. Gutgemeint und nicht logisch. Die größten Dreckputtel haben oft die hübschesten Frauen. So ist das wahre Leben.

Da kam zu Mutters Schreck und Entsetzen die größte Überraschung aus ihres zwölfjährigen Jungen Mund:

„Ich habe schon eine Freundin", sagte er.

„Was? Du? Wie heißt sie?"

„Das verrate ich nicht."

Da kam meine Frau zu mir und sagte, ich solle ein wenig auf Peter aufpassen.

Ich beobachtete Peter. Ich konnte nichts Unrechtes an ihm entdecken. Seine kleine Freundin lernte ich auch bald kennen. Es war die elfjährige Angela vom Zuckerbäcker Droste, ein nettes hübsches Ding, sehr zart und zierlich, ein Blondkopf, mit blauen Augen und langen dünnen Storchenbeinen. Ich brauchte lange Zeit, dahinter zu kommen, wer die Freundin meines Jungen war. Sie saßen nie allein, sie gingen auch nicht miteinander schwimmen und spielten auch nicht zusammen, ich beobachtete nur einmal, wie Peter, der sonst ganz vernünftig Rad fuhr, sofort Firlefanz trieb und auf seinem Rad paradierte, wenn die kleine Angela in der Nähe war. Da fuhr er freihändig mit verschränkten Armen, trieb die wildesten Kapriolen auf seinem Rad. Wenn er den Friedhofsberg hinunterfuhr, streckte er die Beine weit seitwärts von den Pedalen, ja einmal versuchte er sogar, wie er es kürzlich im Zirkus gesehen hatte, seine Beine auf die Lenkstange zu legen und so in dieser höchst gefährlichen Haltung den Berg hinunterzufahren. Auch sah ich ihn eines Tage in der Nähe unseres Bahnhofes auf einer heruntergelassenen Bahnschranke balancieren und erst in letzter Minute herunterspringen, als die Bahnschranke wieder hoch ging. Auf Angela schienen diese ihr zu Ehren vollführten Kunststücke keinen Eindruck zu machen, aber mein kleiner Peter gab nicht nach, sich zu produzieren, wann immer seine Freundin in der Nähe war.

Auffallend für mich war auch, daß Peter sich neuerdings fleißig wusch, oft drei- und viermal am Tag, und sich richtig den Hals und das Gesicht einseifte, daß es nur so schäumte. Er begann bereits, Seifenwünsche zu äußern. „Mama, warum kaufen wir nicht einmal die Seife, die nach Maiglöckchen duftet?" fragte er und am nächsten Tag: „Mutti, ich habe beim Drogisten in der Auslage eine Seife gesehen, da war eine rote Rose darauf. Gibt es Seifen, wo man hinterher, der Hals und alles, nach Rosen riecht?"

Auch mußten wir ihn nicht mehr ermahnen, sich die Zähne zu putzen – sogar die großen Regenpfützen vermied er seit einiger Zeit, denn er legte plötzlich Wert auf saubere Schuhe und auch seine Fingernägel waren täglich ausgeputzt, daß es eines Tages so weit kam, daß ich, als ich aus dem Garten vom Unkrautjäten kam und mich, wie ich war, zum Kaffeetrinken niedersetzte, die mißbilligenden Blicke meines Jungen auf meine Hände bemerkte, der, als das nichts nützte, sagte: „Mutti, schenk Vati noch nicht ein, er will sich erst noch die Hände waschen . . ."

Die Tatsache, daß Peter eine Freundin hatte, hielt er vor der Familie nicht mehr geheim. Er hatte uns auch ihren Namen genannt und sich, zwar ein wenig verlegen, aber doch recht munter erkundigt, wie sie uns gefiele und was wir zu seiner Wahl sagten. Eines Abends nahm ich ihn mir väterlich vor und fragte: „Woher weißt du, daß sie dich liebt?"

„Ach", sagte Peter und es klang, als ob diese Frage keiner Antwort bedürfe, dann aber fügte er auf das geringschätzige Ach noch fünf Worte hinzu:

„Liebe kann man nicht beweisen."

„Doch. Es gibt Beweise vor sich selbst, um festzustellen, ob man ein Mädchen liebt und wieder geliebt wird", sagte ich, „ladest du sie beispielsweise von deinem Taschengeld manchmal auf ein Eis oder ein Stück Kuchen ein?"

Mein Junge sah mich an, als ob ich die größte Dummheit des Jahrhunderts gesagt hätte.

„Eine Zuckerbäckerstochter?“ rief er.

„Das habe ich übersehen – also gut – ladest du sie am Nachmittag ins Kino ein?“

„Ach, diese dummen Märchen, in die sie uns hineinlassen!“

„In Old Shatterhand oder in den Schatz im Silbersee?“

„Da mußte die Arme mit ihrem Vater gehen.“

„Oder geht ihr einmal im Wald spazieren, schreibst du für sie Gedichte und liest sie ihr vor?“

„Hast du das früher gemacht, Vater?“

„Ja. Ich habe Mutter angedichtet und ihr meine Gedichte vorgelesen, wenn wir allein waren.“

„Hat sie da nicht sehr gelacht? Bei Angela wäre ich damit unten durch.“

Da war ich mit meinem Latein zu Ende und wiederholte nur noch meine Frage: „Woher weiß Angela, daß du sie liebst?“

„Das weiß sie. Das spürt sie.“

„Woran?“

Da sagte mein Junge:

„Gestern haben wir uns gestritten. Sie hat mir eine Ohrfeige gegeben, und ich habe nicht zurückgeschlagen – ist das etwa kein Liebesbeweis, Vater?“

Der Fensterputzer

Eine echte Schönheitskönigin hat es nicht leicht. Sie muß ihre Schönheit herzeigen und zugleich bewahren. Das ist der Schönheit nicht zuträglich und darum wird jedes Jahr eine neue Schönheitskönigin gewählt. Die Schönheitskönigin dieses Jahr hieß Miss Annabell Lee.

Miss Annabell Lee wohnte im Grandhotel. In der Hotelhalle drängten sich die Anbeter. Die Photoreporter, die Journalisten und die Fernsehkameras. Und dann die echten Anbeter, die Schönheitssucher, die Liebeshungrigen, die müßigen unmusischen Männer, die nur den Leib anbeten und mit ihren Blikken zu erhaschen suchten, was die Königin darzubieten hatte. Sie hatte viel darzubieten. Das Ebenmaß ihrer Glieder ließ auch den Verwöhntesten in Verzükkung fallen. Heiratsanträge hagelten auf Miss Annabell Lee herunter, sie stand im Regen von Filmverträgen, Einladungen auf weiße Jachten im Mittelmeer, nach Havanna und Hawai, man bot ihr Schlösser und Burgen, Brillanten und Diademe. Und das alles in der Halle, in der Bar, im Speisesaal des Hotels, ja selbst im Aufzug fuhr noch einer mit und legte ihr sein Herz zu Füßen.

„No, Sir", sagte Miss Annabell Lee gelangweilt.

Aber es tat ihr doch gut.

Der Tag war anstrengend gewesen. So viel Anbetung hält auch die stärkste Frau nicht aus. Sie ging darum in ihr Zimmer, schloß sich ein, legte ihre Kleider ab und beschloß, zur Erfrischung ein Bad zu nehmen. Nichts als ein hauchdünnes Gewand über ihrer Schönheit, so schritt sie in ihr Badezimmer. Da – sie schrie auf –

Diese Frechheit! Diese Unverfrorenheit!

Ein Fensterputzer stand vor dem Fenster und putzte mit einem Lappen das Fenster des Badezimmers. Sein Gesicht war unmittelbar an der Scheibe. Sicher war das einer ihrer Anbeter, der die List der Verkleidung als Fensterputzer gewählt hatte.

Wenn er seine Leiter wenigstens noch an das Schlafzimmer gelegt hätte! Aber nein, der Unbescheidene, das Badezimmerfenster mußte es sein! Und wenn er nicht sofort verschwindet, rufe ich um Hilfe!

Wenn er mich anspricht, wenn er sein Gesicht an die Scheibe preßt und zu mir hereinsieht, rufe ich die Polizei.

Aber der Fensterputzer sah nicht herein.

Er putzte das Fenster.

„Was soll das?" fragte sich Annabell Lee. „Ist er kein Mann? Ist er echt?"

Der Fensterputzer putzte ungerührt weiter.

„Ich werde ihm eine Falle stellen", sagte Annabell Lee, „wenn ich wegschaue, wird er herschauen."

Sie schaute weg, aber er schaute nicht her. Er putzte. Annabell Lee sah es im Spiegel. Sie ließ das Wasser in die Wanne einlaufen. Vielleicht würde er jetzt schauen. Aber er schaute nicht. Er putzte.

„Eine Unverschämtheit!" hauchte Miss Annabell Lee.

Aber jetzt hatte sie ihn. Jetzt mußte er schauen.

Die Wanne war voll. Sie ließ ihr Gewand fallen.

An ihrer Schönheit weidete sich sogar der Spiegel.

Nur der Mann am Fenster weidete sich nicht. Er putzte.

Annabell Lee wurde immer nervöser.

„Warum schaut er nicht her? Bin ich nicht schön?"

Sie fand sich verschmäht, beleidigt, ihrer gepriesenen Schönheit entwürdigt. Da trat sie ganz nahe an das Fenster mit alledem, womit sie den Preis gewonnen und ihre Krone verdient hatte, womit sie hundert Bewerberinnen weit abgeschlagen hatte, wovon die Männer blind werden, wenn sie so viel Schönheit auf einmal erblicken.

Der Fensterputzer wurde nicht blind. Er sah überhaupt nicht hin, er putzte.

Da wußte Annabell Lee nicht mehr, was sie tat, so tief war ihre Kränkung. Sie trat noch näher an das Fenster heran, riß es auf, bot dem Mann auf der Leiter ihre ganze Schönheit dar, ihr Gesicht war entflammt, sie sah ihn herausfordernd an, eine unausgesprochene Frage um ihre Lippen.

Der Fensterputzer ließ den Lappen sinken, da er ja jetzt nichts mehr zu putzen hatte, und sagte ärgerlich:

„Was sehen Sie mich so verwundert an, Fräulein? Haben Sie noch nie einen Fensterputzer gesehen?“

Schottischer Fasching

Am Aschermittwoch war das Kaffeehaus halb leer.

An einem Tisch saß ein Herr, der ließ Kopf und Arme hängen.

„Nanu, Hiob? Drei Tage vor der Verlobung?“

„Aus ist es! Keine Verlobung! Keine Hochzeit!“ schrie Hiob. „Keine Mabel! Nichts! Schluß! Punktum finitum!“

Der Freund angelte nach einem Stuhl und setzte sich Hiob gegenüber.

„Willst du mir nicht dein Herz ausschütten?“

„Was ist da auszuschütten?“ knurrte Hiob erbost, „du weißt ja, wie ich Mabel liebte, seit ich sie vorigen Sommer kennenlernte. Als sie dann heim zu ihren Eltern nach Schottland fuhr, schrieb ich ihr täglich die zärtlichsten Briefe. Auf rotem und rosafarbenem Briefpapier schrieb ich von meiner brennenden Liebe, auf blauen Bögen wies ich auf meine unwandelbare Treue hin, ein weißer Bogen dazwischen, damit sie die Reinheit meiner Anbetung erkenne. Wenn ich einmal Grund zu haben glaubte, eifersüchtig zu sein, wählte ich mit Bedacht gelbes Briefpapier. In den letzten Wochen dann, als es bereits feststand, daß wir uns Anfang März verloben wollten, schrieb ich ihr nur noch auf grünem Papier, denn Grün ist die Farbe der Hoffnung. Wir setzten den Tag der Verlobung an. Ein großes Faschingsfest in Edinburgh, zu dem ich pünktlich einzutreffen versprach, sollte der Auftakt sein. Beschwingten Herzens fuhr ich nach Schottland. Es war ein seliges Wiedersehen. Wir konnten uns nicht satt küssen, nicht auf dem Bahnhof, nicht in der Droschke, nicht in der häuslichen Halle, wir küßten uns und küßten uns und wurden immer angeregter – am Abend dann, für den festlichen Maskenball, lag schon für mich ein Kostüm bereit. In ihrem weißen Rokokokostüm sah Mabel so schön aus wie noch nie. In ihrer rechten Hand hielt sie einen großen, spitzengeschmückten Pompadour. So betraten wir den festlich erleuchteten Saal. Wir tanzten, wir tanzten in den siebenten Himmel der Liebe hinein. Dann, die Stunden verflogen in Windeseile, die Stimmung wurde immer ausgelassener, schon kräuselten sich die ersten Luftschlangen durch den Saal, Konfettischlachten entwickelten sich hier und dort, da griff Mabel in ihren Pompadour, der bis zum Rand mit buntem Konfetti gefüllt war. Lachend warf sie die bunten Schnitzel auf die Tanzenden, auch ich nahm eine volle Hand des bunten Zeugs – da aber zuckte ich zusammen, erblaßte, ich begann zu stottern und zu stammeln. Ich ging. Ich verließ den Saal, die Stadt, das Land. Ich verließ es für immer, um nie wieder nach Schottland und zu Mabel zurückzukehren."

„Aber was war denn geschehen, Hiob?"

„Das Konfetti –"

„Nun?"

„Es war kein gekauftes Konfetti! Es war selbstgemachtes Konfetti!"

Der Freund fragte verwundert:

„Und deswegen hast du das Mädchen verlassen, das du liebtest und heiraten wolltest? Nur, weil sie sich ihr Konfetti selbst gemacht hat."

Hiob klagte:

„Aber woraus?! Aus meinen roten, rosafarbenen, blauen, grünen und gelben Liebesbriefen!"

Glück auf der Straße

Mein Name ist Walter Lopthien. Einer von vielen.

Mitten im Fasching, an einem Abend, als ich spät vom Kaffeehaus heimging, fand ich sie. Sie stand auf der Straße, an ein Haustor gelehnt, und weinte. Ihr dünnes, buntes Fähnchen, ein Faschingskostümchen, selbstgenäht, das offenbar ein ungarisches Hirtenmädchen darstellen sollte, lenkte meinen Blick auf sie. Ich blieb stehen.

„Sie weinen?"

Sie gab mir keine Antwort. Ich hatte weder Absicht noch Zeit. Aber da ich nun schon einmal stehengeblieben war, fragte ich weiter:

„Kann ich etwas für Sie tun?"

Sie schüttelte traurig den Kopf. Ich kam mir ein wenig dumm vor, wie ich da vor ihr stand. Sie tat mir leid, das war auch alles. Plötzlich hob sie den Kopf, ihre Augen blitzten zornig:

„Lassen Sie mich in Ruhe!"

Sie schien höchstens achtzehn. Ein hübsches Gesicht, wie ich jetzt erkannte, aber ohne jeden Ausdruck und ohne alles, was mir sonst an Frauen gefällt.

„Gehen Sie weiter oder ich rufe um Hilfe!"

Eine Schneegans! Eine wirkliche Schneegans! Hat sie keinen Verstand, die Männer zu unterscheiden? Sehe ich aus wie einer, der nachts durch die Straßen streicht und auf Abenteuer aus ist? In meinen Jahren? Ich ärgerte mich, daß ich stehengeblieben war, ein unerwünschter Samariter, sollte sie sich die Augen aus dem Kopf heulen, was ging sie mich an?

„Guten Abend!" sagte ich, zog meinen Hut und ging weiter.

Plötzlich hörte ich hinter mir schnelle Schritte.

Und dann ihre Stimme:

„Nein! Bitte! Mein Herr! Mein Herr! Warten Sie doch!"

Sie war es, die mir nachgelaufen kam.

„Sie sind doch sicher sehr klug“, sagte sie, „auch alt genug, mir einen Rat zu geben.“

„Der gute Rat hängt nicht vom Alter ab“, antwortete ich.

Ganz dumm, so zu antworten. Noch dazu auf der Straße und einer, die mich überhaupt nicht interessierte.

„Ich bin so unglücklich!“ sagte sie und legte ihre schmale Hand auf den dicken Flausch meines Mantels, „wenn Sie wüßten, wie unglücklich ich bin.“ Und ohne meine Frage abzuwarten, fuhr sie fort:

„Wissen Sie keinen Rat, wie ich Erich wiederfinde?“

„Wo haben Sie ihn verloren?“

„Auf einem Maskenball. Gleich hier um die Ecke. Wir hatten ausgemacht, wir treffen uns dort. Und dann haben wir noch etwas ausgemacht, und das war ganz dumm. Jeder hat ein Kostüm an und eine Maske auf, und der andere weiß nicht, was für ein Kostüm. Ich habe mir dieses Kleid hier genäht und –“, sie nestelte ein billiges, himmelblaues Visier aus Kunstseide aus ihrem Beutel, „– diese Maske hatte ich auf. Erich hat gesagt, er erkennt mich sofort unter jeder Maske, und ich habe auch gesagt, daß ich ihn sofort finden werde. Wir wollen später heiraten, wir gehen schon lange miteinander, und wenn ein Mädchen mit einem geht, dann erkennt sie ihn sofort unter Tausenden, das ist doch so?“

Mich begann zu frieren. Der Anblick ihres dünnen Mäntelchens wärmte mich auch nicht auf.

„Und Sie haben ihn nicht gefunden?“ fragte ich.

„Nein. Ich habe eine Stunde gewartet. Vielleicht ist er gar nicht gekommen, sonst hätte ich ihn bestimmt erkannt. Schon an der Art zu gehen oder wie er die Arme hält, auch an seinen Händen hätte ich ihn erkannt. Und dann hält er immer den Kopf ein wenig schief, nach links, er ist Zimmermann, wissen Sie, wenn sie die schweren Balken auf der Schulter tragen, dann müssen sie den Kopf immer zur Seite nehmen, und das bleibt dann, auch im Leben."

„Er wird Sie suchen und wenn er Sie nicht findet — auf einem Maskenball tröstet man sich leicht."

„Das tut er nicht, bestimmt nicht!" sagte sie schnell. „Oder glauben Sie? Die Männer sind ja alle so schlecht, Sie sicher auch."

Ich lachte amüsiert:

„Warum sollte ich wohl eine Ausnahme machen?"

Sie blickte eine Weile vor sich hin und schien nachzudenken.

„Ich gehe zurück", sagte sie dann.

„Es wird das Beste sein."

„Sicher das Beste. Nur — ich kann nicht. Ich habe meine Eintrittskarte verloren. Wie komme ich hinein? Ich habe kein Geld bei mir. Deswegen konnte ich mich schon vorhin an keinen Tisch setzen ... immer nur herumstehen, als ob man darauf wartet, eingeladen zu werden — es gibt viele solche Mädchen, glauben Sie es mir. Ich möchte nicht so angesehen werden und auch immer dieses dumme Ansprechen, die Männer sind ja so frech — deswegen bin ich weggegangen ..."

Ich dachte nach, was ich ihr wohl für einen Rat geben könnte.

„Wohnen Sie weit von hier?"

„Mit der Straßenbahn eine halbe Stunde."

„Ich werde einen Wagen nehmen und Sie heimbringen", sagte ich.

„In einer Taxe?"

„Ja."

„Ausgeschlossen. Das tue ich nicht. Sie erwarten dann sicher von mir —"

„Gar nichts erwarte ich, Sie dumme Pute! Fahren Sie allein nach Hause. Hier ist das Geld."

Ich zog einen zerknüllten Zehnmarkschein aus der Tasche und versuchte, ihn ihr in die Hand zu drücken. Die Sache begann mich zu langweilen. Sie nahm den Schein nicht. Sie legte ihre Hände auf den Rücken, so daß ich ihr das Geld nicht geben konnte.

„Wenn ich Ihnen schon zehn Mark wert bin –"

„Dann?"

„Gehen Sie mit mir hin. Es ist gleich um die Ecke. Hotel Stein."

Das lag weit von dem, was ich wollte.

„Ich bin überhaupt nicht dafür angezogen", sagte ich.

Ich öffnete meinen Mantel, um ihr zu zeigen, daß ich darunter nur eine Cordhose und einen schwarzen Rollpullover trug, so wie ich den Tag über am Schreibtisch gesessen, ehe ich ins Kaffeehaus gegangen war.

„Sie sehen wunderbar aus – dort ist es auch nicht so fein. Wenn Sie mit mir hingehen wollten – Sie können ja so tun, als wäre ich Ihre Tochter – setzen Sie mich einfach an einen Tisch und bestellen Sie eine Tasse Kaffee – nur, daß ich einen Platz habe, wo mich Erich findet..."

Ich sah auf die Uhr. Es war eine halbe Stunde vor zwölf.

„Nun gut", sagte ich, „in einer halben Stunde ist Demaskierung, dann werden Sie Ihren Erich wiederhaben, ich bleibe bis dahin bei Ihnen."

„Danke", sagte sie.

Sie ging voraus, nicht neben mir. Vielleicht, um sich nicht der Gefahr eines Gespräches auszusetzen, daß ich meinen Entschluß bereute und noch vor der Tür umkehren würde.

Das Hotel Stein lag in einer Nebenstraße. Ich aß gelegentlich dort zu Mittag. Es war ein bürgerliches Hotel, mit einem Stammabonnement für Mittagessen, mittlere Beamte und Angestellte der Ämter ringsum sah man meist hier. Heute war der Speisesaal, der eine kleine Bühne für Vereinsaufführungen und eine Estrade ringsherum hatte, Schauplatz eines bunten Faschingstreibens. Die Kostüme der Mädchen waren bescheiden, ausgeliehen oder selbstgenäht, und die jungen Männer, die meist in größerer Gesellschaft hergekommen waren, selten einzeln, denn sie saßen zusammen an langen Tischen und schienen einander zu kennen, waren lustig und guter Dinge. Einer trieb es besonders bunt. Er war als Briefträger kostümiert, trug eine echte Postmütze, wer weiß, wo er sie herhatte, und eine große Posttasche, die bis zum Rand mit Konfetti und Wurfschlangen gefüllt war. Auch hatte er selbstgeschriebene Liebesbriefchen darin, die er an die Schönen im Saal verteilte. Andere wieder trugen das Sommerkleid ihrer Schwestern und eine gelbe Perücke über den Ohren. Falsche Schutzleute sind an der Tagesordnung, mit großen Notizbüchern und gewaltigen Bleistiften erteilen sie Verwarnungen, die man an Ort und Stelle mit einem Kuß bezahlen kann ... nein, sie kommen nicht hierher, um den Mädchen einen großen Herrn vorzugaukeln, zu einem richtigen Kostüm reicht es meist nicht, da muß die Phantasie herhalten und was sich daheim vorfindet. Alkohol wird wenig genossen, ich sehe auf den Tischen nur Bier stehen und Limonaden, hie und da ein Glas Vermouth für die Damen oder ein Schoppenglas mit rotem Schankwein.

Der Kellner, der mich kennt, macht für mich oben auf der Estrade eine für diesen Tag improvisierte Loge frei. Der Tisch steht genau in Kopfhöhe der Vorübertanzenden, wir sind mitten unter ihnen, aber die meisten Logenbesucher sitzen nicht vorn, sondern haben sich in den von einer rotverhüllten Glühbirne schummrig beleuchteten Hintergrund dieser papierblumenbekränzten Loge zurückgezogen, wir sitzen allein ganz vorn am Rand.

Ich bestelle beim Kellner eine Flasche Wein, nein, noch besser, ich nehme die Bestellung zurück und lasse uns eine Flasche Sekt, Hausmarke, bringen. Sie ist nicht viel teurer als der Wein und vielleicht mache ich dem jungen Mädchen eine Freude damit. Wenn ich schon mitgegangen bin, so will ich auch besonders nett zu ihr sein und sie behandeln, als ob sie die Dame meines Herzens wäre, die ich heute ausführe. Früher liebte ich dieses Ausgehen mit jungen Damen, sie zu verwöhnen und sie, wie ich hoffte, zu beglükken, aber das ist jetzt schon ein Jahrzehnt her. Auch allein ging ich gern auf ein Tanzvergnügen, holte mir die Schönste von jedem Tisch zum Tanz und wenn ich Glück hatte, kam sie für den Rest des Abends an meinen. Aber wenn man älter wird und die jungen Mädchen sich immer langsamer vom Stuhl erheben, wenn ich vor ihnen stehe und zum Tanz auffordere, erst den Blick auf mich, dann den Blick auf die Freundin am Tisch, ein ganz leichtes, kaum sichtbares Zucken der Schultern und beim Aufstehen noch schnell einen Blick in den Saal, ob kein anderer vielleicht gerade auf sie zusteuere, ein jüngerer — dann sollte man sich geschlagen geben und die Kanonen einpacken. Gott ist mit den starken Bataillonen und mit den jungen Liebhabern.

Heute aber saß ich mit einem jungen Mädchen hier, einem hübschen sogar, wie ich immer beglückter feststellte. Dabei saß ich im falschen Glanz, im ausgeborgten Glanz, ich war nicht gemeint, ich mußte an ihrer Seite nur die Stunde bis zur Demaskierung überbrücken. Aber immerhin, ich weiß nicht warum, schmeichelte es mir trotzdem, sie an meinem Tisch sitzen zu sehen.

„Auf Erich!" sagte ich, als ich mein Glas erhob.

Sie deutete auf das ihre.

„Für mich?" fragte sie.

„Natürlich für dich. Oder glaubst du, ich will die ganze Flasche allein austrinken!"

„Dann würden Sie bestimmt beschwipst!"

„Und du trägst die Verantwortung?"

„Lieber nicht!" sagte sie, hob ihr Glas und trank es in einem Zug leer. Ich hatte Mühe, es ihr nachzutun.

„Wie heißt du eigentlich?“ fragte ich.
„Huberta. Und du?“
„Walter.“
„Wie noch?“
Ich wich aus.
„Ein ganz belangloser Name. Du merkst ihn dir ja doch nicht.“
„Haben Sie Angst, daß ich Ihnen schreibe? Oder Sie besuche?“
„Das ist ein Argument“, sagte ich, „Mißtrauen ist immer ein Argument.“
Ich schrieb ihr meinen Namen und meine Adresse auf einen Zettel.
„Da, trag's nachhause“, sagte ich, „und wenn du mich wieder einmal brauchst –“
Sie schob den weißen Zettel in ihren Perlenbeutel. Sie sah mich dabei nicht an, sondern blickte mit mir zugewandtem Rücken in den Saal. Plötzlich drehte sie sich zu mir herum und fragte:
„Warum tust du das alles für mich?“
„Warum tue ich es wirklich?“
„Findest du mich schön? Erich sagt, ich wäre das schönste Mädchen im ganzen Land.“
„Für ihn bist du es sicher auch.“
„Er lügt. Ich habe doch einen Spiegel daheim.“
Ich schenkte unsere beiden Gläser ein und schob das ihre zu ihr hinüber.
„Darf ich einmal dein Spiegel sein?“ fragte ich. „Du hast große blaue Augen, ein ebenmäßiges Gesicht, einen zartgeschwungenen Mund, eine bezaubernde Stimme, die schönsten Zähne, die ich je bei einem Mädchen sah –“
„Ich habe Sommersprossen!“
„Wer rotes Haar hat und eine so schöne Haut wie du, hat immer Sommersprossen. Sei stolz auf sie, sie passen zu dir. Darf ich sie einmal zählen?“
„Warum sagen Sie nicht etwas Vernünftiges? Etwas, womit ich etwas anfangen kann?“

In diesem Augenblick kam die Blumenfrau. Ich weiß nicht, wie sie hier hereingeschneit kam, ich kannte sie aus der Maximbar, hier wird sie keine Geschäfte machen. Noch dazu mit diesen langstieligen, taufrischen roten Rosen, die ein Vermögen kosten mußten.

„Blumen für die Dame?"

Ihr Spruch, hundertmal am Abend, von Tisch zu Tisch, von Lokal zu Lokal hergesagt.

„Blumen für das schöne Fräulein?"

„Natürlich", sagte ich, „warten Sie!"

Und zu Huberta gewendet:

„Wie alt bist du?"

„Achtzehn."

Ich nahm achtzehn Rosen aus dem Korb, ich nahm jede einzeln und zählte sie vor Huberta hin. Das junge Mädchen wurde völlig verwirrt, dann griff sie nach dem vollen Glas und trank es aus. Als die Blumenfrau gegangen war, hob Huberta ihr Gesicht mir entgegen und sagte:

„Ich habe noch nie im Leben Blumen bekommen."

„Du erinnerst dich nur nicht. Wenigstens von deiner Mutter, wenn du Geburtstag hattest?"

Sie schüttelte den Kopf:

„Wir sind daheim acht Geschwister."

Die Blumenfrau kam mit der Vase zurück. Sie wollte die Rosen hineingeben. Huberta wehrte ihr.

„Nein! Nein!" rief sie, wahrhaft aufgeregt. „Ich will sie nicht in der Vase haben!"

Und zu mir:

„Ich will sie so halten, in meinen Händen. Wenn sie in der Vase stehen, gehören sie nicht mir..."

Sonderbar, vor einer Stunde kannte ich Huberta noch nicht, und jetzt war mir, als hätte ich mein ganzes Leben lang auf sie gewartet. Jeder Mann hat irgendein Traumbild in der Liebe. Ich weiß in dieser Minute nicht mehr, wie das meine bisher ausgesehen hatte, ich glaube, es war das Ebenbild von diesem Mädchen, das jetzt neben mir sitzt.

Sie gab mir plötzlich einen Kuß.

„Für die Blumen!" sagte sie.

Ich kann nicht umhin, ich sage: „Ein Almosen?"

„Almosen?" wiederholte sie.

„Den Reichtum bekommt Erich."

„Ach, Erich –", sagt sie, und ich weiß nicht, was ich mit diesem Seufzer anfangen soll, „mir wäre lieber, er käme nicht und der Abend nähme kein Ende."

Was soll man darauf erwidern? Vor zwanzig Jahren noch, auch noch vor zehn, da hätte ich gewußt, was man tut. Heute habe ich Angst vor dem Mißverständnis. Vielleicht hat sie es nur so dahingesagt, ohne sich dabei etwas zu denken. Aber etwas muß ich doch tun. Wenn Gott mir schon ein Zipfelchen Glück schenkt. Ich möchte nicht später vor ihm stehen und er sagt zu mir: „Du Dummhut!" Ich nehme also wie in zerstreuten Gedanken ihre Hand und küsse sie. Sie läßt sie mir. Sie läßt sie mir immer noch. Jetzt bekomme ich ausgewachsenes Exemplar von einem Mann wahrhaft Herzklopfen. Wie damals in der Tanzstunde ist es. Ich rede ganz dumme Sachen daher.

„Ich bin glücklich, Huberta", sage ich, „es ist wie ein Märchen –"

„Für mich auch. Du bist der Prinz."

„Du die Prinzessin."

„Nein. Ich bin das Aschenbrödel."

„Da kam der Prinz und war von ihrer Schönheit hingerissen."

„Erzähl weiter!"

„Er legte seinen Arm um sie."

„Tu es!"

„Und küßte sie."

Wieso hatten wir eigentlich nicht bemerkt, daß die Kapelle mitten in einem Tanzschlager die Melodie unterbrochen und mit einem eingeblendeten

Tusch das Signal zur Demaskierung gegeben hatte? Als wir aufsahen, war der Saal hell und die Ballbesucher promenierten in einer Polonaise an uns vorbei, angeführt von dem falschen Briefträger mit seiner großen Tasche und seinen Liebesbriefen, der immer neue Figuren der lustigen Polonaise ersann, seine Faschingsschar über zwei ungedeckte Tische auf der kleinen Vereinsbühne hinauf und hinunter steigen ließ, zum Schluß unter diesem Tisch hindurchführte, ein Zentrum überquellenden Lachens. Die Masken und Visiere waren von den Gesichtern verschwunden, die Menschen waren schöner geworden durch das verliebte Glück des Abends und die Fröhlichkeit des Tanzes. Oder erschien es nur mir so, weil mein eigenes Glück einen schönen Rahmen brauchte?

„Jetzt mußt du Ausschau halten, Huberta", sagte ich, „der Mann, den du verloren hast, wird dich jetzt wiederfinden. Zumindest wird er eifrig nach dir suchen."

„Denk nicht daran, Walter."

„Ich muß daran denken. Ich bin für dich verantwortlich. Jetzt mehr als vorher. Wir dürfen der Entscheidung nicht ausweichen. Komm, setzen wir uns wieder nach vorn zurück."

Huberta stand auf, und ich führte sie nach vorn zu den Stühlen.

„Wir könnten auch heimgehen", sagte ich, „weg von hier... in eine Bar oder wohin du magst."

„Ich will nichts mehr trinken."

„Ein wenig beschwipst?"

„Nein. Nur glücklich. Ich will über mein Glück nachdenken können. Es kommt mir so unwahrscheinlich vor, du, unser Abend, die Blumen, alles."

Sie ging nach vorn, blieb hinter dem Tisch stehen und nahm ihre Rosen in den Arm.

„Wohin gehen wir" fragte sie.

Sie war jetzt völlig verändert. Eine ganz andere Frau als jenes Mädchen, das ich vor einer halben

Stunde kennengelernt hatte, als ich aus dem Kaffeehaus kam, um heimzugehen.

„Ich weiß ein kleines Lokal, über und über mit lebenden Blumen dekoriert. Jetzt blühen dort Hyazinthen, Tulpen, Flieder und Osterglocken. Es ist ohne Musik, nur Kerzen am Tisch. Ich glaube, nach dem lärmenden Trubel hier…"

„Ja. Gehen wir dorthin. Ich habe so viel nachzudenken über alles."

In dieser Minute geschah es.

Über die Brüstung der Estrade schwang sich ein junger Mann, ungefähr zweiundzwanzig. Er trug ein dunkles Wollhemd über der Hose, und in seinem dichten blonden Haar lagen kleine Inseln von buntem Konfetti.

„Huberta!" rief er froh. „Ich suche dich den ganzen Abend!"

Huberta ließ die Rosen sinken. Sie glitten zu Boden.

„Erich!" rief sie. Und noch einmal: „Erich!"

Sie lief selig auf ihn zu und legte ihre Arme glücklich um seinen Hals. „Erich! Wo warst du? So sprich doch!"

Alles Verzauberte fiel wieder von ihr ab. Hatte ich es nur in sie hineingedichtet? Sie war wieder das Mädchen ohne Bedeutung, das ich weinend auf der Straße gefunden hatte.

„Komm! Meine Freunde warten auf dich!" sagte der junge Mann.

Er hob sie auf seine Arme, schwang sich mit ihr auf den Rand der Estrade und sie sprangen hinunter, direkt in den Reigen der Tanzenden. Nicht einmal zurück sah Huberta, nicht einmal. Während ich zahlte und der Kellner die geringfügige Zeche, eine Flasche Sekt, Hausmarke, auf seinem Block notierte, Getränkesteuer und sein Trinkgeld dazurechnete, war Huberta meinem Blick entschwunden. Ich ging langsam nach Hause, eine Stunde später, als ich eigentlich vorgehabt hatte.

Das Spielzeug

Ich heiße Heinz Leptin. Über mich ist nicht viel zu berichten und ich kenne auch keinen, der stolz auf meine Freundschaft ist. Nicht, daß man sich meiner schämt, wenn ich mit ihm an einem Tisch sitze, so ist es nicht, aber ich weiß auch keinen, der sich rühmt, mich zu kennen. Ich habe schon verschiedene Berufe im Leben hinter mir. Ich begann als Schauspieler, Rezitator, Sänger, wurde Manager und Filmagent, einmal besaß ich auch kurze Zeit ein kleines Kino, leitete ein Pressebüro, vermittelte Drehbücher, veranstaltete Modeschauen, hatte eine Mannequinschule — alles Berufe am Rande des bürgerlichen Daseins. Sie nährten ihren Mann, einmal besser, einmal schlechter, für einen sportlichen Wagen hat es stets gereicht, für eine Wohnung mit eigenen Möbeln nie. Aber wer braucht ein eigenes Bett, wenn er nach Zigeunerart heute hier und morgen dort sein Zelt aufschlägt und sozusagen aus dem Wagen in den Tag lebt?

In den letzten Jahren bin ich ein wenig seßhafter geworden. Ich bekam einen Job in Kopenhagen, im Tivoli genauer gesagt. Man hatte mir die Leitung eines Kabaretts übertragen, dem elegantesten in diesem Vergnügungspark, das durch seine von mir engagierten Kapellen berühmt wurde. Nun dürfen Sie sich unter einem Kabarett nicht das vorstellen, was man landesüblich unter einem Kabarett versteht. Bei mir traten keine Künstler auf, weder Tänzer noch Akrobaten, auch keine Schaunummern und leichtgeschürzte Mädchen, wir hatten nicht einmal Tischdamen und weibliche Tanztaxis. Bei uns verkehrte ein ausgesprochen gutes Bürgerpublikum, junge Mädchen fanden allein keinen Einlaß, ich stand Abend für Abend selbst in der Tür und verteilte die Tische.

Ich hatte mir für dieses Kabarett einen besonderen Einfall ausgedacht, den es noch nirgendwo in Europa gab und der auch bis heute noch von keinem anderen Hause nachgeahmt wurde. Ich war das ganze Programm in eigener Person. Ich begrüßte nach Beginn die Gäste vom Tanzpodium aus, das in der Mitte des Raumes gelegen war, es fiel mir als geborenem Wiener und als früherem Schauspieler nicht schwer, eine Stimmung hervorzuzaubern, daß sich alle Gäste rasch bei uns wohlfühlten. Ich erzählte ihnen Anekdoten, glossierte das Fernsehen, hie und da sang ich auch im Laufe des Abends ein Lied, während die Paare tanzten, oder ein Chanson, wenn die Kapelle Pause machte. Der Mittelpunkt des Abends aber und zugestandenermaßen, weshalb unsere Gäste im regelmäßigen Turnus wiederkamen, lag in meinen Spielzeugtischen. Ich fuhr mit kleinen Wagen von Tisch zu Tisch, auf denen die herrlichsten Spielzeuge aufgebaut waren. Mechanische Affen, Spielautos, die nicht über den Rand des Tisches rollten und selbständig umkehrten, wenn der Tisch zuende war – Geduldspiele, Vexierkästen zum Auseinandernehmen und Zusammensetzen, künstliche Blumen, die als Knollen auf den Tisch kamen und in der Wärme der Hand aufwuchsen und aufblühten, eine Katze, die einer Maus nachjagte und sie nie erreichte, Lokomotiven, so winzig wie ein Fingerhut, die richtigen Dampf abließen und ihre Räder bewegten, Tanzgruppen, die sich im Menuett voreinander verneigten und sich dann im Walzer vereinten – ach, die Erfindungen dieser Industrie sind hundertfältig, und vor Eröffnung des Tivolis am ersten Mai jedes Jahres fuhr ich nach London, Paris und Wien, Berlin nicht zu vergessen, und kaufte die neuesten Spielzeuge ein, ein Posten, der gewaltig ins Geld lief, aber den Ruf unseres Hauses von Jahr zu Jahr wachsen ließ. Die unbeschwerte Heiterkeit der Gäste mit ihren Spielzeugen, die ich im Laufe des Abends in kurzen Abständen wechselte, machte unser Kabarett zu einer Sehenswürdigkeit des Tivolis. Und noch heute führt dieses Kabarett die von mir geschaffene Einrichtung weiter, auch wenn ich selbst nicht mehr in Kopenhagen bin. Sie können sich selbst überzeugen, wenn Sie heute das Tivoli in Kopenhagen besuchen.

Damals fuhr ich also noch mit meinen Spielzeugwägelchen von Tisch zu Tisch, ließ meine Gäste wählen und kam in gewissen Abständen zurück, die Spielsachen umzutauschen, denn der Spieltrieb eines Menschen währt selten länger als eine kurze Spanne Zeit, dann begehrt er die Beschäftigung mit einer neuen Sache.

Eines Tages nun, es war an einem Montag, auf den dieses Jahr der 1. Mai fiel, das Tivoli hatte zu Mittag seine Pforten geöffnet und ganz Kopenhagen nahm an diesem Fest teil — wer Kopenhagen kennt, weiß, welche Bedeutung diese Stadt der Eröffnung ihres mitten im Zentrum gelegenen Vergnügungsparkes beimißt — war unser Kabarett schon seit Wochen ausverkauft. Jeder Tisch stand auf einer Namensliste, die großen Hotels hatten sich ebenfalls für ihre Gäste Tische reservieren lassen, einer Tradition folgend, ich stand in der Tür, die Liste der Platzreservierung in der Hand, als mir plötzlich ein Mann gegenüberstand, der schon durch seine äußere Erscheinung eine internationale Gesellschaftsschicht aufzeigte. Er gehörte zu jener Sorte von Gästen, denen man in jedem Lokal einen guten Tisch gibt. In seiner Begleitung befand sich eine junge Dame, nicht älter als einundzwanzig, höchstens zweiundzwanzig. Ich war von ihrer Anmut und eindringlichen Schönheit überrascht. Sie werden verstehen, daß mir in meinem Beruf und auch bei meiner früheren Tätigkeit viele Frauen begegnet sind, deren Schönheit ein gewaltiges Kapital war und von dessen Zinsen ich vor allem in meinen jungen Jahren oft einen ansehnlichen Anteil abbekam. Ich glaubte mich also heute gegen diese Dinge gefeit, was mich aber nicht hinderte, dem Mädchen die Spanne eines Augenblickes lang verwirrt ins Gesicht zu starren, mich dann schnell über meine Liste beugte und ihren Begleiter fragte:

„Sie hatten einen Tisch reservieren lassen?"

„Ja. Vom Hotel Kong Frederik."

„Wir haben von diesem Hotel drei Vorbestellungen."

„Für zwei Personen. Für Konsul Bernhard."

Ich suchte in der Liste und fand, daß für ihn und seine Begleiterung ein Zweipersonentisch neben einer Säule, beinahe dahinter, reserviert war und wußte im gleichen Augenblick, daß dies ein ungeeigneter Platz für diese Gäste war. Ich tauschte also diesen Tisch schnell gegen meinen schönsten vorn neben der Tanzfläche um und begleitete die beiden selbst zu ihrem Platz, um die fremden Namenskarten unbemerkt verschwinden zu lassen. Das Ganze währte nicht länger als zwei Minuten. Als ich zur Tür zurückkam, drängten sich am Eingang die Gäste, ich hatte vollauf zu tun, sie zu begrüßen und denen, die an diesem Abend keinen guten Platz gefunden hatten, die frohe Laune zu erhalten. Ich hatte also meine beiden Nobelgäste aus dem Hotel Frederik schon völlig vergessen, erst dann, als ich den Abend mit einer kurzen Ansprache eröffnete und mich mit meinen Spielzeugtischen auf den Weg machte, überraschte mich von neuem die Schönheit und Anmut des Mädchens, wie sie ohne lange zu suchen nach der kleinen goldenen Lokomotive griff und begeistert ausrief:

„Chéri – quel joli joujou!"

Ihr Begleiter, durch diesen Ausbruch fast ein wenig geniert, sagte zu mir:

„Sie ist wie ein Kind – sie freut sich."

Er wählte für sich ein Zusammensteckspiel in Form eines roten Hühnereies, das sich bei einigem Geschick in eine Schildkröte verwandeln ließ. Es war ein kleiner Trick dabei, aber er würde ihn sicher bald herausgefunden haben. Als ich im Laufe des Abends noch öfter zu ihrem Tisch trat und meine Spielsachen zur neuen Wahl ausbreitete, schüttelte die junge Dame jedesmal den Kopf und gab die kleine vergoldete Lokomotive nicht aus der Hand.

„Madame hat sich in sie verliebt", sagte ihr Begleiter, „sie möchte sie gern als Andenken an diesen Abend. Kann man diese Spielzeuge bei Ihnen käuflich erwerben?"

Ich verbeugte mich, nicht ohne meine wiederkehrende Verwirrung zu bemerken, und sagte lächelnd:

„Die kleine Lokomotive gehört Ihnen. Sie bedankt sich, Ihre Gunst gefunden zu haben und daß sie bei Ihnen bleiben darf."

Das junge Mädchen hob zwei Finger an ihre Lippen und warf mir über den Tisch eine winzige Luftkußhand zu.

„Je vous adore", sagte sie.

Meine beiden Gäste gingen früh. Ich hatte ihr Weggehen nicht bemerkt und habe sie auch nie wiedergesehen. Das war vor zwei Jahren, nein, daß ich mich berichtige: vor drei Jahren. Später fand ich durch einen Zufall in meiner Schweizer Zeitung eine Todesnachricht: „Ein verdienstvoller Bürger unserer Stadt ist durch tragische Umstände von uns gegangen."

Kein Name, kein Text darunter. Das dort veröffentlichte Bild des Verstorbenen erinnerte mich lebhaft an meinen Gast in Kopenhagen. Es war kein Zweifel, er war es. Ich mußte an das junge Mädchen denken, das damals in seiner Begleitung gewesen war. Was war aus ihr geworden? Aber meine Tage in Genf waren zu Ende. Ich hatte einen dringenden Grund, diese Stadt so rasch als möglich zu verlassen, ich verließ Genf mit dem Zug und kaufte mir am Bahnhof eine Zeitung. Ich kam nicht zum Lesen, erst kurz vor Paris, als der Expreß in den Gare de l'Est einlief, fiel mein Blick auf die ungelesene Zeitung. Ich fand eine dickgedruckte Schlagzeile. Man hatte in einem Waldstück bei Coppet am Genfer See die entsetzlich zugerichtete Leiche einer weiblichen Person jugendlichen Alters gefunden, deren Kopf mit Hammerschlägen zertrümmert und völlig unkenntlich gemacht worden war. Sie mußte zwei Wochen in diesem wenig begangenen Waldstück gelegen haben. Die Polizei fand keinen Anhalt über die Person des Opfers. So weit war ich in meiner Lektüre gekommen, als der Zug hielt. Ich warf die Zeitung in meinen Koffer, um sie daheim zu Ende zu lesen. Aber ich kam nicht dazu, ich kam nie dazu.

Drei Monate waren seit meinem Genfer Aufenthalt, der sich ein Jahr ausgedehnt hatte, vergangen, da erreichte mich ein Brief, der mir durch ganz Europa nachgereist war. Die Kopenhagener Kriminalpolizei bat mich, ihr zu einer Auskunft zur Verfügung zu stehen oder einen Ort zu bestimmen, wo ich mich gegenwärtig aufhalte. Es handele sich um eine Auskunft in einem Mordfall, zu dessen Aufklärung ich vielleicht beitragen könnte. Ich depeschierte, daß ich gegenwärtig an einem Film in Wien arbeite und jederzeit zur Verfügung stehe.

Eines Morgens gegen acht klopfte es an meine Tür und zwei Kriminalbeamte traten ein. Ihr Äußeres verriet nichts von ihrem Beruf, sie gaben sich überaus weltmännisch, der Kopenhagener Beamte stellte mir seinen Schweizer Kollegen vor. Ich bat sie, Platz zu nehmen, entschuldigte mich für das Frühstücksgeschirr, das noch herumstand. Auch hatte der Kellner vergessen, die Gläser vom gestrigen Abend abzuräumen, er wollte sie wohl später mit dem Frühstücksgeschirr hinaustragen. Einer der Herren kam sofort zum Thema, zog einen in ein weißes Tuch gehüllten winzigen Gegenstand hervor und stellte ihn vor mir auf den Tisch.

„Es besteht die Möglichkeit, Sie erkennen es wieder“, sagte er.

Überrascht rief ich:

„Natürlich. Ich kenne sie genau. Diese kleinen vergoldeten Lokomotiven wurden vor drei Jahren für mich angefertigt. Ich bekam sie aus Nürnberg. Zehn Stück. Ein kleiner Fabrikant, ein Einmannbetrieb, stellte sie nach meinen Angaben nur für mich her."

„Wir wissen es."

„Woher?" fragte ich erstaunt.

„Ihr Fabrikant hat es uns gesagt. Wir haben Recherchen durch die bedeutendsten Zentren der durch seine Spielzeugindustrie bekannten Städte veranlaßt, darunter auch in Nürnberg. Nach langen Nachforschungen fanden wir diesen Mann. Wir waren an der richtigen Adresse. Auf Befragen erklärte er, daß er der Hersteller dieser Miniaturlokomotive sei, von denen er zehn Stück exclusiv an ein Kabarett in Kopenhagen geliefert habe. Es war für uns dann nicht schwer, das Kabarett zu finden und so kamen wir auf Ihren Namen."

„Wie kommt dieses Stück in Ihren Besitz?"

„Davon später", sagte der Beamte. „Würden Sie uns bitte zuvor ein paar Fragen beantworten?"

„Selbstverständlich."

„Wir kennen die Art Ihres Kabaretts. Wurden im Laufe der Zeit öfter Spielzeuge von Ihren Gästen mitgenommen?"

„Sie meinen gestohlen?"

„Sagen wir: als Souvenirs?"

„Nein. Nicht ein einziges Mal."

„Konnte man diese Spielzeuge bei Ihnen käuflich erwerben?"

„Nein. Das verstieß gegen das Prinzip des Hauses."

„Haben Sie sie gelegentlich guten Stammgästen verschenkt?"

„Nein. Wir waren der Meinung, daß unsere Gäste, wenn sie mit diesen Spielzeugen spielen wollten, unser Haus besuchen sollten."

Die beiden Beamten blickten in ihre Aufzeichnungen.

„Ihre Antworten stimmen mit unseren Nachforschungen in Kopenhagen überein. Zehn Stück wurden geliefert. Neun sind heute noch vorhanden. Das zehnte steht hier vor Ihnen."

Ich entsann mich nicht gleich jenes Vorfalles, der eine Ausnahme bedeutet hatte, als ich am Eröffnungsabend vor drei Jahren einer jungen Dame eine dieser kleinen vergoldeten Lokomotiven, nicht viel größer als ein Fingerhut, als Geschenk überreicht hatte. Dann stand plötzlich alles wieder vor meinen Augen. Die Art, wie sie sich bedankt hatte, das Gesicht des Mannes in ihrer Begleitung, der gut zwei Jahrzehnte älter war und dessen Bild ich erst kürzlich in einer Schweizer Zeitung gesehen hatte.

„Sie können uns also keinen Anhaltspunkt geben, wie dieses Spielzeug, das hier vor uns steht, aus dem Haus gekommen ist?"

Ich erzählte den Vorfall, wie er sich abgespielt hatte.

Einer der beiden Herren schrieb meine Aussagen mit.

„Doch", sagte ich, „ich erinnere mich."

„Am ersten Mai?"

„Ja."

„Vor drei Jahren?"

„Ich erinnere mich genau."

„Wer hatte den Tisch bestellt?"

„Das Hotel Kong Frederik."

„Auf welchen Namen?"

„Das ist mir entfallen."

„Wie sahen die beiden aus?"

Ich beschrieb sie ihnen, so gut ich es vermochte.

„Hatten Sie die Empfindung einer intimen Verbindung?"

„In meiner Gegenwart nicht."

„Haben sie zusammen getanzt?"

„Ich war sehr beschäftigt. Ich habe es nicht beobachtet. Warum fragen Sie mich das alles?"

Der Zweite deutete auf die kleine Lokomotive.

„Jemand hat dieses Spielzeug hier verloren. Wir sind interessiert daran, den Namen dieser Person ausfindig zu machen."

„Und wo – wenn mir diese Frage gestattet ist – wurde diese Lokomotive verloren?"

„In der Schweiz. Unweit von Genf. Unsere Beamten fanden sie."

Der Schweizer Kommissar griff in seine Tasche und legte einen Stoß Zeitungen auf den Tisch.

„Ich weiß nicht, ob Sie von dieser Sache gelesen haben", sagte er. „Vor Monaten fand man bei uns die Leiche eines unbekannten Mädchens. Ihr Gesicht war durch Hammerschläge völlig unkenntlich gemacht. Ausweispapiere und Kleider waren nicht vorhanden, auch keine Schuhe, der Mörder hatte sie offenbar, um vor allen Nachforschungen sicher zu sein, mit sich genommen. Die Polizei stand vor einem Rätsel. An der Fundstelle in dem unwegsamen Waldstück fand sich nicht die geringste Spur, die uns in Bezug auf die Person des Opfers hätte einen Hinweis geben können. Es schien einer jener perfekten Morde, von denen man immer spricht. Unsere Beamten suchten vier Tage jeden Zentimeter im weiten Umkreis wie mit der Lupe ab. Nichts. Erst eine Woche später und weitab vom Tatort, dort, wo der Wald in eine Wiese übergeht und eine Landstraße vorüberführt, fanden wir im Straßengraben dieses kleine Spielzeug. Es besteht nun die Möglichkeit, der Verdacht liegt nahe, daß der Täter sie beim Überklettern des Grabens aus den zusammengerafften Kleidern seines Opfers verloren hat, daß sie ihm also unbemerkt aus der Tasche des Kleides gerutscht ist. Da es unser einziger Anhaltspunkt war, gaben wir diesem Fund großes Gewicht und begannen hier unsere Nachforschungen. Wir eruierten, wo dieses Spielzeug hergestellt worden war, wem es vom Hersteller geliefert wurde und stellten fest, daß von zehn Stück eines fehlte. Jetzt haben wir von Ihnen erfahren, in wessen Besitz es übergegangen ist. Wir hoffen nun, daß die Fremdenbücher des Hotels Kong Frederik in Kopenhagen stimmen und wir somit wieder ein gutes Stück weiterkommen. Wenn wir erst den Namen des Opfers wissen, ist der Weg bis zum Namen des Täters nicht mehr allzuweit."

Der Mord fand keine Sühne. Ich erfuhr aus den Zeitungen davon. Der Täter hatte sich unmittelbar nach der Tat selbst gerichtet. Es war eine jener Kurzschlußhandlungen, die sich immer wiederholen, wenn ein Mann in höheren Jahren sich in ein junges Mädchen verliebt und dann seiner berechtigten Eifersucht nicht Herr wird. Als jenes junge Mädchen sich eines Tages in einen Mann ihres Alters verliebte, was nie ausbleiben kann, denn die Natur läßt sich nirgendwo weniger vergewaltigen als in den Beziehungen der Geschlechter zueinander, war Konsul Bernhard zu dieser entsetzlichen Tat geschritten und hatte hinterher seinem eigenen Leben ein Ende bereitet. Zeugen waren nicht vorhanden, aber die Umstände ergaben diesen Tatbestand. So las man es in den Zeitungen des Auslandes. Die Schweizer Presse berichtete nichts darüber.

Die Wirklichkeit war ganz anders. Man hatte übersehen, daß ich eine elfte kleine goldene Spielzeuglokomotive besaß, das sogenannte Musterstück, das auf keiner Rechnung stand. Als ich es vor einem Jahr in Genf einem jungen Mädchen schenkte, mit dem ich hinterher viele Schwierigkeiten bekam, aus denen ich keinen anderen Ausweg sah, als sie im Wald von Coppet umzubringen, hatte ich das Spielzeug, die kleine Lokomotive, da sie keinem mehr nützte, auf dem Heimweg nach der Tat in den Straßengraben geworfen. Man sieht, es hätte leicht schiefgehen können. Man kann in diesen Dingen nicht vorsichtig genug sein... sagte ich mir damals, als ich nicht ahnte, daß zwei Minuten später es an meine Tür klopfen und ich die beiden Beamten wiedersehen würde, die mich vor kurzem in Wien als Zeugen aufgesucht hatten. In ihrer Begleitung befand sich ein kleiner unscheinbarer Mann. Es war mein Spielzeuglieferant aus Nürnberg, dem erst nachträglich die Herstellung des Musterstückes, der elften kleinen Spielzeuglokomotive eingefallen war, die er mir persönlich übergeben hatte, und der seine Aussage bei der Polizei dahingehend berichtigt hatte.

Sie forderten mich auf, mein Hotelzimmer zu bezahlen, meine Sachen zu packen und mitzukommen. In dem Prozeß gegen den stellungslosen Schausteller Heinz Leptin, der vor drei Tagen begann, bekannte ich durch dieses Schriftstück meine Tat und erwarte eine gerechte Sühne.

Ein verwahrlostes Mädchen

„Nein, Höhle achtzehn", sagte der Manager zu dem bekannten Filmregisseur Anthony Macdonald, der gerade nach Beendigung seines neuen Filmes in Cinemascope, Breitwand und Technicolor angekommen war und ein paar Wochen auszuspannen gedachte, „wir haben Ihnen Höhle achtzehn reserviert, zweihundert Meter steil über dem Meer, ohne Zufahrt, nur über die Klippen und einen schmalen Ziegenpfad zu erreichen, mit prähistorischen Mammutzeichnungen an der Wand, etwas Gebein aus der Vorzeit und einem Topf vorchristlicher Münzen, ein paar Abdrücken von Bärenklauen am Boden, einem

Adlerhorst hundert Schritt über dem Eingang der Höhle... ich hoffe, Sie werden mit Ihrem Quartier zufrieden sein, mein Herr. Wir können Ihnen aber auch, falls Ihnen diese Höhle aus der zweiten Stufe des sogenannten Rentierzeitalters nicht zusagen sollte, unsere Höhle 27 geben, die gerade frei geworden ist. Sie ist als Schmugglerversteck erhalten geblieben wie sie war, mit Schmugglerwaren, Rumfässern, geteerten Tabakkisten, Stoffballen und einer dort versteckten schwarzen Piratenflagge, der Eingang nur über eine Strickleiter zu erreichen. Sie haben die Wahl zwischen diesen beiden romantischen Aufenthalten, mein Herr, der Preis ist der gleiche, 40 Pfund in der Woche."

Filmregisseur Anthony Macdonald, des geselligen Lebens überdrüssig, wohnte jetzt bereits neun Tage in der von dem Hotelmanager gemieteten Höhle, 200 Meter steil über dem Meer. Er sah keinen Menschen, er las keine Zeitung, bärtig und ungekämmt lebte er das Leben eines Höhlenmenschen. Er hatte sich in der kurzen Zeit schon so mit seinen Nerven erholt, daß er morgens vor seiner Höhle stand und mit lauter Stimme durch seine trichterförmig gewölbten Hände vorchristliche Schreie ausstieß, vor allem dann, wenn das Meer vom Sturm gepeitscht war. Er überschrie das Donnern der Brandung und rief immer wieder: „Quo usque tandem!" Er wußte zwar nicht mehr, was das genau bedeutete, aber er hatte es einmal in der Schule gelernt, viele Jahre bevor er seinen ersten Film drehte.

Wenn Filmregisseure zu Romantikern werden, so werden sie es gründlich. Sie inszenieren sich auch ohne Kamera ihre Einsamkeit und leben sich so in ihre Rolle hinein, daß, als eines Tages eine zottige Ziege vor dem Eingang der Höhle erschien, Macdonald einen entzückten Schrei ausstieß, auf die Ziege zulief, sie umarmte und halste und des ersten Eindrucks war, Zeus oder wenigstens Leda hätte diese

Verkleidung gewählt, um ihm einen Besuch abzustatten. Aber es war wirklich nur eine gewöhnliche Bergziege, über die Klippen zu ihm emporgestiegen. Durch den keineswegs olympischen Geruch der Ziege von ihrer Weltlichkeit überzeugt, wollte er sie gerade wieder davonjagen, zumal er noch einen zeitnahen Strick um den Hals der Ziege bemerkte, der abgerissen war... eine Erscheinung, die ihn an das Heute und an die Kurzlebigkeit der modernen Industrieerzeugnisse gemahnte und so gar nicht in sein romantisches, prähistorisches Höhlendasein paßte, denn ein Strick ist ein Strick, in der Filmindustrie ruft man jeden Tag nach ihm, um sich daran aufzuhängen – kurz, Macdonald wollte den unliebsamen Besuch gerade wieder vertreiben, als in der Nähe eine Stimme erklang:

„Verena! Verena, wo steckst du? – So melde dich doch! – Du bist recht unartig, Verena! Einfach davonzulaufen und ich habe daheim den Verdruß!" Die Bergziege trippelte auf ihren Füßen und sah sich nach der Stimme um. Dann ließ sie ein anmutiges Meckern ertönen.

„Verena, ich höre dich! Wo bist du?"

„Hier!" sagte Macdonald, nahm die Ziege am kurzen Ende des abgerissenen Strickes und trat vor die Höhle. Ein Mädchen stand vor ihm. Schwer zu schätzen, wie alt sie war. Kein Kind mehr, aber auch kein Fräulein. Ein Fräulein beileibe nicht. Der Strick, von dem sich die Ziege losgerissen hatte, war noch das Ordentlichste an ihr. Die Füße steckten in zerrissenen Sandalen, die noch nicht einmal einem Paar angehörten, wahrscheinlich von einem Schutthaufen aufgelesen. Ihre rote Bluse, Ballonseide, wer weiß woher sie stammte, bedeckte nur eine Schulter, sie hob ihre braungebrannten Arme hoch über den Kopf und beutelte gleichzeitig mit einer heftigen Bewegung das lange, offene Haar aus der Stirn.

„Wollen Sie Verena behalten?"

„Nein", sagte Macdonald, „was soll ich mit ihr?"
„Ich hätte Sie Ihnen gelassen und morgen wieder abgeholt."
„Gehört die Ziege dir?"
„Ich weiß es nicht."
„Du weißt es nicht?"
„Kann sein, kann auch nicht sein. Wenn der, dem die Ziege gehört, vorher stirbt, ehe er merkt, daß ich sie habe, dann gehört sie mir."
„Du hast sie gestohlen?"
„Hast du noch nie gestohlen?"
„Nein."
„Warum versteckst du dich dann hier oben, wo dich keiner findet? Darf ich in deine Höhle hinein?"
Sie war an ihm vorbeigeschlüpft, ehe Macdonald etwas sagen konnte.
Er stand noch immer mit der Ziege am kurzen Strick und die Luft schmeckte plötzlich nach Hagebutten und Holunderstauden. Als er in die Höhle trat, hatte sich das verwahrloste Mädchen auf sein Lager geworfen, streckte sich und flocht seinen roten Schal ins Haar.
„Fein hast du es hier!" rief sie. „Richtige Wolldekken! Schenkst du mir eine – für einen Mantel im Winter?"
Und ohne seine Antwort abzuwarten:
„Wie lange versteckst du dich hier schon?"
„Neun Tage."
„Sucht dich die Polizei?"
„Vielleicht."
„Was hast du gemacht? Gestohlen?"
„Viel schlimmer."
Sie rückte zur Seite und sah ihn erregt an.
„Komm! Leg dich zu mir und erzähl mir alles!"
Macdonald deutete zum Eingang.
„Inzwischen läuft uns die Ziege davon."
„Hast du sie nicht angebunden?"
„Natürlich nicht."

Das Mädchen eilte erschrocken hinaus und kam nach wenigen Minuten mit der Ziege zurück.

„Verena hat mehr Verstand als du! Sie hat auf mich gewartet. Wäre sie davongelaufen, hätte ich eine neue Ziege stehlen müssen, und wenn man mich dabei erwischt hätte, hättest du morgen umsonst auf mich gewartet."

Sie blieb plötzlich stehen, kauerte dann vor ihm nieder und fragte:

„Oder hast du schon eine, die zu dir kommt? Wir im Dorf haben alle einen, der sich verstecken muß und dem wir das Essen bringen."

Macdonald nahm die beiden Enden des zerrissenen Strickes und knüpfte einen Knoten.

„Und wenn ich eine hätte?" sagte er.

„Ach, dann –"

Sie begann, ihr Haar in Zöpfe zu flechten.

„Wie heißt du?" fragte Macdonald.

„Siebzehn."

„Nicht, wie alt du bist, wie du heißt?"

„Esperanza. Und du? Du brauchst es mir nicht zu sagen, Männer, die sich verstecken, sagen ihren Namen nie. Carlos hieß der, dem ich zuletzt das Essen brachte. Aber er hieß anders, als ihn die Gendarmen fanden. Er hatte sein Mädchen umgebracht, ein Luder, acht Wochen hatte er sich in den Bergen versteckt. Er hat mir diesen Ring geschenkt. Da! Gefällt er dir? Ich schenke ihn dir, wenn du magst ... behalt ihn zum Pfand, daß ich wiederkomme ... was gibst du mir, damit ich weiß, daß du von keiner anderen das Essen nimmst? Deine Uhr? Du brauchst nicht zu wissen, wie spät es ist ... du hast die Sonne, wenn sie untergeht, bin ich bei dir und bring dir, was du brauchst."

So ist es nun nicht in den Höhlen, die man für 40 Pfund in der Woche mietet, daß man von der Welt völlig abgeschnitten ist. Macdonald sagte dem Jungen, der ihm jeden Morgen die Mahlzeiten für den

Tag brachte, daß er sich ab sofort selbst verköstigen werde, keinen Botendienst mehr wünsche, er wolle das vollendete Leben eines Einsiedlers führen. Die Zigaretten, die er bei sich trüge, könne er dalassen.

Ja, auch die Streichhölzer.

„Du hast mir noch immer nichts von dir erzählt, Pepone", sagte Esperanza eines Morgens.

„Pepone existiert nicht."

„Doch. Du bist Pepone. Für mich bist du Pepone. Bist du ein Umstürzler? Sucht dich die Polizei deswegen?"

„Nein. Kein Umstürzler."

„Ein abtrünniger Priester — ja, das bist du — du läßt dir einen Bart stehen, jetzt weiß ich es genau — du hast deinen Glauben verlassen?"

„Möchtest du, daß es so wäre?"

„Nein", antwortete Esperanza langsam, „am liebsten wäre mir, du hättest gestohlen oder ein Mädchen aus Eifersucht umgebracht, wie Carlos — würdest du ein Mädchen umbringen, wenn es dich betrügt?"

„Ich hatte bisher noch keine Gelegenheit dazu."

„Du bist blind! Wenn ich so alt wäre wie du, hätte ich schon zehn Mädchen umgebracht, sie taugen alle nichts. Heute diesen, morgen jenen. Mein Gott, ich könnte dir Geschichten erzählen!"

„Erzähl mir eine von dir!"

„Willst du es wirklich?"

„Setz dich und erzähl!"

„Als ich fünfzehn Jahre alt war — aber du hörst mir ja gar nicht zu — Pepone! Bitte! — Nein, bitte — ich muß gehen, man sucht mich sonst im Dorf..."

Was soll man zu solchen Romanzen sagen, die einem vielbeschäftigten Filmregisseur in den kurzen Wochen zwischen zwei Cinemascopefilmen in Technicolor und Breitwand widerfahren? Sozusagen als nüchterne Erholung auf dem Lande, am Busen der Natur? Da kommt so ein verwahrlostes Mädchen mit einer Ziege daher und alles ist schlimmer als im

Atelier. Im Atelier weiß man doch wenigstens, daß alles nur fauler Zauber ist. Wenn er das Drehbuch nach den Aufnahmen zuklappt, dann ist das Leben wieder halbwegs normal, die Kantine, die Flasche Sekt, das Pokerspiel, Macdonald gab sich keine Rechenschaft, was er hier trieb, er spielte seine Rolle, als sei er nie etwas anderes gewesen als der Liebhaber eines Zigeunermädchens, der sich in den Höhlen verstecken muß, weil die Polizei ihn sucht. Jeden Abend in der Dämmerung, ehe die Sonne im Meer versank, kam Esperanza zu ihm. Ihre Haut war heiß vom schnellen Laufen über die Felsen zu ihm hinauf, stets trug sie die gleiche rote Bluse, die nur eine Schulter bedeckte, die linke...

„Das mit Carlos ist nicht wahr, Pepone."

„Du schwörst es?"

„Du bist der erste, dem ich das Essen bringe. Ich habe heute ein Huhn. Meine Mutter hat es gekocht."

„Was sagt deine Mutter, wenn du jede Nacht –"

„Was soll sie sagen? Sie weiß, daß es nichts nützt. Solange du hier oben bist, werde ich bei dir sein... ich passe schon auf, daß mich keiner sieht, ich nehme jeden Tag einen anderen Weg... gestern stellten mich zwei Gendarmen und fragten, was ich im Korb habe... sie sind sehr hinter dir her, ich weiß jetzt auch, wer du bist... sie suchen einen Mann, der eine Brücke in die Luft gesprengt hat, er soll sich hier irgendwo versteckt halten... du mußt die Ziege nehmen und behalten. Tust einfach so, als wärst du ein Ziegenhirt, der über den Sommer mit seiner Ziege in den Bergen lebt, weil der daheim nichts hat, sie weiden zu lassen."

Sie trug noch immer seine Uhr.

„Esperanza", sagte Macdonald, „wenn du morgen hier heraufkommst, bin ich nicht mehr da..."

„Du stellst dich der Polizei?"

„Ich weiß noch nicht, was ich tun werde", sagte Macdonald und seine Stimme war unsicher, zwischen zwei Wünschen hin und her gerissen, „ich habe aber fest vor, alles in Ordnung zu bringen, was bei mir in Unordnung ist, und zu dir zurückzukommen. Es ist möglich, daß es eine lange Zeit dauert, denn bei mir ist vieles, was vorher ins Gleichgewicht gebracht werden muß."

„Wie alt werde ich sein, bis du zurückkommst?"

„Kein Jahr älter, das verspreche ich dir."

„Bleiben wir dann hier? Mutter hat ein Haus, kein großes... wenn du willst, kannst du unten in der Fabrik arbeiten, sie stellen immer Leute ein."

Macdonald sah sie lange an.

„Wenn ich nicht wiederkommen sollte, Esperanza", sagte er, „ich werde unsere Höhle nie vergessen — auch nicht den Strick, der zerrissen war, so begann es doch, nicht wahr? ... nimm dir die beiden Decken mit, wenn du morgen früh gehst..."

„Ich werde auf ihnen schlafen und an dich denken."

„Keinen Mantel daraus?"

„Nein. Die Decken sind für die Nacht und die Sehnsucht."

Sie saßen an diesem Abend noch lange Zeit und schauten auf das Meer hinunter.

„Ich habe eine Bitte, Pepone", sagte Esperanza leise, „wenn du morgen gehst, nimm Verena mit, daß du nicht so allein bist — wenn du in Not kommst, kannst du sie verkaufen, sie ist noch jung und jeder nimmt sie gern. Sie ist nicht gestohlen, sie gehört jetzt mir — ich habe bei einem Bauern jeden Tag in unserer Zeit gearbeitet und sie bezahlt."

Den letzten Tag seines Urlaubs verbrachte Macdonald im Hotel. Er war am späten Nachmittag zurückgekehrt, hatte durch den Hintereingang das Hotel betreten, die Ziege einem Hausdiener geschenkt, der während der toten Saison drei Dörfer weiter seinen kleinen Hof bewirtschaftete, dann hatte er ein heißes Bad genommen und den Friseur auf sein Zimmer bestellt. Ein Berg von Depeschen lag für ihn bereit, er überflog den Inhalt kurz, rief den Manager an, daß morgen früh sein Wagen vor dem Hotel bereitstehen sollte. Macdonald ging in den Speisesaal hinunter. Er verspürte keinen Hunger und mußte sich erst wieder an den Anblick von Menschen gewöhnen. Der Kellner hielt einen Tisch im Palmengarten für ihn bereit, mißmutig überflog der Filmregisseur die lange, goldberandete Speisekarte, er dachte an den Korb, den Esperanza sonst um diese Stunde für ihn gebracht hatte, den bittersüßen Landwein ... der Kellner füllte sein Glas und wartete, ob der Wein die richtige Temperatur habe. Macdonald winkte ab und nahm erst dann sein Glas, als der Kellner gegangen war... er hob es durch das Fenster den Bergen zu, ein verwahrlostes Mädchen, das Mädchen mit der Ziege... jetzt würde sie oben in der Höhle sein, die paar Armseligkeiten, die sich in den Wochen angesammelt hatten, hinuntertragen ins Tal, seinen Brief finden, in dem er ihr alles geschrieben hatte... konnte sie überhaupt lesen? Er hatte sie nie danach gefragt. Aber die Mutter wird es ihr schon vorlesen oder eine Freundin und sie wird wissen, was sie mit dem großen Geldschein anfangen soll, den er dem Brief beigefügt hatte. Für eine große Ziegenherde, hatte er geschrieben, und für einen wollenen Mantel im Winter...

Der Kellner geleitete mit viel Aufmerksamkeit zwei neue Gäste zum Nachbartisch. Eine Mutter mit Tochter, offensichtlich vermögende Leute, nach dem Schmuck der Mutter zu urteilen und nach dem Nerzcape der Jüngeren. Sie nahmen mit dem Rücken zu ihm Platz. Die Mutter reichte der Tochter die Speisekarte. Sonderbar, dachte Macdonald in seiner Verträumtheit, warum trägt die Jüngere eine Herrenarmbanduhr? Es ist übrigens die gleiche wie meine, die ich als Pfand gegeben habe, am ersten Tag, daß ich mir von keiner anderen das Essen bringen lasse. In diesem Augenblick kam der Kellner und brachte die Vorspeisen, eisgekühlte Orangen mit Langustensalat gefüllt. Die Jüngere am Nebentisch, die Speisekarte noch in der Hand, drehte sich um, den Kellner zu verständigen. Macdonald läßt die Gabel sinken. Er traut seinen Augen nicht. Es ist das verwahrloste Mädchen, das Mädchen mit der Ziege.

Im nächsten Film, den der bekannte Regisseur Anthony Macdonald nach seinem Urlaub in Cinemascope, Breitwand und Technicolor drehte, gab es eine Panne. Die für die zweite Hauptrolle eines jungen Mädchens vorgesehene Darstellerin genügte den Ansprüchen des Regisseurs nicht und mußte in letzter Minute umbesetzt werden. Die neue Besetzung, eine junge Schauspielerin, die bisher nur in unbedeutenden Filmen kleine Rollen gespielt hatte und mit ihrer Mutter den letzten Sommer in Europa verlebte, brachte einen Talisman mit ins Atelier, zwei Wolldecken, auf denen sie während der Aufnahmen saß. Regisseur Anthony Macdonald schaute gelegentlich vom Regiepult zu ihr hinüber. In Fachkreisen erzählte man sich, daß dem jungen Starlet eine große Zukunft bevorstünde und Anthony Macdonald einen bekannten Drehbuchautor an einen neuen Stoff gesetzt habe, der vorläufig den Arbeitstitel „Ein verwahrlostes Mädchen“ oder „Das Mädchen mit der Ziege“ trägt...

Juwelenraub

„Juwelendiebe sind Faulpelze“, meint Burt Street, der Goldschmied, „es gibt drei Methoden, einem Juwelier ein Schmuckstück abzujagen. Diese drei

Methoden stammen bereits aus den Friedensjahren vor den Kreuzzügen und die Juwelendiebe werden nicht müde, immer wieder diese alten, abgegriffenen Tricks anzuwenden. Sie werden nur noch von den Filmproduzenten atemberaubender Kriminalfilme darin übertroffen. Ein Juwelier braucht nur in den Illustrierten alle Kriminalgeschichten zu lesen, um gegen alle Gaunereien gefeit zu sein. Ich persönlich lese jedenfalls seit meiner frühen Jugend nur Kriminalromane und bin überzeugt, daß mir in meinem Geschäft nicht die geringste Überraschung bevorsteht."

In diesem Punkte irrte Burt Street, der Juwelier.

„Eines Tages erschien bei mir eine elegante junge Dame in einem Nerzmantel, die sich als Gräfin Nerajewa vorstellte", erzählte Burt Street einige Wochen nach dem denkwürdigen Vorfall. „Sie gab an, mit ihrem Vater im Hotel zu wohnen und ein Schmuckstück kaufen zu wollen, das sie vor ein paar Tagen in meiner Auslage gesehen hatte. Ich hatte zunächst keine Bedenken, ihr das wertvolle Schmuckstück, ein Herz aus Smaragden, vorzulegen, jedoch machte mich bald ihre nervöse und zerstreute Art stutzig, um so mehr, als sie plötzlich erklärte, kein Geld bei sich zu haben, jedoch den Schmuck unbedingt sofort mitnehmen zu wollen, um ihn ihrem Vater zu zeigen. Meine Begleitung ins Hotel lehnte sie strikt ab. Als ich darauf bestand, griff sie empört nach ihrer Handtasche und wollte mein Geschäft verlassen. Ich bat sie höflich, zu bleiben, bis ich mich überzeugt hatte, daß alle dem Safe entnommenen Schmuckstücke vorhanden waren. Nicht umsonst hatte ich meinen Verstand an kriminalistischen Romanen geschärft, ich hatte oft genug gelesen, wie gern ein Halsband oder ein Armband in der Aufregung einer Szene verschwindet. In diesem Augenblick öffnete sich die Tür und ein Offizier in der Uniform einer fremden Macht trat ein.

„Vincent, helfen Sie mir! Man hat mich beleidigt!" rief die junge Dame leidenschaftlich und eilte auf den Offizier zu. Der Offizier sah mich einen Augenblick an und sagte:

„Wollen Sie mir eine Erklärung abgeben, mein Herr?"

Ich gab sie ihm. Er fand für meine Lage Verständnis.

„Ich kenne die Gräfin Nerajewa", sagte er, „ich war oft auf dem Schloß ihres Vaters zu Gast. Vertrauen Sie ihr den Schmuck an. Genügt Ihnen mein Wort als Offizier?"

Ich bedauerte. Von falschen Uniformen hatte ich zu viel gelesen.

„Ich habe leider nicht das Vergnügen, Sie zu kennen", sagte ich. Er fuhr auf. Warf seine Legitimation auf den Tisch. Es war ein bekannter Name, von der Gesandtschaft bestätigt. Ohne meine Antwort abzuwarten, händigte er der Gräfin den Schmuck aus und führte sie zur Tür.

„Wann wollen Sie zurück sein?"

„In zehn Minuten."

Der Offizier küßte ihr die Hand. Sie ging.

Er kam zu mir zurück.

„Ich bleibe als Pfand bei Ihnen", sagte er.

Was blieb mir übrig? Ich wußte, ich saß in einer Falle. Ich kannte dieses alte Spiel, ich hatte es unzählige Male gelesen, ich hatte im Kino wiederholt heftig darüber gegähnt. Das Ganze war natürlich ein abgekartetes Spiel. Aber mir waren die Hände gebunden. Die Uniform und der Ausweis konnten ebensogut echt sein, ich durfte mir als einer der größten Juweliere des Landes nicht leisten, meinen Ruf aufs Spiel zu setzen. Ich versuchte, die Peinlichkeit der Lage zu überbrücken. Der Offizier kam mir dabei entgegen, zog seine goldene Tabatiere aus der Tasche und bot mir eine seiner selbstgedrehten Zigaretten an. Ich lehnte in ständigem Mißtrauen dankend ab, mein Verdacht wuchs aber, um so mehr, als der Fremde mit merkwürdigem Lächeln die Dose wieder einsteckte, ohne sich selbst zu bedienen.

Es vergingen zwanzig Minuten. Wir blieben allein.

Der Offizier erhob sich und ging zur Tür.

„Merkwürdig, wo sie so lange bleibt? Ich werde nachsehen."

„Bitte – bleiben Sie!" sagte ich und stellte mich ihm in den Weg.

Er holte tief Atem, eine Falte grub sich steil in seine Stirn, er machte eine Bewegung, als wollte er mich wegstoßen, dann aber drehte er sich um und setzte sich auf den Stuhl zurück. Wieder vergingen weitere zehn Minuten. Der Offizier erhob sich.

„Ich muß Sie um Entschuldigung bitten", sagte er, „bitte, benachrichtigen Sie die Polizei. Eine Erklärung zuvor: Es erweckt den Anschein, als ob ich mit der Gräfin Nerajewa unter einer Decke stecke. Ich versichere Ihnen, es ist nicht so. Unser Wiedersehen in Ihrem Geschäft überraschte mich, ich hatte die Gräfin seit fünf Jahren nicht gesehen. Es gibt Schicksale und Verirrungen auf der Welt, mit denen ich nicht rechnen konnte. Ich hafte Ihnen selbstverständlich für den Betrag, habe jedoch kein Geld bei mir."

„Ich habe es nicht anders erwartet."

Er zog die goldene Dose aus der Tasche, löste seine Uhr vom Arm.

„Nehmen Sie dies als Anzahlung. Der Rest wird in 48 Stunden bezahlt."

„Ich glaube Ihnen kein Wort!" rief ich heftig.

„Dann müssen Sie die Polizei rufen", sagte er gleichmütig.

„Das werde ich auch! Sie sind niemals Offizier, Sie sind nur ein Komplice dieser feinen Dame!"

Ich griff fassungslos vor Wut nach dem Telefon.

„Dort drüben steht ein Schutzmann", unterbrach er mich, „es ist einfacher, Sie holen ihn herein."

Ohne ihn einer Antwort zu würdigen, stürzte ich zur Tür, winkte dem Schutzmann, der sogleich herüberkam, als hätte er nur darauf gewartet. –

„Lieber Burt", sagten die Freunde, „wie konnten Sie nur auf diesen alten Gaunertrick hereinfallen? Der Schutzmann war natürlich der Dritte im Bunde?"

Der Juwelier schüttelte den Kopf.

„Glauben Sie doch nicht, daß ich nicht auch mit dieser so oft gelesenen Möglichkeit gerechnet hatte. Während der Offizier verhaftet wurde, betätigte ich heimlich die Alarmanlage und wenige Minuten später betraten zwei Schutzleute meines Reviers das Geschäft. Da aber ging die Tür noch einmal auf und herein trat die Gräfin.

„Ich wurde aufgehalten", sagte sie, „habe ich mich verspätet?"

Sie legte das Geld auf den Tisch, betrachtete uns fünf Männer und sagte: „Wirklich – wie zum Filmen!"

Bei einer großen Truppenparade sah ich den Offizier wieder", schloß Burt Street seinen Bericht, „er saß auf der Ehrentribüne der Militärattachés, und als er mich erkannte, lachte er mir belustigt zu. Ich grüßte. Er übersah meinen Gruß. Am nächsten Tag erhielt ich von ihm ein Buch, einen billigen Liebesroman, und auf der ersten Seite stand: „Lesen Sie, lieber Freund, im Interesse Ihres Geschäftes lieber ein vernünftiges Buch –"

Ein Karat Brillanten, lupenrein

Der Ferienverkehr hatte dieses Jahr früher eingesetzt, und die drei fanden ein Abteil erster Klasse für sich allein. Die Schnellzüge in die Schweiz waren nicht so überfüllt, wie sie befürchtet hatten. Dupont kam als letzter, fast als der Zug schon anfuhr.

„Das hätten wir gerade noch geschafft!“ rief er.

Er verneigte sich leicht vor der fremden, attraktiven Dame im grauen Reisekostüm, die am Fenster saß, und reichte Inspektor Fragoli die Hand.

Fragoli nahm ihm den kleinen Koffer ab und warf ihn über sich in das Gepäcknetz.

„Ich habe eine Überraschung für Sie, Dupont. Sie werden staunen“, sagte er, „ich befinde mich im Augenblick auf der Hochzeitsreise.“

„Allein?“

„Pamela — darf ich dir Kommissar Dupont von der Interpol vorstellen?“

Die junge Dame im grauen Kostüm am Fenster lächelte und reichte Dupont die Hand.

„Ich habe schon viel von Ihnen gehört“, sagte sie.

„Ich bin erfreut, Madame, daß Sie meinen Kollegen in Ehehaft genommen haben“, sagte er und zu Fragoli gewendet: „Seit wann sind Sie verheiratet?“

„Genau seit 24 Stunden, mein Lieber. Können Sie ermessen, wie mich der Alarm in der Zentrale gestern überraschte? Fahndung nach einem größeren Paket Heroin ausgerechnet in diesem Schnellzug Paris—Basel, demselben Zug übrigens, den Pamela und ich uns für unsere Hochzeitsreise ausgesucht hatten. Meine Frau hatte schon Platzkarten für diesen Zug gelöst.“

Dupont seufzte:

„Ich könnte mir auch etwas Besseres und Aussichtsreicheres vorstellen, als diesen Zug zu durchfilzen. Zwölf Waggons, Speisewagen, Schlafwagen, Ostende—Genf, und keinen Anhaltspunkt. Wir wissen nicht einmal, wer das Zeug bei sich hat. Ein Mann? Eine Frau? Ein Kind? Die letzten Informationen lauten, daß es eine Dame sein soll, die am Grenzbahnhof das Rauschgift einem Dritten übergibt. Das ist aber auch alles, was wir wissen. Wir müssen also aufpassen, wer in Basel aussteigt oder kurz vor der Grenze zusteigt und mit wem der Betreffende spricht, ob er einen Koffer bei sich trägt, den er dann versehentlich tauscht oder wie alle die Manipulationen sind. Ich halte es für sinnlos, jetzt schon die Waggons einzeln durchzusehen."

Er wandte sich wieder der Dame am Fenster zu.

„Verzeihen Sie, Madame, daß wir hier fachsimpeln, noch dazu auf Ihrer Hochzeitsreise. Ich werde schweigen."

„Aber nein. Ich höre Ihnen gern zu", sagte Pamela.

„Kennen Sie sich eigentlich schon lange?"

„Auf den Tag genau drei Wochen", antwortete Fragoli.

„Und gleich geheiratet. Gleich auf die erste Dienstreise mitgenommen?"

„Wir wollten sowieso in die Schweiz. Es war ein Vorschlag meiner Frau."

„Wie interessant."

Dupont sieht eine Weile aus dem Fenster. Dann fragt er:

„Wie haben Sie sich eigentlich kennengelernt?"

„Auf der Terrasse eines Cafés im Bois de Boulogne. Meine Frau ist Schweizerin."

„Hatten Sie mit den Papieren keine Schwierigkeiten?"

„Pamela hatte alles bei sich."

„Gratuliere. Das findet man selten. Ihre Familie lebt in der Schweiz?"

„Ja. In Ascona."

„Dann verstehe ich Ihren Wunsch, Ihre Hochzeitsreise in die Schweiz zu machen. Sie wollen Ihren Eltern Ihren Ehemann präsentieren. Oder waren Ihre Eltern zur Hochzeit in Paris?"

„Nein. Wir haben in aller Stille geheiratet. Beileidsbesuche dankend verbeten", antwortete für sie Fragoli, „Pamela wollte es so."

„In welcher Kirche haben Sie geheiratet?“

„Nur standesamtlich.“

„Dann kann man sich leichter wieder scheiden lassen“, lacht Dupont, „verzeihen Sie diesen dummen Witz, Madame! Aber standesamtlich, das ist wie nur mit einem Fuß angebunden, ich würde mir meinen Mann an Ihrer Stelle richtig fesseln, so mit Handschellen und Ketten –“

„Wir wollen die kirchliche Trauung in der Schweiz nachholen.“

In diesem Augenblick geht die Tür auf und eine Reinemachefrau der Eisenbahn im grauen Arbeitsmantel, mit einem Kopftuch turbanähnlich gebunden, eines jener nützlichen Wesen, wie man sie in allen Schnellzügen findet und die die Toiletten während der Fahrt sauber halten, altes Papier auflesen und die Fensterscheiben putzen, betritt das Abteil. Sie leert den Inhalt des Aschenbechers in ihren Eimer, fährt noch einmal mit dem Tuch über den kleinen Tisch am Fenster und verschwindet ebenso wortlos, wie sie gekommen ist.

„Tun Sie mir den Gefallen, lieber Dupont, und erwähnen Sie in Paris nicht, daß ich meine junge Frau auf die Dienstreise mitgenommen habe“, sagt Fragoli, „ich weiß, es ist gegen jedes Reglement, und der Alte versteht da keinen Spaß!“

„Ich schweige wie ein Grab. Außerdem ist es vielleicht gerade Ihre Frau, die uns hilft, die Bande unschädlich zu machen.“

Dupont sagt es nicht ohne Unterton.

Ihre Blicke begegnen sich.

„Vielleicht“, sagt Pamela ein wenig spöttisch.

„Ich bin beinahe überzeugt davon. Sechs Augen sehen mehr als vier, zumal die seinen getrübt sind vor lauter Glück des Verliebtseins. Was ich übrigens verstehen kann.“

„Danke“, sagt sie.

„Das ist kein Kompliment. Sie sind wahrhaft überraschend schön. Wir Polizeibeamten, noch dazu bei unseren schmalen Gehältern, müssen unsere Ehefrauen meist aus einem Paket zweiter Wahl holen, denn wer will schon einen Polizisten heiraten? Dazu muß man schon besondere Gründe haben."

„Vielleicht hatte ich einen besonderen Grund."

„Ich nehme es an, Madame. Es wird sich weisen."

Er fügt hinzu:

„Ich höre Sie gern reden. Erzählen Sie weiter, wie Sie sich kennenlernten."

„Darf ich, Guido?" fragt Pamela.

Inspektor Fragoli nickt.

„Wir saßen im Café du Ciel, an getrennten Tischen natürlich. Mir war ein Handschuh heruntergefallen –"

„Verzeih, es war eine Zeitung."

„Richtig. Es war eine Zeitung."

„Er hob sie auf?"

„Natürlich hob er sie auf. Ich hatte längst bemerkt, daß er darauf brannte, mich kennenzulernen."

„Und Sie ihn?" fragte Dupont.

„Ich bestreite es nicht. Er gefiel mir. Wir setzten uns zusammen. Der Kellner brachte zwei Wermut. Dann fragte ich ihn, ob er mich in meinem Wagen ein wenig durch den Bois spazieren fahren wollte –"

„Haben Sie einen schönen Wagen, Madame?"

„Einen ganz normalen Wagen. Ein kleines weißes Coupé."

„Und dann?"

„Dann fuhren wir essen und ein wenig tanzen."

In diesem Moment springt Dupont auf:

„Gut, daß Sie mich daran erinnern! Ich habe einen Bärenhunger. Wer geht mit in den Speisewagen?"

Die zwei erheben sich. Pamela nimmt ihre Handtasche neben sich mit. Sie ist von einer ungewöhnlichen Größe. Außerdem entspricht das Material nicht dem eleganten Kostüm, den Schuhen und dem Hut Pamelas. Aber das bemerkt, bis auf Dupont, keiner.

Auch ein Schmuggler hat meist das Bedürfnis, eine Mahlzeit zu sich zu nehmen, und so beobachten die beiden Männer jeden Tisch im Speisewagen. Aber ein guter Mensch und ein böser Mensch, sie unterscheiden sich in nichts, wie sie ihre Suppe löffeln und ihr Huhn schneiden, nicht einmal beim Spargel merkt man den Unterschied, den es heute als Beilage gibt. Die Herren haben inzwischen längst gelernt, wie man ihn kunstgerecht verspeist, das gehört zum Handwerkszeug der Internationalen, und die unbeholfen damit umgehen, kommen selten über einen kleinen Gelegenheitsdiebstahl hinaus. Aber Dupont und Fragoli sind heute hinter einem größeren Wild her. Es handelt sich um eine beträchtliche Menge Heroin, die in Paris verschwunden ist. Man hat einige Täter dingfest gemacht, das Heroin selbst aber war längst von der Bande in Sicherheit gebracht. Einer von den Jungens hatte gepfiffen, aber mehr wußte er auch nicht, als daß es mit dem Zug über die Grenze gebracht werden sollte. Sonderbar, daß dieser Zug vorbestimmt war. Entweder hatte man ein Schlafwagenabteil genommen, was der Grund zu diesem bestimmten Zug gewesen wäre, oder vielleicht Platzkarten — wie war das doch mit den Platzkarten, die Fragolis Frau bestellt hatte?

„Werden Sie länger in der Schweiz bleiben, Madame?"

„Ich fahre nach Ascona zu meinen Eltern voraus und warte, daß mein Mann nachkommt. Wie lange, glauben Sie, wird er durch diesen Auftrag verhindert sein?"

„Wenn wir den Täter finden, sehen Sie ihn vielleicht sehr schnell wieder."

„Ich werde jedenfalls in Basel aussteigen und einen Zug überspringen, um auf ihn zu warten."

Die Reinemachefrau des Schnellzuges kam jetzt von hinten durch den Gang des Speisewagens. Unmittelbar am Tisch der drei bückte sie sich, hob eine schmutzige Serviette vom Boden auf und stopfte sie in ihren Eimer. Dann verließ sie den Speisewagen nach vorn hinaus, dort, wo sich die Küche befand. Der Chefkellner rief ihr etwas Ärgerliches nach, sie nahm keine Notiz davon, aber es sah so aus, als ob sie ihm von hinten grob antwortete.

Der Zug näherte sich der Grenze. Kommissar Dupont und Inspektor Fragoli waren zweimal unterwegs gewesen, die Abteile der Waggons unauffällig durchzugehen und die Gesichter der Reisenden zu prüfen. Dupont hatte den hinteren Teil des Zuges übernommen, wo sie saßen, und Fragoli die ersten Wagen überlassen. Aber viel kam nicht dabei heraus, es war, wie vorauszusehen, eine unnötige Mühe gewesen. Die Gästeliste des Schlafwagens, der von Ostende nach Genf geschlossen durchfuhr, ergab keine Anhaltspunkte. Auch die letzte Station vor der Grenze hatte ihre Hoffnung nicht erfüllt. Als der Zug einlief, standen nur vier Personen auf dem Bahnsteig. Ein junger Pfarrer und eine Frau mit zwei kleinen Kindern. Sie stiegen in den ersten Teil des Zuges, es war also Fragolis Sache, sich näher mit ihnen zu beschäftigen. Dupont kam als erster in das Abteil zurück.

„Ich hoffte, Fragoli hier zu treffen“, sagte er, „ich bitte Sie, mir zu verzeihen, daß Sie mit mir allein vorlieb nehmen müssen.“

„Hatten Sie Erfolg?“

„Noch nicht. Aber –“

Er hatte ihr gegenüber Platz genommen und beugte sich jetzt nach vorn.

„Wissen Sie eigentlich, Madame, daß Fragoli zu meinen besten Freunden gehört?“

„Er hat es mir erzählt.“

„Sie werden verstehen, daß ich um Fragoli – er ist jung, er sieht gut aus – immer ein wenig besorgt bin. Ich hatte einmal einen Kollegen, der kam durch eine Frau in eine sehr dumme Situation, daß er seinen

Dienst quittieren mußte. Dabei war er nur grenzenlos verliebt und hatte keine Ahnung, daß sie sich durch ihn nur ein Alibi verschaffen wollte. Er deckte die Frau ahnungslos mit seinen Aussagen, und da war es geschehen."

„Warum erzählen Sie mir das?"

„Ach, Madame, es gibt viele Gründe. Aber jetzt, wo Fragoli verheiratet ist, wo er eine Frau hat, noch dazu eine so anbetungswürdige –"

„Finden Sie, daß ich die richtige Frau für ihn bin?"

„Auf diese Frage kann ich Ihnen erst in Basel Antwort geben. Aber dann kommt sie aus dem Herzen."

„Sie haben – verzeihen Sie, daß ich Sie so direkt frage – ein Bedenken?"

„Nein, kein Bedenken", sagt Dupont, „aber einen großen Verdacht, der sich immer mehr verdichtet."

„Was für einen Verdacht?"

„Daß Sie ihn wirklich lieben. Und daß Sie jetzt selbst nicht wissen, wie Sie aus dieser Affaire herauskommen sollen."

In diesem Augenblick betritt Fragoli das Abteil.

„Ich muß dir einen Kuß geben, den letzten vor der Grenze", sagt Pamela.

Fragoli fragt lachend, zu Dupont gewendet:

„Gestatten Sie?"

Und dann geschah es.

Der Zug lief in Basel ein. Die Reisenden hatten bereits ihre Koffer ergriffen und waren durch den Gang zur Ausgangstür gewandert. Pamela ging voran, ihr folgte Dupont und hinter ihm Inspektor Fragoli. Die Ausgangstür blockierte im Augenblick die Reinemachefrau, die mit einer großen Zeitung, eigentlich mit einem Bündel Zeitungen, die blinde Fensterscheibe der Tür putzte. Während der Zug langsam auf dem Bahnsteig einlief, putzte sie aufgeregt mit einer solchen Vehemenz die Scheibe, in weiten, großausholenden Bogen, als wollte sie ihr Meisterstück im Putzen machen. Als der Zug hielt, öffnete sie die Tür und lief als erste hinaus. Sie warf das zerknüllte Bündel Zeitungen in den Abfallkorb auf dem Bahnsteig, der der Tür am nächsten stand. Dupont drängte an Pamela vorbei und stieg als zweiter aus. Neben dem Abfalleimer blieb er stehen und blickte zu Fragoli und Pamela zurück. In dieser Minute kam ein Bahnangestellter gelaufen. Er trug einen blauen Leinenkittel, eine Schirmmütze und eine Nummer darauf. Er kam mit einem Karren und entleerte den Inhalt des Abfallkorbes in seinen kleinen Müllwagen. Das ging alles ganz schnell, ganz unbeobachtet vor sich. Dupont nickte Fragoli kurz zu, dann schritt er schnell hinter dem Mann im blauen Kittel her, der nach der entgegengesetzten Seite des Ausgangs eilte, die weiteren Abfallkörbe unbeachtet ließ und der Richtung zustrebte, wo die Gleise sich gabeln und die langen Schienenstränge sich verzweigen.

Inspektor Fragoli stand als letzter auf dem Trittbrett und trat vor der wiedereinsteigenden Putzfrau, die sich ihres zerknüllten Zeitungsbündels entledigt hatte, höflich zurück. Und wie, als wenn er Pardon! sagen wollte, so faßte er sie nur leise am Arm und sagte: „Kommen Sie bitte mit! Ich verhafte Sie wegen Rauschgiftschmuggels!“

Am Abend dieses denkwürdigen Tages sagte Pamela:

„Ich wußte, daß Sie mich in Verdacht hatten, verehrungswürdiger Monsieur Dupont! Sie glaubten, ich hätte Ihren Freund Fragoli nur geheiratet, um sozusagen im Schutz der Polizei das Rauschgift über die Grenze zu bringen. Ihr Verdacht verdichtete sich so, daß Sie blind für andere Dinge wurden. Aber als ich die Reinemachefrau zum zweiten Mal im Speisewagen sah, entdeckte ich an ihren Ohren zwei wertvolle Brillanten von je einem halben Karat. Ich verstehe mich auf Steine. Mein Vater ist Juwelier. Wie kam nun eine so einfache arme alte Frau zu so wertvollen Boutons, von denen einer ausgereicht hätte, ihr diese mühsame Arbeit im Zug zu ersparen? Das sagte ich Ihnen im Abteil, wenn Sie sich erinnern. Und dann wurde unser Verdacht ja beinahe Gewißheit. Als die Alte so aufgeregt mit dem großen Zeitungsbündel die Fensterscheibe zum Bahnsteig hinaus putzte, konnte dies nur ein Signal für ihren Spießgesellen sein, damit er sie sah und wußte, in welchem Abfallkorb er das Rauschgift fände."

Kommissar Dupont öffnete die Flasche, die sie zur Feier des Tages trinken wollten.

„Ich sagte ja schon, sechs Augen sehen mehr als vier", sagte er lachend, „das mit den Ohrringen: die ehrenwerte Dame hat bereits gestanden, daß sie mit dem Heroin Hals über Kopf von Paris abreisen mußte und bei der Tarnung als Putzfrau völlig auf ihre wertvollen Brillanten vergessen hatte. Wie gut, daß wir Sie bei uns hatten, Madame. Denn welcher Mann versteht sich bei Brillanten darauf, ob die Steine echt sind oder nicht?"

Pamela sagte sanft:

„Sie wußten ja auch nicht, ob meine Liebe echt war oder nicht."

„Zum Teufel, Madame! Was befand sich dann in Ihrer sonderbaren Handtasche?"

Pamela sagte:

„Alter französischer Cognac für meinen Vater."

Yvonne

Justus Jacobson, Bankdirektor im Österreichischen, befreundet mit mir seit damals, als die Deutschen die Grenzpfähle nach Österreich niederrissen, um sie später wieder aufzurichten, 60, Rotarier, ein Mann von besonderem Ausmaß, wohlhabend und wohltätig zugleich, wenn es galt, unverschuldete Schicksalsschläge auszugleichen, meinem Herzen besonders nahe, rief mich eines Abends an. Seine Art zu telefonieren, war nicht die anderer Bürger. Bei ihm gab es keine Gespräche, er redete ohne Vorsprache herunter, was er auf dem Herzen hatte, und legte dann unvermittelt auf. Wie einer die Wasserleitung aufdreht und wieder schließt. So war es auch diesmal.

„Meine einzige Tochter Yvonne hat sich verlobt", sagte er, „ich brauche dir nichts zu erzählen, du hast das schon dreimal hinter dir. Es ist jedenfalls ein höchst sonderbarer Zustand für einen Vater. Da ist plötzlich einer im Raum und er ist immer im Raum, wenn nicht persönlich, dann im Herzen deiner Tochter, er beeinflußt unsere Gespräche, denn sie spricht schon mit seiner Vernunft, noch mehr mit seiner Unvernunft, denn Liebesleute haben über die einfachsten Dinge die sonderbarsten Ansichten. Dabei habe ich nichts gegen den Freiersmann einzuwenden. Er ist Franzose, sein Vater hat eine große Apotheke in Paris, er studiert hier in Salzburg Musik, will Dirigent werden, auch sein Äußeres ist eindrucksvoll, kein Schönling, sondern mit einem Gesicht, daß man unwillkürlich zu ihm hinblickt, wenn er etwas sagt. Nein, gegen die Wahl meiner Tochter habe ich nichts einzuwenden, es sei denn, daß sie mir zu jung zum Heiraten erscheint. Aber das glauben wohl alle Väter, wenn der entscheidende Augenblick gekommen ist.

Es hatte ganz harmlos angefangen. Yvonne hatte den Mann ihres Lebens auf einer Party kennengelernt, bei Freunden von uns, es war eine Geburtstagsfeier, an der uns nur auffiel, daß sie ungewöhnlich lange dauerte. Als ich am nächsten Tag dort von der Bank anrief – es handelte sich um günstige Umtauschmöglichkeiten eines Aktienpaketes –, erfuhr ich nebenbei, daß die gestrige Party durch eine Unpäßlichkeit der Hausfrau frühzeitig geendet habe, wovon mir meine Tochter nichts erzählt hatte. Die Gäste hatten schon gegen elf Uhr das Haus verlassen, meine Tochter Yvonne war erst gegen ein Uhr heimgekommen. Das ist an sich nichts Außergewöhnliches, die jungen Leute werden noch in ein Kaffeehaus gegangen sein oder in eine Bar, um noch ein wenig zu tanzen. Schließlich ist Yvonne schon 21 Jahre, eine besessene Autofahrerin, vielleicht hat sie ihren kleinen Sportwagen mit Freunden vollgeladen und sie waren in der Nacht noch nach Ischl oder zum Mondsee hinübergefahren. Ich machte mir darüber keine Gedanken und vergaß, als ich heimkam, meine Tochter danach zu fragen, wo sie die beiden Stunden der letzten Nacht verbracht hatte. Zwischen uns bestand kein Mißtrauen, ich wunderte mich nur, sie bei meinem Heimkommen zum Ausgehen bereit zu finden, in ihrem schönsten Kleid und mit ihrer Krokotasche, die ich ihr kürzlich zu ihrem 21. Geburtstag geschenkt hatte – eine Überraschung, bei der ihre Freude keine Grenze kannte und die sie bis heute noch nicht benutzt hatte mit dem Versprechen, sie zum ersten Male zu nehmen, wenn sie mit mir ausginge. Das ganze Zimmer roch nach ihrem Parfüm und sie sagte auf meinen erstaunten Blick:

„Ich gehe heute abend ins Theater."

„Was gibt man?"

„Den Raub der Sabinerinnen."

„Dafür ziehst du dich so elegant an, Yvonne?"

„Ich bin eingeladen."

„Kenne ich ihn?"

„Noch nicht. Aber du wirst ihn bald kennenlernen."

Ich habe auf diese Weise schon viele junge Männer kennengelernt, die mir meine Tochter ins Haus brachte.

„Wie findest du ihn", fragte sie mich jedesmal.
„Recht passabel."
„Nein, ernstlich! Gefällt er dir?"
„Er muß dir gefallen."
„Mir gefällt er mächtig."
Dann gefiel er mir auch, schon um meiner geliebten Tochter die Freude zu machen. Lange Zeit dauerte es ja nie. Der Glanz eines jungen Mannes verblaßt bald. War er ein guter Tänzer, so war er ein schlechter Beifahrer. War er ein Held am Steuer, so kam er ihr beim Schwimmen nicht nach. Das nächste Handicap, an dem die meisten scheiterten, war der Skilauf, denn Yvonne war auf den Brettern zuhause wie kein zweites Mädchen. Andere junge Männer wieder, die ich kennenlernte, blamierten meine Tochter bei den Tischgesprächen durch ihre Unwissenheit — kurz, lange brannte das Feuer nie.
„Also eine neue Eroberung?" fragte ich.
„Eine funkelnagelneue."
„Zugereist?"
„Ja. Ausländer."
„Oh!" sagte ich erschrocken.
„Franzose."
„Das geht ja noch."
„Es gibt auch schwarze Franzosen."
„Ist er einer?"
„Dann würde ich ihn nicht heiraten wollen."
Mir blieb der Mund offen.
„Du willst ihn heiraten?"
„Wir haben uns gestern verlobt."
Das war vor acht Wochen. Wie angekündigt, lernte ich ihn bald kennen. Auch seine Eltern, die reichen Comars, die eigens aus Paris herüberkamen, um sich anzuschauen, was ihr Filius in Salzburg eingehandelt hatte. Es waren reizende Leute. Aber je näher der Tag kam, an dem die Trauung stattfinden sollte, desto ungemütlicher wurde es mir in meiner Haut. Es fiel mir immer schwerer, meine geliebte Tochter

herzugeben. Yvonne merkte es, so sehr ich auch meine Gefühle zu verstecken suchte. Vielleicht beobachtete sie mich, wenn ich mich unbeobachtet glaubte. Wenn es sich nicht vermeiden ließ, daß wir über die Hochzeitsvorbereitungen sprechen mußten, hatte sie schon zweimal gesagt:

„Sei nicht traurig, Vater. Wenn wir auch in Paris leben, wir verbringen jeden Urlaub bei dir in Salzburg. Henri hat es mir in die Hand versprochen."

Als Antwort hatte ich wieder nur einen Seufzer, den ich nicht unterdrücken konnte, so fest ich mich auch bemühte zu lächeln. Denn ich dachte an die kurzen Wochen ihres Urlaubs und an die langen einsamen Wochen des Jahres. Ich hätte mein Herz nicht so an meine einzige Tochter hängen sollen, ja, der Himmel hätte mir keine so vollkommene Tochter schenken dürfen, dann bräche mir jetzt nicht das Herz. Hatte Yvonne denselben Gedanken, ohne daß sie ihn aussprach?"

Drei Wochen waren noch bis zur anberaumten Hochzeit. Ich weiß nun nicht, war es die allgemeine Nervosität der Aufregungen dieser Tage oder war es der Einfluß des jungen Mannes, jedenfalls begann meine Tochter sich merkwürdig zu verändern. Sie wich mir aus, wo sie konnte, hatte nie mehr ein freundliches Wort für mich, ja sogar meines Geburtstages, der in diese Zeit fiel, entsann sie sich erst beim Mittagessen. Ich weiß nicht, warum mich gerade dies so schmerzlich berührte, vielleicht bekümmerte es mich deswegen, weil dies der letzte Geburtstag mit meiner Tochter war. Sie erschien bei mir nicht mehr zum gemeinsamen Frühstück, antwortete mir nicht, wenn ich sie ansprach, kurz, sie war völlig verändert. Es waren immer nur Kleinigkeiten, aber sie häuften sich von Tag zu Tag.

Ich habe zum Beispiel die Angewohnheit, nicht früher schlafen zu gehen, bevor meine Tochter im Haus ist. Das ist eine alte Sitte noch aus ihren Jugendtagen her, wo sie sechzehn war und siebzehn. Ich habe die Angewohnheit beibehalten, wenn sie mit ihrem Wagen unterwegs ist— ich gehe jedenfalls nach einem Gutenachtkuß auf die Wange ruhiger schlafen. In der letzten Zeit stellte sie mich manchmal auf eine harte Probe und kam erst spät heim. Vor vierzehn Tagen wurde es sogar drei Uhr früh.

Ich saß in meinem Arbeitszimmer und wartete. Ich las ein Buch, aber ich lauschte mehr nach draußen, als daß ich den Inhalt des Buches in mich aufnahm. Endlich hörte ich ihre Schritte über den Kies im Garten und wie sie mit dem Schlüssel das Haustor aufsperrte. Mein Gesicht strahlte glücklich. Jetzt würde sie zu mir hereinkommen, mir den Gutenachtkuß geben und ich konnte in Ruhe schlafen gehen. Ich war ehrlich müde.

Plötzlich horchte ich auf. Ich traute meinen Ohren nicht. War es eine Halluzination? Ihre Schritte gingen an meiner Tür vorbei, die Stiegen zu ihrem Schlafzimmer hinauf. Das war noch nie geschehen. Warum kam sie nicht herein? War sie krank? War ihr etwas Schlimmes widerfahren? Mein erster Gedanke war, daß sie mich brauchte, daß ich ihr helfen mußte. Ich sprang aus meinem Sessel am Kamin und eilte hinauf. Die Tür zu ihrem Zimmer stand offen. Yvonne pfiff eine fröhliche Melodie vor sich hin, ja sie tänzelte geradezu, während sie ihren Mantel ablegte und den Hut vom Kopf nahm. Als sie mich in der Tür erblickte, zog sie die Augenbrauen hoch und fragte erstaunt:

„Wieso bist du noch auf?"

„Fehlt dir etwas?"

„Nein. Wieso bist du noch auf?" wiederholte sie.

„Ich warte doch immer auf dich."

„Ach, Vater", sagte sie, „das wird mit der Zeit recht unbequem. Ich bin doch jetzt erwachsen. Ich kann schon selber auf mich aufpassen. Es wäre mir lieber, unterwegs zu wissen, daß du daheim schon schlafen gegangen bist. Ich bin doch kein Kind mehr."

„Und mein Gutenachtkuß?"

„Ja richtig! Das habe ich total vergessen. Verzeih!"

Sie gab ihn mir flüchtig, wie einen Brosamen oder wie man einen Hund tätschelt, wenn man heimkommt.

Drei Tage später, als Henri und Yvonne mit dem Wagen unterwegs waren und eine Panne hatten, die sie zwang, bei Freunden zu übernachten, riefen sie mich nicht einmal an. Früher hätte ich die Polizei verständigt und nach Yvonne suchen lassen, so unmöglich wäre es mir erschienen, daß sie mich nicht verständigte, wo sie wußte, ich warte daheim auf sie. Jetzt aber war ich schon auf ihre Rücksichtslosigkeiten, nun sagen wir väterlicher: an ihre Unbedachtheiten gewöhnt, daß ich die Nacht einfach aufblieb und ihr nichts davon sagte, als sie gegen zehn Uhr morgens unbekümmert erschien.

Oder ein anderes Mal, wenn er bei uns ist, mit dem ich jetzt per Du bin, nachdem wir Brüderschaft getrunken haben, der feinnervige Musiker, sitzt sie auf seinen Knien. Sie weiß, daß ich das verabscheue. In meiner Familie hat noch nie, wenn andere Leute dabei sind, ein junges Mädchen auf eines Mannes Knie gesessen. Das mag im Hinterhaus üblich sein, ich finde es ordinär.

„Setzt euch ordentlich hin", sagte ich.

„Wir sind doch verlobt!" antwortete mir meine Tochter.

Sie gibt Henri ostentativ einen Kuß.

Er geniert sich nicht und nimmt ihn.

„Kinder! Kinder!" sagte ich.

„Findest du etwas dabei?"

„Natürlich nicht", sage ich. Was soll ich auch sagen?

Gestern kam es zwischen uns zu einem richtigen Krach. Mir fehlten 300 Schilling in der Brieftasche.

Ich verdächtigte innerlich schon das ganze Haus, die Köchin, meinen Chauffeur, der meinen Anzug zum Bügeln weggetragen hatte, sogar den Briefträger, der allein im Zimmer gewesen war. Meine Tochter sah mir meine Unruhe an und sagte:

„Was ist mit dir, Vater?"

„Nichts. Warum?"

„Weil du mit einer so zuwideren Miene herumläufst. In der letzten Zeit ist deine schlechte Laune bald nicht mehr zum Ertragen!"

„Ich finde es besonders taktvoll, wenn die eigene Tochter ihrem Vater schlechte Laune vorwirft."

„Du bist ja nur eifersüchtig auf Henri!" fährt sie mir über den Mund.

Das ist zu viel für mich. Ich schreie sie an:

„Es wird höchste Zeit, daß du aus dem Haus kommst! Wenn du wissen willst, warum ich ein wenig verstört herumlaufe — in unserem Hause ist ein Dieb!"

Sie sieht mich an. Lächelt.

„Fehlen dir dreihundert Schilling?"

„Woher weißt du das?"

„Weil ich sie mir aus deiner Brieftasche genommen habe."

„Ohne mich zu fragen?"

„Du warst nicht im Zimmer und ich brauchte das Geld für den Friseur. Du hast mir ja bisher auch immer das Geld für den Friseur gegeben."

„Gegeben ja. Geschenkt ja. Aber einfach zu nehmen!"

„Du kannst dir das Geld von der Mitgift abziehen, über die du bis heute noch kein Wort verloren hast."

„Wenn du dich weiter so benimmst, wird dich dein Henri ohne einen Groschen Mitgift nehmen müssen."

„Das setzt das Gesetz fest, nicht du! Hast du nicht auch den Eindruck, daß du manchmal schon ein wenig sonderbar wirst, Vater?"

So war es in den letzten Tagen immer unerträglicher geworden, Yvonne steigerte ihre Launenhaftigkeit, zeigte bei jeder Gelegenheit ihre Krallen, war widerborstig und rechthaberisch und machte allen im Haus, vor allem mir, das Leben zur Hölle. Sie blätterte bei Tisch in einem Modemagazin, sie führte stundenlang ihre Telefongespräche mit allen möglichen Leuten, obwohl sie wußte, daß ich lange nichtssagende Gespräche hasse und selbst einen dringenden Anruf erwartete. Sie ließ, wenn sie wußte, daß ich daheim arbeitete, das Radio in voller Lautstärke laufen, sogar Küchenrezepte hörte sie ab, mit der Begründung, sie habe bei mir ja leider nicht das Kochen erlernt, und ob ihr Mann sich eine Gastritis zuziehen sollte. Jetzt bin ich ehrlich froh, daß Yvonne aus dem Haus kommt und in zwei Tagen die Hochzeit stattfindet. Ich rufe dich dann wieder an!"

So endete das Gespräch. Damit hatte er aufgehängt und ich würde wahrscheinlich wieder monatelang von ihm nichts hören, denn es war seine Art, nur ganz sporadisch anzurufen. Wie verwundert war ich deshalb, als am Tage von Yvonnes Hochzeit mitten in der Nacht das Telefon bei mir läutete und eine Stimme fragte:

„Ist dort Feilnbach 220? Sie werden aus Salzburg verlangt."

Es war Justus Jacobson, der mich anrief.

„Yvonne hat heute geheiratet", sagte er. „Die Kinder sind vor einer Stunde weggefahren. Yvonne hat für mich einen Brief hinterlassen. Er lag am Nachttisch, als ich vor wenigen Minuten in mein Schlafzimmer kam. Heute will ich ihn noch bei mir behalten, morgen schicke ich ihn dir. Du wirst überrascht sein, nach dem, was ich vor drei Tagen erzählte. Ich hoffe, du nimmst nächsten Sonntag den Frühzug und besuchst mich. Ich kann deine Anwesenheit jetzt gut gebrauchen."

Am übernächsten Morgen erhielt ich den Brief. Er kam ohne Begleitschreiben meines Salzburger Freundes, er hatte ihn nur in einen Umschlag an mich gelegt. Es war der Brief seiner Tochter, den sie ihm am Tage ihrer Hochzeit geschrieben hatte.

„Mein über alles geliebter Vater! Ich war in der letzten Zeit unausstehlich zu Dir, ich weiß es. Viel lieber hätte ich jedes meiner Worte, die Dich kränkten, ja, Dich kränken sollten, in Watte gepackt und mit kindlichen Zärtlichkeiten zugedeckt, damit sie Dich nicht so verletzten, wie sie es taten. Ich bin damals absichtlich nicht in Dein Zimmer gekommen, ich habe das Geld bewußt aus Deiner Brieftasche genommen, habe oben in meinem Zimmer gewartet, bis Du allein gefrühstückt hattest und in jener Nacht, als wir die Panne hatten, habe ich absichtlich nicht angerufen. Ich wußte, daß Du daheim in Sorge auf mein Heimkommen wartetest, und habe trotzdem nicht angerufen. Ich wollte, daß Dein Herz sich von mir löst, daß Du mich aus dem Hause wünschst, denn ich hätte nie von Dir weggehen können, wenn ich weiter die trockenen Tränen in Deinen Augen gesehen hätte. So ist der Abschied von der ungeratenen Tochter hoffentlich um ein Quentchen leichter geworden, und jetzt ist es höchste Zeit, daß Du wieder in Liebe an mich denkst, wie ich an Dich. Ich bitte Dir alles ab, was ich Dir in den letzten Wochen angetan habe, und nur, wenn Du sehr allein bist, darfst Du Dich dieser bösen Tage erinnern, dann kommst Du vielleicht leichter über die Einsamkeit hinweg.

Ich bin jetzt, während Du diese Zeilen liest, auf der Fahrt nach Paris, mit dem Mann, den ich über alles liebe, aber genauso liebe ich Dich, und wenn Du Dir einmal den Fuß brichst oder auch nur den kleinen Finger, bin ich sofort bei Dir. Verzeih mir darum, daß ich häßlich und lieblos zu Dir war, um Dir über den Abschied hinwegzuhelfen, und daß meine Medizin recht bitter schmeckte. Ich habe sie immer zugleich mit Dir genommen und sie war in meinem Mund genauso bitter. Ich weiß, daß Du mich jetzt verstehen und mir verzeihen wirst, mein über alles geliebter Vater..."

Irgendwie, kaum erkennbar, waren unter der Unterschrift ein paar Tropfen, als ob einer beim Schreiben oder Lesen geweint hätte. Aber es kann auch auf dem Postweg geschehen sein, denn mein Briefträger trägt die Briefe an mich zwanzig Minuten über den Berg hinauf durch den Regen.

Mailand – München

Jedes Land baut andere Häuser. Nur Reihensiedlungen haben überall das gleiche Gesicht. Da liegt ein Haus ganz dicht beim andern, nur eine Zwischenwand trennt sie, heizt der eine seinen Ofen, wärmt er durch die dünne Wand des Nachbars Zimmer gleich mit, ganz gleich, ob man nun miteinander befreundet oder spinnefeind ist. Die Häuser, aneinander gewachsen, alle mit dem gleichen Gesicht, unterscheiden sich voneinander nur im Aquarell ihres Anstriches. Da liegt das himmelblaue Haus neben dem zitronengelben, das himbeerfarbene folgt dem resedagrünen, cyclamenrosa Fassaden wechseln mit lavendelblauen Häuserfronten. Wer will, mag so wohnen. Wer wohnen will, muß so wohnen.

Ein italienischer und ein deutscher Baumeister, zwei junge begabte Architekten, hatten nun zur gleichen Stunde an zwei verschiedenen Orten, jeder in seinem Land, den gleichen Auftrag übernommen:

am Stadtrand eine Reihensiedlung von zehn Einfamilienhäusern schlüsselfertig zu bauen. Da sie zusammen an der Sorbonne studiert hatten, denselben modernen Stil bevorzugten, nämlich Raum zu sparen und Licht und Luft einzufangen, und sie sich auf den internationalen Kongressen, auf denen sie sich Preise holten, oft trafen, so daß die alte Freundschaft in allen den dazwischen liegenden Jahren nicht minder geworden war, beschlossen sie, diesmal um die Wette zu bauen. Der Auftrag wurde beiden Architekten zur gleichen Stunde gegeben, jetzt galt es, die eigene Tüchtigkeit zu beweisen.

Wer baut, braucht Geld. Das Geld für die beiden Bauvorhaben lag bis zum letzten Heller auf der Bank. Welch herrlicher Zustand, welche angenehmen Möglichkeiten für einen Architekten. Zum Bauen gehört aber nicht nur Geld, sondern auch Material: Ziegel, Riegel, Kies, Kalk, Sand, Zement, Dachplatten, Wasserrohre, Kloschüsseln, Waschbecken, Badewannen, Herde, Bretter und Balken, Türstöcke und Fensterflügel. Auch dies wurde beiden Baumeistern zur gleichen Stunde angeliefert, es fehlte nicht ein Nagel und kein Schräubchen. Es war ein ehrliches Handicap.

Die Wette lief.

Nach einigen Monaten depeschierte der Italiener, der hinter Mailand seine Siedlung baute:

„Noch achtundvierzig Stunden, und wir sind fertig."

Der deutsche Baumeister, der hinter München seine Baustelle hatte, depeschierte zurück:

„Noch achtundvierzig Formulare, Gesuche, Begehungen, Kommissionen, Planänderungen, Genehmigungen, Sitzungen und Städteblickauflagen — und wir können beginnen."

Madeleine und Pierre

„Sie spricht eine andere Sprache, mein Junge“, sagte die Mutter, „wie stellst du dir vor, wie das einmal werden soll? Wir werden kein Wort miteinander reden können, und wenn ich eines Tages Enkel haben werde, werden sie französisch sprechen, und ihre Großmutter wird kein Wort davon verstehen.“

„Aber ich liebe nun einmal Madeleine, Mutter.“

„Die Liebe kommt, die Liebe geht. Als ob es in unserem Land nicht genug Mädchen gäbe, eine schöner als die andere, die dich mit Kußhand nehmen würden! Bist ja gesund und gerade gewachsen! Da suchst du dir eine, die französisch parliert? Dein Vater hat deutsch gesprochen, deine Großeltern waren Deutsche, wie kommst du nur auf den Einfall, eine Französin heiraten zu wollen?“

„Das ist doch pure Unvernunft, Mutter. Es ist doch alles anders geworden. Die Zeiten haben sich geändert. Außerdem hat Madeleine mein Wort.“

„Ich hatte es früher als deine Madeleine! Als kleiner Junge hast du immer zu mir gesagt: ‚Wenn ich einmal groß bin, heirate ich dich! Ich werde dich nie verlassen!‘ Hast du das alles vergessen?“

Jede Mutter ist zunächst eifersüchtig auf ihren Jungen, wenn er ein Mädchen daherbringt. Bisher war sie die Alleinbesitzerin seines Herzens, mit allem kam der Junge zuerst zu ihr. Plötzlich ist eine aufgetaucht, mit der sie sich in die Liebe des Jungen teilen muß. Wenn man wenigstens mit ihr die Grenzen absprechen könnte! Das ist dein Gebiet, das ist mein Gebiet. Du gehst mit ihm tanzen, ich koche daheim für ihn. Du schreibst ihm zärtliche Briefe, ich kümmere mich um seine Wäsche. Das könnte man einer sagen, die Elfriede heißt oder Annemarie, meinetwegen auch Eva oder Susi, aber wenn sich eine Madeleine nennt und kein Wort deutsch spricht, wie soll man sich ihr verständlich machen?

Wenn ihr Junge weit weg nach Hamburg geheiratet oder eine Wienerin zur Frau genommen hätte, auch ein Mädchen aus Basel, und die beiden hätten dort gelebt, nun gut, dann wäre sie eben zweimal im Jahr zu ihnen hingefahren, das ist das Los der Großmütter, auf Besuch zu den Kindern zu gehen. Ihr Sohn würde sie vom Bahnhof abholen und ihre Schwiegertochter sie in der Tür mit einem Kuß empfangen, man hätte sich gegenseitig viel zu erzählen, bald ist man dort zuhause, auch mit dem Nachbarn ergibt sich ein Gruß und ein Gespräch – aber in einer Stadt wie Paris, wo jeder nur französisch spricht? Sie kann kein Wort Französisch, hat es nie gelernt, genauso gut könnte man von ihr verlangen, daß sie Russisch spricht oder Persisch. Und wenn zwei Menschen nicht zusammen sprechen können, bleibt immer eine Kluft zwischen ihnen, man sieht sich an und weiß nicht, was man zueinander sagen soll.

Sie hat nichts gegen das junge Mädchen, das ihr Junge heiraten will. Sie ist jung, anmutig, ja sogar hübsch, sie ist bescheiden und höflich. Peter hat sie ihr einmal vorgestellt. Daß sie ihren Peter Pierre nannte, nun ja, dafür war sie eben eine Französin. Sonst war nichts an ihr auszusetzen. Aber sie hatten sich damals gegenübergestanden wie eine Eskimodame und eine Tibetanerin. Jede hatte nur hilflos gelächelt und verlegen mit den Schultern gezuckt.

Das wird nie anders werden, wenn ihr Junge Madeleine heiratet, wie er es vorhat. Man weiß ja nicht einmal, was sich unsere Schwiegertochter wünscht. Und eine Mutter, die den Kindern nichts mitbringen und nichts zu Weihnachten schenken kann, da kommt man sich vor wie Besuch und man gehört doch hin zu den Kindern.

Und was ist dann, wenn Enkel kommen? Sogar für Großmutter und Großmama haben sie wahrscheinlich ein ganz anderes Wort, und die Kleinen werden Angst vor ihr haben, weil sie eine andere Sprache spricht. Sie werden sich wieder herunterstrampeln von ihren Armen und sich von ihrer Hand losreißen, sie wird für die Kinder immer eine Fremde bleiben.

„Unsere deutsche Großmutter!" werden die Kinder sagen, und wenn es wieder einmal Krieg gibt, man soll es nicht verschreien, werden in der Schule die anderen Kinder ihre Enkel beschimpfen, weil sie eine deutsche Großmutter haben. Das muß doch alles bedacht sein.

Aber ein Mann, der verliebt ist, sieht die Dinge nicht so, wie sie wirklich sind. Er nimmt alles auf die leichte Schulter. Ihm fehlt die Erfahrung. Er glaubt, die Liebe überwindet alles. Ich kann es ja verstehen, daß er das junge Ding liebt, das wiegt bei ihm gewaltig, aber ich muß meine Bedenken in die Waagschale werfen. Die Verlobung soll zu Weihnachten stattfinden. Ich muß versuchen, ihm die Flausen aus dem Kopf zu reden. Notfalls enterbe ich ihn. Viel Zeit habe ich nicht mehr. Aber ich gebe mich nicht geschlagen.

Eine Woche vor Weihnachten trat Peter in das Zimmer seiner Mutter.

„Ich habe zwar schon etwas für dich, Mutter, aber du hast mir immer noch nicht gesagt, was du dir zu Weihnachten wünschst. Sag bitte einen ganz, ganz großen Wunsch!"

„Ach, Junge –"

„Ich schenke dir sonst vielleicht etwas völlig Unnützes. Sag bitte, was du gern hättest und worüber du dich freust."

Die Mutter nestelte aus ihrer Handtasche einen Zettel hervor.

„Ich habe es aufgeschrieben", sagte sie.

„In einem Brief?"

„Ein richtiger Weihnachtswunschzettel, mein Junge. Aber lies ihn erst, wenn ich aus dem Zimmer bin."

Sie stand auf, ging zur Tür, kehrte noch einmal um, gab ihrem Jungen einen Kuß, nahm ihm zu gleicher Zeit das Taschentuch aus seiner Rocktasche und ging aus dem Zimmer.

Als Peter allein war, öffnete er den Brief und las:

„Bitte ein Wörterbuch Deutsch – Französisch. Merci."

Er legte den Zettel, das Brieflein seiner geliebten Mutter in seine Brieftasche, und er kam genau auf einen Zettel seiner geliebten Madeleine zu liegen, den sie gestern ihrem Brief beigefügt hatte. Darauf stand:

„S'il vous plait un dictionnaire Français – Allemand. Danke."

Zu Weihnachten ein Strauß bunter Anemonen

„Was wünschst du dir zu Weihnachten, Konstanze?" fragten sieben reiche Freier das schönste Mädchen der Welt. Konstanze war plötzlich erblüht, ihre Schönheit war sozusagen über Nacht erwacht. Wer sie sah, dem stockte der Atem. Es gibt solche Mädchen. Sie leben unbeachtet zwischen uns, plötzlich wechseln sie die Frisur, und mit der neuen Frisur wird ihr Mund zärtlicher, ihre Nase lustig, die Augen heiter, sogar die Ohren nehmen an ihrer Schönheit teil, wie der Punkt auf dem i, und alle Männer liefen plötzlich Konstanze nach.

„Was wünschst du dir zu Weihnachten?" fragten sie.

Auch ich, Kasimir Print, gehörte zu den Bewerbern um Konstanzes Gunst. Ich hatte es nicht leicht.

Der eine Freier bot ihr als Weihnachtsgeschenk einen großen Wagen vor die Tür zu stellen, der zweite einen Mantel aus Nerz, der dritte eine Schiffsreise in den Süden mit der Aussicht, den Winter zum Sommer zu machen. Ich, der jüngste, machte damals das Rennen.

„Was haben Sie ihr geschenkt?"

„Einen kleinen Strauß Anemonen."

„Als Weihnachtsgeschenk?"

„Ja. Nur einen kleinen Strauß bunter Anemonen. Sie schickte den Mann mit dem großen Wagen von ihrer Tür, schickte den Mantel aus Nerz und die Schiffskarte zurück und nahm meine Anemonen."

„War mit den Anemonen etwas Besonderes?"

„Ein kleiner Schlüssel hing daran."

„Ein Schlüssel?"

„Ein Schlüssel mit einem Zettel."

„Was stand auf dem Zettel?"

„Jederzeit Emanuelstraße 9, Tür 18."

„Kam Konstanze?"

„Schon am Weihnachtsabend. Emanuelstraße 9, Tür 18 war meine Studentenbude. Es war die bescheidenste Studentenbude der ganzen Stadt. Ein Teppich mit neun Löchern lag auf dem Boden, darauf stand ein Tisch mit drei Beinen, zwei Stühle, die nicht zueinander paßten, darüber eine abscheuliche Lampe, ein Donauweibchen mit Hirschgeweihen, im Ausverkauf nach dem Ausverkauf erworben. Der Tisch war nur mit zwei Tellern gedeckt, zwei Tassen, eine mit Enzian bemalt und eine mit „Sieg Heil!", zwei schartige Gläser, dazu nur ein Besteck. Benützte Konstanze die Gabel, nahm ich das Messer, brauchte sie das Messer, nahm ich schnell die Gabel. Aber mitten auf dem Tisch standen die bunten Anemonen, die sie mitgebracht hatte, im Zahnputzglas, und auf der Kommode brannte ein winzig kleiner Weihnachtsbaum mit fünf Kerzen, und wir vergaßen auch ohne Schiffsreise die Jahreszeiten."

„Also zwei Verliebte?"

„Damals oder wenigstens zuerst noch nicht", sagte Kasimir Print, „ich sah es ihr an, wie sie dem Wagen vor der Tür und dem Mantel aus Nerz nachträumte. Sie ließ sich nicht einmal küssen. Aber plötzlich wurden ihre Augen hell. Sie hatte etwas am Weihnachtsbaum entdeckt."

„Was war das?"

„An einem roten Wollfaden zwei schmale goldene Ringe..."

Das war vor neun Jahren. Seitdem schenkte ich Konstanze jedesmal zu Weihnachten einen Strauß bunter Anemonen, sagte Kasimir Print.

„Sonst nichts?"

„Doch. Im nächsten Jahr lag ein Strauß Anemonen auf einem herrlichen Teppich, den ich ihr für unsere junge Ehe geschenkt hatte, denn ein schöner Teppich macht erst den Raum zum Heim und verwandelt die alten Stücke beinahe zu Antiquitäten. Im zweiten Jahr standen die Anemonen in einer geschliffenen Kristallvase zwischen kostbarem Geschirr und schönen Gläsern und gutem Silber, mit denen ich für Konstanze den Weihnachtstisch gedeckt hatte. Im dritten Jahr war der Kronleuchter, das Donauweibchen mit den Hirschgeweihen verschwunden, und in meiner alten Studentenbude standen zwei schöne bequeme Sessel, gut gepolstert und bunt bezogen. Im vierten Jahr hatte ich die ganze Wohnung übernommen und führte Konstanze mit Anemonen in der Hand durch alle Räume.

Im fünften Jahr steckten die Anemonen in der Blumenvase des Autos, das ich Konstanze zu Weihnachten schenkte, im sechsten Jahr zierten sie als Tuff einen Pelzmantel, allerdings billiger als Nerz, im achten Jahr lag ein Strauß bunter Anemonen auf den Schiffskarten für eine Reise in den Süden, um den Winter zum Sommer zu machen, und letzte Weihnachten lagen die Anemonen auf dem Kaufbrief des Hauses Emanuelstraße 9, das ich meiner Frau zu Weihnachten schenken konnte..."

„Also sind Sie als junger Architekt auch in das Wirtschaftswunder hineingerutscht?"

Kasimir Print lachte:

„Das hat mit dem Wirtschaftswunder nichts zu tun. Ich hatte ja neun Jahre Zeit, und in einer glücklichen Ehe kann ein Mann gar nicht anders als vorwärtskommen. Und zuletzt hat ja jede Ehefrau den Anspruch auf die Erfüllung ihrer Träume, denn wenn eine auf die Liebe setzt, auf einen Strauß bunter Anemonen, woher wüßte sie sonst, daß die Tugend, die altmodische, sich lohnt?"

Der Weg zu meinem Haus

In eines Mannes Leben wächst mit den Jahren die Zahl seiner Freunde. Von überallher fallen ihm neue Freundschaften zu, vom Bier, vom Wein, vom Beruf, von Reisen, vom Sportplatz und vom Arbeitstisch. Man schüttelt sich die Hand und sagt zum Schluß:

„Ich würde mich sehr freuen, wenn Sie einmal an einem Sonntagnachmittag zu mir kämen..."

Mein Haus am Berg war immer reich an Freunden. Von überallher kamen sie, und wenn am Sonntag schönes Wetter war, reichten die Stühle in meinem Haus oft nicht aus. Ich habe nie reiche Freunde gehabt, sie kamen meist in kleinen verrosteten Wagen oder auf Motorrädern. Mein Haus liegt genau 63 Kilometer von München entfernt, das war früher so der rechte Sonntagsausflug aus der Stadt auch für schwache Motoren, in 59 Minuten waren sie bei mir und in 59 Minuten fuhren sie am Abend wieder heim, meist mit Blumen und Früchten meines Gartens beglückt. Dreißig Jahre hielt ich die Gastfreundschaft, stand das Tor meines Hauses für meine Freunde stets sperrangelweit offen.

Inzwischen griff das Wirtschaftswunder um sich. Es ging auch an meinen alten Freunden nicht spurlos vorbei. Nicht, daß sie mir ihre Freundschaft aufsagten, im Gegenteil, wir blieben die alten, aber ihre Wagen wurden erneuert, eingetauscht gegen größere, stärkere, schnellere – die Unbequemlichkeit der Motorräder war längst einem viersitzigen Automobil gewichen. Wo sie früher mit 50 in der Stunde dahingezuckelt waren, rasten sie heute mit 100 und darüber.

„Jetzt ist es für uns nur noch ein Katzensprung zu dir, Johannes", sagten sie, als sie gleich am ersten Sonntag mit ihren neuen Wagen zu mir kamen, um mich an ihrer Freude teilhaben zu lassen, „stell samstags den Hühnergrill schon an, wir kommen jeden Sonntag."

Sie kamen auch, alle meine Freunde, denn ich wohne am Rande der Autobahn, und es war wirklich mit ihren schnellen Wagen nur noch ein Katzensprung zu mir. Aber mit ihnen machten viele Menschen einen Katzensprung, nicht nur zu mir, auch Fremde, die ich nicht kannte, sprangen sonntags wie die Katzen und besuchten mit dem Wagen ihre Freunde und Bekannten. Dadurch sprang die Katze schon wesentlich langsamer. Vor allem am Sonntag abend in die Stadt zurück, da schlich die Katze nur noch. Es dauerte nicht lange, da fuhr man jeden Sonntag auf der Autobahn in Zweierreihen, immer wieder angehalten und aufgehalten, und der Weg von meinem Haus in die Stadt, der jahrzehntelang mit alten kleinen Wagen nie länger als 59 Minuten gedauert hatte, dehnte sich jetzt bei den schnellen Wagen, auf das Dreifache, auf 3 mal 59 Minuten. Kann ich es meinen Freunden verargen, daß sie mein Haus nicht mehr besuchten? Drei Stunden heraus zu mir und wieder drei für die Heimfahrt, noch dazu mit kleinen Kindern, die am Abend vom Herumlaufen auf der Wiese und vom Spiel mit dem Ball müde und quengelig geworden sind, und auch als Fahrer behält man bei der Heimfahrt in Kolonne nicht die besten Nerven.

„Du mußt das verstehen, Johannes", sagten sie, „das ist keine Erholung mehr für uns, wir bleiben sonntags in Zukunft lieber daheim."

So war der letzte Sonntag der erste Sonntag seit Jahren, wo mein Haus leer von Freunden und Gästen blieb. Nur weil der Fortschritt so vorgeschritten ist, die Wagen schneller geworden sind und sich alle auf der Autobahn ein Stelldichein geben, liegt mein Haus plötzlich über Nacht dreimal so weit von der Stadt und meinen Freunden entfernt. Auch unser langjähriges Hausmädchen ist gegangen, da wir ihr zu weit von der Stadt entfernt wohnen und ihr Freund sie nicht mehr sonntäglich besucht. „Ich kündige", hat sie gesagt, „ich kann meinem Freund nicht zumuten, sonntags auf der überfüllten Autobahn heimzufahren . . !"

Die Einsamkeit meines Hauses ist sehr groß geworden, und wenn ein Spaziergänger, ein Fußwanderer bei uns am Zaun stehen bleibt, eilen wir zum Tor und bitten ihn herein. Denn eine Ansprache am Sonntag, nachdem unsere Kinder und Enkel am Sonntag auch nicht mehr zu uns kommen, muß der Mensch ja haben.

Benjamin, mein Beifahrer

Einer zeigte mir den Vogel. Ich hatte eine kleine Unachtsamkeit am Steuer begangen, war aus einer Nebenstraße zu schnell eingebogen, der andere mußte bremsen, und als er mich jetzt überholte, hatte er das Fenster heruntergekurbelt und zeigte mir mit heftigen Gebärden den Vogel. Er schimpfte auch noch zu mir herüber, aber was er sagte, verstand ich Gott sei Dank nicht.

Benjamin, mein Jüngster, acht Jahre, der neben mir saß, fragte:

„Was wollte der Mann?"

„Ich weiß es nicht."

„Warum hat er so gemacht?"

Er deutete, wie es der andere getan hatte, mit dem Finger auf seine Stirn.

„Warum hat er dir den Vogel gezeigt?"

Jetzt konnte ich nicht mehr gut aus. Wenn der Junge schon wußte, was es heißt, jemandem den Vogel zu zeigen, mußte ich Farbe bekennen.

„Vielleicht habe ich einen Fehler gemacht."

„Das gibt es nicht. Du bist der beste Autofahrer von der ganzen Welt. Von dir können alle lernen. Mutti sagt es auch immer. Er darf dir einfach nicht den Vogel zeigen! Du bist doch nicht dumm! Außerdem bist du mein Vater. Mit meinem Vater macht man das nicht!"

„Vergiß es! Nimm's nicht so wichtig."

Benjamin aber nahm es wichtig. Er schien nachzudenken.

Nach einer Weile fragte er:

„Hast du wirklich einen Fehler gemacht, Papa?"

„Schon möglich. Warum fragst du?"

„Nur so", sagte mein kleiner Sohn und war von dieser Minute an sehr einsilbig.

Er blieb es noch eine lange Zeit. Er erzählte daheim nichts seiner Mutter von unserer Autofahrt, und in der Nacht schlief er sehr unruhig, weinte im Schlaf, schrie im Traum oft auf, und am nächsten Morgen verfolgte er mein Tun am Frühstückstisch, wie ich mir die Semmel strich, den Kaffee einschenkte, wie ich aß und wie ich mir eine Morgenzigarre anbrannte, mit trotzigem Mißtrauen. Als mir nun gar noch das Malheur passierte, daß mir versehentlich die Asche meiner Zigarre auf das weiße Tischtuch fiel, ich sie wegzublasen versuchte und sie dabei in die Butterdose staubte, deutete er mit einem Seitenblick, ihr Einverständnis erheischend, zu Mutter hinüber mit seinem Finger auf die Stirn und zeigte mir den Vogel.

Meine Frau gab Benjamin sofort einen heftigen Klaps und schickte ihn vom Frühstückstisch weg. Als er maulend ging, blieb er noch einmal in der Tür stehen, den einen Fuß schon draußen, und krähte aufbegehrend: „Der Mann im Auto hat's auch gemacht! Papa ist gar nicht fehlerfrei!"

Damit rettet er sich durch die Tür in die Freiheit.

Alles auf der Welt renkt sich einmal wieder ein, aber es braucht doch eine gewisse Zeit, ehe der Junge sein Vertrauen zu mir wiedergewann und mein väterlicher Thron nicht mehr auf wackeligen Füßen stand. Das Herz eines Kindes ist wahrhaft wie weiches Wachs und so war es auch bald wieder zurechtgeknetet, wenn es erst auch vieler Beweise meines Könnens bedurfte, einen Salamander zu fangen, eine Katze, die ins Wasser gefallen war, zu retten, einen Drachen steigen zu lassen und manche Zauberkunststücke, die ich eigens für ihn einstudiert hatte und ihm am Abend vorführte, seine Bewunderung für den Vater ohne Tadel zurückzugewinnen.

Als wir eines Tages im Auto wieder zusammen über Land fuhren, mein Sohn Benjamin und ich, passierte dies: Ein fremder Wagen folgte uns schon die ganze Zeit, er hielt keinen Abstand, blieb immer fünf Meter hinter mir, und als ich plötzlich bremsen mußte, fuhr er hinten in mich hinein. Wütend und voller Zorn, den ganzen Grimm über seine rücksichtslose Fahrweise in mir, stieg ich aus, trat zu ihm ans Fenster und wollte schon zu einem heftigen Donnerwetter ansetzen, wo man ihn ausgelassen und ob er seinen Führerschein im Lotto gewonnen hätte, am hellichten Tag total besoffen und was man sonst noch in solchen Fällen von sich zu geben pflegt. Dann aber sah ich kurz in den Wagen, besann mich und sagte nur:

„Zum Glück ist nicht viel geschehen. Freuen wir uns, daß nichts Ärgeres passiert ist."

Als wir weiterfuhren, fragte mich Benjamin:

„Du warst doch im Recht? Warum hast du ihn nicht beschimpft und ihm den Vogel gezeigt?"

Ich sagte ruhig:

„Ein kleiner Junge, so alt wie du, saß neben ihm..."

Das Mädchen ohne Hoffnung

Die Sache begann damals so: Elisabeth, ein junges siebzehnjähriges Mädchen hatte mit Freundinnen im Winter einen Skiausflug unternommen und war dabei so unglücklich gestürzt, daß die Bergwacht sie auf einer Bahre zu Tal bringen mußte, ein alltäglicher Unfall in den Bergen. Kein Arm und Fuß war gebrochen, man schob ihre Bewegungslosigkeit dem Schock des Sturzes zu. Aber bald stellte sich etwas viel Schlimmeres heraus: zwischen dem neunten und zehnten Wirbel ihres Rückgrates waren die Knochen so unglücklich zersplittert, daß auch die leiseste

Bewegung mit unerträglichen Schmerzen verbunden war. Der Fall schien hoffnungslos. Eine Operation war nicht möglich, und zweieinhalb Jahre lag das junge Mädchen fest in Gips eingeschlossen, ohne mehr als ihren Kopf ein wenig bewegen zu können.

Die Mutter, eine Witwe aus Aibling, fährt jeden Sonntag nach Tölz hinüber, wo ihr Kind im Krankenhaus liegt. Eine Stunde Bahnfahrt im engen Waggon der Kleinbahn, umgeben von sonntagsfrohen Menschen, oft nicht älter als ihre Tochter. Unaufhörlich rinnen ihr die Tränen über ihr gramdurchfurchtes Gesicht, sie ist erfüllt vom Schmerz der Hoffnungslosigkeit, wie sie ihr Kind heute vorfinden wird, und was sie ihr zum Trost sagen soll. Es sind immer dieselben Worte.

„Du mußt tapfer sein, Elisabeth."

„Ach, Mutter..."

„Eines Tages wirst du wieder gesund sein –"

„Ich werde nie wieder gesund, Mutter."

„Doch, Kind. Die Ärzte haben es mir versprochen", sagt sie und lächelt. Eine Mutter, die mit lächelndem Gesicht lügt, weint die Tränen nach innen. Sie weiß, die Ärzte haben es ihr gesagt, daß ihr Kind nie wieder gesund werden wird, nie wieder aufstehen kann, ein ganzes Leben lang, und sie ist erst gestern neunzehn Jahre alt geworden. Über zwei Jahre liegt sie schon hier, in diesem Zimmer mit fünf anderen Kranken, jungen und alten Frauen, frisch Operierten oder Genesenden, die morgen das Krankenhaus wieder verlassen werden. Wie viele Kranke hat Elisabeth von ihrem Bett aus kommen und gehen gesehen, wieviel Glück junger Mütter, denen man ihr neugeborenes Baby in die Arme legte.

Alle sind sie wieder gegangen, gesund, wenn auch ein wenig schwach, zu ihrem Bett getreten... „Mach's gut, Elisabeth", haben sie gesagt, „eines Tages kommst auch du hier heraus... du mußt nur fest daran glauben."

Auch die Mutter sagte es heute zu ihr:

„Du mußt an Gott glauben, Kind."

„Ach, wie weit ist Gott..."

Ein Krankenhaus kann ein Zuhause werden. Wenn erst zweimal die Kerzen am Christbaum hier für uns gebrannt haben und man schon zwei Geburtstage hier verlebte, ergibt man sich in sein Schicksal und fällt in tiefe Hoffnungslosigkeit. Nicht einmal zum Fenster kann man hinaussehen und hört nur von den anderen: „In acht Tagen beginnt der Flieder zu blühen!" oder „Wie schön die Rosen sind. Man spürt ihren Duft bis hier herauf!" Auch Elisabeth bekommt Blumen, sehr oft sogar, die Besucher der anderen Kranken, erschüttert von dem Schicksal dieses jungen Mädchens, teilen den Strauß, den sie mitgebracht haben und stellen ihr ein paar Blumen ans Bett. Sie lächelt dankbar. Am liebsten ist es ihr, wenn man ihr ein Stück Seife mitbringt, gute, wohlriechende Toilettenseife, mit der sie die Schwester morgens, mittags und abends wäscht. Wenn sie dann ihren Kopf zur Seite legt, spürt sie den herben Duft des Lavendels aus ihrer Haut aufsteigen, und sie träumt davon, wie sie als Kind mit eigenen Händen die duftenden Blüten von den blauen Lavendelsträuchern am Hohenkogl gepflückt hat. Zwar schauen die guten Schwestern immer zuerst mißbilligend, wenn sie ein neues Stück der duftenden Seife auspacken und auf den nassen Waschlappen legen, aber dann macht es ihnen doch Spaß, und ehe sie gehen, waschen sie sich ganz kurz die eigenen Hände damit, ein ihnen gegönntes Vergnügen in ihrer harten Pflicht.

Gerade hat Schwester Seronia Elisabeth für den Nachmittag zurechtgemacht und ihr zum zweiten Male das Haar geflochten, Sonntag ist heute, Besuchstag, bald werden die Besucher kommen.

„Schwester, ist meine Mutter schon da?"

„Sie wartet unten und spricht mit dem Arzt."

„Mit dem Arzt? Was sagt er ihr?"

„Ich weiß es nicht."

„Aber Sie sehen es doch am Gesicht meiner Mutter, was er ihr sagt. Ob es etwas Gutes ist oder... das Gegenteil. Mutter kann sich nicht verstellen. Ich sehe ihr immer an, was sie denkt."

„Du kannst sie gleich selbst fragen, Elisabeth."

Als die Mutter ins Zimmer tritt, ist ihr Gesicht verklärt.

„Kind! Kind!" sagt sie nur und umfängt mit beiden Händen das Bündel, das da in Gips liegt, Tränen rinnen ihr über die Wangen. „Kind! Kind!" wiederholt sie nur.

„Du weinst, Mutter?"

„Aus Freude! Ich habe gerade mit dem Arzt gesprochen. Er hofft, daß du in einigen Monaten aufstehen kannst. Du mußt nur den festen Willen haben, gesund zu werden, sagt er."

„Vom ärztlichen Standpunkt besteht keine Hoffnung mehr", hat der Arzt vor wenigen Minuten unten zu ihr gesagt, „wir haben gestern Ihre Tochter noch einmal gründlich untersucht. Und das Schlimmste: sie hat den Mut verloren, sie hat sich selbst aufgegeben. Was können wir noch tun? Wunder gibt es leider nicht." Zwei Stockwerke sind es, die die Mutter vom Zimmer des Arztes bis zu ihrer Tochter hinaufsteigen muß. Zwei Stockwerke, sie geht langsam, Schritt für Schritt, Stufe für Stufe. Sie denkt, was geschehen soll. Was sie tun kann, ihrem Kind wenigstens den Mut, die Hoffnung wiederzugeben, auch wenn keine Heilung daraus erwächst. Als sie am Bett ihrer Tochter sitzt, weiß sie es. Sie sieht den ungläubigen Blick ihres Kindes, das nicht glaubt, was ihr die Mutter von der Unterredung mit dem Arzt erzählt. Mutter lügt, Mutter lügt immer, sie will ihr damit helfen, sie weiß es, aber sie glaubt längst nicht mehr daran.

„Mutter, bitte, belüg mich nicht!"

„Warum soll ich dich belügen?" sagt die Mutter, und ihre Stimme klingt anders als sonst, „nächsten

Sonntag kannst du den Beweis sehen, daß ich überzeugt bin, daß du bald wieder gesund wirst."

„Den Beweis?"

„Ja. Ich bringe dir etwas mit, was du dir schon damals gewünscht hast, ehe du krank wurdest. Es ist sehr teuer, ich verrate es nicht. Du wirst Augen machen."

Als die Mutter wieder daheim ist, leert sie ihre schmale Börse, zerschlägt sie das Sparschwein, aber es sind nur wenige Pfennige, die herausfallen. Wenn man jede Woche einmal nach Tölz hinüberfährt und nicht mit leeren Händen kommen möchte, da reicht die Witwenrente nicht aus, noch einen Groschen in das Sparschwein zu stecken. Auch das, was noch auf dem Sparbuch ist, reicht nicht für das, was sie vorhat. Am Nachmittag geht sie zum Goldschmied. Das Letzte, was sie besitzt, ihren goldenen Trauring, streift sie vom Finger und schiebt ihn über den schmalen Tisch.

„Er ist sehr dünn", sagt der Juwelier.

„Er ist dünn geworden", sagt die Mutter, „ich trage ihn schon sehr lange."

Fünfzig Mark zahlt ihr der Goldschmied, den Goldwert. Jetzt hat sie das Geld beisammen, was sie braucht, was sie haben muß, um ihrer Tochter den Glauben an eine Genesung wiederzugeben. Sie weiß, daß es keine Genesung geben wird, daß Elisabeth nie wieder aus dem Bett aufstehen wird. Aber wenn ihr Kind dadurch wenigstens ein Jahr oder auch nur ein halbes die Hoffnung wiedergewinnt, ein halbes Jahr ohne Verzweiflung und Trostlosigkeit, dann ist es gut.

Und sie kauft das Unnützeste, was es für Elisabeth auf der Welt gibt: ein neues, teures herrliches Fahrrad, ein Rennrad dazu, wie sie es sich immer gewünscht hat, und das die Mutter zu ihr hinbringen wird, nach Tölz, ins Krankenhaus, an den Schwestern vorbei, die zwei Stockwerke hoch, bis an ihr Bett.

Es ist Sonntag. Da steht die Mutter in der Tür, ein wenig erhitzt und atemlos, die alte Frau, das Haar hängt ihr in die Stirn, aber ihr Gesicht ist von hundert lachenden Fältchen durchzogen, wie sie jetzt das neue Fahrrad durch die Tür schiebt.

„Ein Fahrrad, Mutter?“ ruft Elisabeth. „Du glaubst, daß ich es benützen kann? Daß ich wieder radfahren werde? Dann hast du also nicht gelogen? Dann ist es also wahr, was der Arzt gesagt hat? Ich werde wieder gesund? O Mutter, wie bin ich glücklich!“

Das Wunder geschieht. Was keine ärztliche Kunst vermochte, acht Wochen später verläßt Elisabeth zum ersten Mal ihr Bett, sie wird gesund und heute fährt sie völlig geheilt auf diesem Rad, das ihr die Mutter in tiefer Hoffnungslosigkeit von ihrem letzten Geld kaufte. Die Mutter ist bald darauf in Frieden gestorben, sie hat die Genesung ihres Kindes noch erlebt, und ich glaube, ihr erster Weg im Himmel war zu Gott, um ihm für das ihr widerfahrene Wunder zu danken, an das sie – „Verzeih, himmlischer Vater!“ – nicht mehr geglaubt hatte.

Ärger mit dem Architekten

Als ich mir ein Haus bauen wollte, begann der Ärger mit dem Architekten. Schon beim Kauf des Grundstückes fingen wir an zu streiten.

„Das Haus sollte an einem kleinen Bach stehen“, schlug der Architekt vor, „mit einem alten Baumbestand, auf einer Anhöhe mit einem weiten Blick über die Gegend.“

„Ich bin kein Nabob. Ich muß den Grund nehmen, wo ich ihn preiswert kaufen kann."

Mein Architekt widersprach:

„Wenn das Haus erst steht, ist der Preis für den Grund vergessen."

„Ich werde jedes Quartal durch die Zinsen daran erinnert."

„Kleinbürger", sagte mein Architekt.

Man sieht, wir waren befreundet.

Bei den Bauplänen gerieten wir abermals in Streit.

„Zwei Schlafzimmer!" sagte der Architekt.

„Aber nein!" widersprach ich. „Ich schlafe gern zu zweit."

„Vornehmer ist einzeln. Auch gesünder."

„Aufs Vornehme schaue ich nicht. Wenn ich mir kalte Füße hole, weil ich nachts über den Balkon zu meiner Frau gehe, ist dies auch nicht gesund."

Dann schlug mein Architekt einen Wintergarten vor.

„Kein modernes Haus ohne Wintergarten!" rief er, „du kannst dir langstielige Nelken im Winter ziehen, Kakteen und Azaleen zum Blühen bringen, Flieder im März, Gladiolen im April und Schlangengurken im Mai."

„Ich will kein Haus zum Spielen, sondern eines zum Wohnen!" widersprach ich heftig, „ein Haus mit Luft, Licht und Platz, einem hellen Schlafzimmer, einem gemütlichen Wohnraum, einem bequemen Bad und einer winzigen Küche."

„Warum soll die Küche winzig sein?" fragte mein Architekt, „mir schwebt eine große Wohnküche vor mit einer gehobelten Eckbank, einem Eßtisch, einem gemütlichen gekachelten Herd, daß jeder, der zur Küchentür hereintritt, begeistert ‚Ah!' ruft."

„Genau das ‚Ah!' möchte ich vermeiden. Es soll keiner in die Küche gehen. Denn dort steht meine liebe Frau, und ich will nicht, daß sie beim Kochen abgelenkt und gestört wird. Sonst versalzt sie die Suppe und verpfeffert den Braten."

„Rindvieh!" sagte der Architekt.

Man sieht, wir waren s e h r befreundet.

Als mein Architekt merkte, daß mit mir schwer zu streiten war und wir uns nicht einigen konnten, verlor er die Lust am Bau und schlug vor, ich sollte doch besser gleich ein Fertighaus kaufen. Hier aber war ich dagegen.

„Ich will ein Haus nach meinem Herzen und nach unseren Bedürfnissen und kein Schablonenhaus von der Stange. Ich will mir ein Haus selbst bauen, aus soliden Ziegeln und mit einem festen Dach, wo ich daneben stehe, während es gebaut wird. Ich will die Freude am Bauen haben, die Bausteine sehen, wenn sie abgeladen werden, die Balken, die Kieshaufen, die Zementsäcke, ich will die Arbeiter kennen, die an meinem Haus bauen, den Keller ausheben, die Türstöcke einsetzen, die Firstkrone aufbinden – ich will mit ihnen die Freude teilen, wie mein Haus wächst, auch mit ihnen streiten und ihren Rat hören, wenn wir nach Feierabend zusammen eine Flasche Bier trinken. Ich will ein Haus, das ich umbauen und anbauen kann, wenn einmal Kinder kommen, ohne daß es gleich ganz zusammenfällt – vor allem will ich ein Haus hinstellen, vor dem jeder Vorübergehende stehen bleibt und ausruft: ‚Was für ein wohnliches Haus!' Man muß dem Haus von außen ansehen, daß darin eine glückliche Familie lebt, ein Mann von Verstand, der seine Frau lieb hat, daß er ihr ein solches Haus hingestellt hat, an alles gedacht hat, daß sie nicht über Stufen stolpert und das Tablett quer und nicht längs durch den Gang tragen kann. Es soll das Haus eines glücklichen Ehemannes werden, eines in seine Frau verliebten Ehemannes."

„Geliebter Narr!" sagte mein Architekt.

Jetzt heißt es Farbe bekennen. Wir waren nicht nur sehr befreundet. Mein Architekt war meine Frau, die vor drei Jahren ihr Diplom gemacht hatte.

Segen der Erde

In dieser Minute, Freund, werden in Straßburg Hunderte und Aberhunderte von Gänseleberpasteten verpackt, zur Bahn gebracht und in alle Länder verschickt. In Flensburg nehmen junge Mädchen große warme Räucheraale aus den Kaminen und verpacken sie zu je 28 Stück in Holzkisten. Zwölf Lastwagen stehen vor dem Tor der Räucherei und werden mit den aallangen Kisten bis zum Rand beladen. In dieser Minute drehen sich gutgeölte Bratspieße in Tausenden Feinschmeckergaststätten Europas, in London und Paris, in Oslo und Amsterdam, in Brüssel und Rom, in Madrid und Barcelona, in München, Hamburg und Düsseldorf, in Zürich und Genf mit leckeren saftigen Masthähnchen über einem roten Kaminfeuer, sieden in kupfernen Kasserollen Tausende rotgetupfte Gebirgsforellen, werden goldgelbe Zitronen in Viertel geschnitten und neben Butterkartoffeln aus Malta gelegt. In Alcudia auf der Insel Mallorca zieht man pralle Netze mit den langschwänzigen Langusten an Land, genug, zehn Großstädte damit satt zu machen... aus Helgoland kommen die schweren schwarzen Hummer in tiefe Körbe, eine Schiffsladung mit Körben mit frischen Hummern... in Sête und Limfjord stehen die kilometerlangen Austernbänke in voller Tracht. Zur gleichen Stunde sind in jedem Wald, auf jeder Wiese Myriaden von Bienen unterwegs, den süßen Honigtau einzutragen, rinnt ein dicker goldener Bach Honig aus den Wabenschleudern in die Gläser am Fließband... in einer Entenfabrik werden die auf den Tag und die Stunde genau acht Wochen alten Mastenten in Brutscharen von 500 Stück, jede Stunde eine Brutschar, geschlachtet, gerupft, ausgenommen, gepreßt und tiefgekühlt... in dieser Minute sind 90 Millionen Hühner am Werk, jedem sein Tagesei zu legen, nehmen ungezählte Bäcker in Dorf und Stadt goldbraune Brotlaibe aus ihren Backöfen, scheppern auf Fuhrwerken jeder Art die hohen Milchkübel in die Molkerei, Milch, Milch, täglich so viel in Europa, wie sie das Becken des Zürichsees nicht aufzunehmen vermöchte. In allen Ställen der Welt stehen die Händler und prüfen die Ochsen, die Kälber, die Rinder, ob sie einen saftigen Braten versprechen, betrachten die Schweine, ob ihr Rückenspeck auch einen richtigen Frühstücksspeck ergibt, der nur vier Zentimeter dick sein darf... stehen in fernöstlichen Ländern mit nackten Füßen die Bauern, die Frauen und ihre Kinder im Schlammwasser und pflanzen den Reis für die ganze Welt, jedem Menschen wachsen täglich zwei Hände voll Reis zu... welch ein Segen der Erde!

Zwei alte müde Bettler sitzen unter einer Brücke in Kopenhagen.

Sie haben keinen roten Oere in der Tasche.

Es ist zwei Uhr mittags.

Sagt der eine:

„Hast du schon gegessen?"

Sagt der andere:

„Ach! Schon oft..."

„Neue Großmutter gesucht!"

Ich suche eine neue Großmutter. Meine eigene, die bei uns lebte, war ohne Aufhebens von uns gegangen. Vom Abend auf den Morgen. Als sie uns Gutenacht sagte, rief ich nur: „Gute Nacht, Mutter! Schlaf gut!" Heute steht es auf ihrem Stein: „Schlaf gut, Mutter!"

Wir schliefen von diesem Tag an weniger gut. Eine Mutter im Haus, welch ein Segen! Eine Großmutter ist durch nichts zu ersetzen. Ich rede nicht von den praktischen Dingen und der Umsicht, die ihr zu eigen ist, nicht davon, daß man die Kinder bei ihr abladen kann und wie sorgfältig sie die Wäsche des Hauses hütet. Aber plötzlich bin ich der Älteste in der Familie geworden, ich habe keinen mehr, dem ich Rechenschaft schuldig bin, dem ich beweisen kann: „Schau, Mutter! Das ist aus mir geworden!"

Ich habe niemanden mehr, den ich in meine Geldbörse hineinschauen lassen kann: „Schau, Mutter! Das habe ich mir gespart!" Auch meiner Frau fehlt der Mensch, zu dem sie kommen kann und sagen: „Mutter, bitte bring es Johannes bei, daß er unmöglich länger in der alten Hose herumlaufen kann und daß die Kinder neue Schuhe brauchen!"

Was die Mutter zu mir sagte, galt. Was die eigene Frau zu uns sagt, hört man nur mit einem Ohr.

Ich suchte eine neue Großmutter. Das muß es doch geben, sagte ich mir, es gibt Mütter, die ihre Söhne verloren haben, und Söhne, denen die Mutter starb. Warum sollen sie sich nicht gegenseitig helfen? Des neuen Sohnes tatkräftige Fürsorge für eine Frau, die sonst einsam in einem dunklen Kleid in einem Zimmer hockt, das die mißgünstigen Nachbarn der Witwe nicht gönnen, oder die zu den alten Fräuleins in eine christliche Herberge ziehen muß. Ihr ein Heim zu schaffen, wo das sonnigste Zimmer ihr gehört, ein Platz mit einem bequemen Stuhl am Fenster, bei Tisch sitzt sie neben den Kindern, eine Großmutter, wenn auch nicht die eigene, ein Mensch, der mich hindert, im Zorn allzu laut zu werden und grobe Späße zu treiben. Eine Großmutter ist wie eine Haustür und schützt das Heim vor liederlichen Wünschen.

Ich inserierte. Das ist immer der beste Weg.

„Großmutter gesucht!" schrieb ich. „Einsame alte Frau ohne Vermögen und Familie wird von uns als

Großmutter gesucht. Sie soll wie unsere eigene Großmutter behandelt werden, wir werden auf ihre Jahre Rücksicht nehmen, auf ihren Rat hören und uns ihrer Lebenserfahrung gern bedienen. Wir werden sie nicht immer allein im Hause lassen, wenn wir ausgehen, wir werden auch einmal mit ihr verreisen, sie soll jedes Jahr ein neues Kleid, neue Schuhe und einen neuen Hut bekommen, und alles soll vom Besten sein. Wenn Besuch ins Haus kommt, soll sie mit am Tisch sitzen, und ihre abgearbeiteten gichtigen Hände sollten der Prüfstein für die neuen Freunde sein. Sie soll es bei uns so gut haben, wie meine Mutter es hätte haben müssen, hätte ich damals schon den Verstand besessen, der leider erst bei jedermann mit den Jahren kommt. Ich werde rücksichtsvoll zu ihr sein, dankbar, geduldig, ich werde die Zeit finden, bei ihr zu sitzen und ihr zuzuhören, die anderen werden diesmal warten müssen, wenn Mutter mir was zu erzählen hat. Vor allem, ich werde sie nie unüberlegt zurücksetzen und kränken, denn ich will an ihr gutmachen, was Gutes zu tun ich bei meiner eigenen Mutter oft gedankenlos vergaß, bis ich ihr zum letzten Male zurief:

‚Schlaf gut, Mutter!'"

Das Inserat ist nie erschienen. Es blieb auf meinem Schreibtisch liegen, die Schrift nach oben, daß Mutter es vom Himmel aus lesen kann. Sie wird ihre kleine, armselige Stahlbrille, die – wie ich glaubte, – ihr genügte und die ihr die Krankenkasse bezahlte, hervorholen und wenn sie meine Zeilen gelesen hat, wird sie erst einmal ihre Brille putzen müssen. Sie wird sie noch oft putzen müssen, immer dann, wenn sie mein Inserat den anderen Müttern vorliest und mit einem verlegenen Lächeln hinzufügt:

„Das sieht ihm wieder ähnlich, es so herumliegen zu lassen . . ."

Die Braut von Messina

„Ich lernte meine Frau Irene auf eine mehr sportliche Weise kennen“, erzählte Jan Kreibom, „ich hatte mich in einem Münchener Atelier in ein Modell verliebt, das dem Maler für ein Bild ‚Untreue‘ Modell stand, wovon ich keine Ahnung hatte, als ich mit vollen Segeln in ihren Hafen einlief. Als ich dann an der Reede ihres Herzens alle Ankerplätze – wenn auch oft nur für Tage und durch die bekanntesten Seefahrer und Freibeuter – besetzt fand, drehte ich kurzentschlossen bei und gewann wieder das weite Meer der Freiheit. So stand ich eines Tages auf dem Münchener Hauptbahnhof, trug meinen kleinen Koffer mit den sieben Sachen in der Hand und stieg in den nächsten Zug ein, der München verließ. Denn München hat unter seinen tausend Vorzügen auch den einen, daß es zahlreiche Züge besitzt, mit denen man die Stadt verlassen kann. Das ist oft im Frühjahr, wenn uns der Föhn die Gefühle ins Herz weht, nicht ohne Bedeutung.

Der Zug, in den ich gestiegen war, fuhr geraden Weges nach dem Süden, und ich verließ ihn erst auf seiner Endstation, als der Schaffner ans Abteil klopfte und rief: „Messina! Alles aussteigen!“ Sonderbar, jeder Reisende, der das erste Mal Sizilien betritt und seinen Fuß nach Messina setzt, beginnt sogleich vergeblich nach den Spuren und Resten des großen Erdbebens und Brandes zu suchen. Auch ich fand sie nicht, hingegen lernte ich einen alten Bootsverleiher kennen, der mir die Vorzüge seines Bootes in so verlockender Weise schilderte, daß ich mich entschloß, das Boot zu nehmen und ein wenig um die Insel herumzurudern. Ich füllte es bis zum Rand mit Sardinen, Orangen, Brot, Käse und einigen Litern Capreser Wein, auch ein Angelzeug legte ich hinein, dann stieß ich vom Ufer ab.

Es waren herrliche Tage, die folgten. Ich ruderte an Palermo vorüber, ich kreuzte am Leuchtturm von Trapani vorbei, ich sah die Felsen von Syrakus, den gewaltigen Ätna, die Schönheiten Taorminas, am nächsten Abend würde ich wieder in Messina sein. Ich legte mich in die Riemen und trieb mein Boot vorwärts, denn die Einsamkeit meines Herzens begann sich allmählich fühlbar zu machen. Schon tauchte die Stadt mit ihren schwermütigen Orangenhainen und den steilen Weingärten in der Ferne auf, da sah ich plötzlich unweit des Ufers in dem glasklaren blauen Wasser ein junges Mädchen schwimmen. Mir nahm es den Atem. Es war das schönste Mädchen der Welt, das ich je erblickt hatte! Wie ein lebendig gewordenes Märchen schwamm es vor mir im Wasser, und so sehr ich auch meine Augen anstrengte, ich konnte keinen Teil auch der bescheidensten Kleidung an ihr erkennen. Nackt war sie, nackt wie die goldenen und roten Fische neben ihr und unter ihr und über ihr! Und wie ich auch die kleinste Flosse der Fische erkannte, wie ich jede einzelne ihrer goldenen Schuppen zählen konnte, so deutlich sah ich auch das schwimmende Mädchen. Und ich muß gestehen, ich riß meinen Mund nicht weniger erstaunt auf, als die Fische im Wasser es taten.

„He! Hallo!" rief ich und hatte mich im Boot erhoben.

Das nackte Mädchen drehte erschrocken den Kopf zu mir.

Dann versuchte sie, schnell das Ufer zu erreichen.

„He! Hallo!" wiederholte ich und ruderte schneller. Ich gebrauchte eine List. Ich steuerte mein Boot direkt auf das Ufer zu, warf das Ruder herum und schnitt ihr so den Weg ab. Sie aber, ihren Schwimmkünsten mehr als mir vertrauend, schwamm in das freie Meer zurück. Meine erste Eingebung war, ihr zu folgen. Aber ich fürchtete ihre Verzweiflung, und es sah nicht aus, als ob sie einen weiten Weg aus dem

Meer auch zurückfände. So ließ ich die Ruder sinken und mein Boot am Ufer treiben. Und richtig, in nicht allzu weiter Entfernung verhielt auch das Mädchen und schaute zu meinem Boot herüber.

„Wollen Sie nicht endlich weiterfahren?" rief sie.

„Nein!" rief ich zurück.

„Warum nicht?"

„Der Himmel wirft nicht jeden Tag ein schönes Mädchen vor mein Boot."

Sie schwieg.

Geschickt trieb ich mein Boot ein wenig näher.

Aber sie hatte es bemerkt.

„Das gilt nicht!"

„Ich will es Ihnen leichter machen", rief ich, „damit Sie nicht so laut schreien müssen!"

„Sie sind sehr rücksichtsvoll!"

„Das ist einer meiner Vorzüge!"

„Ich bin nackt!"

„Das sehe ich!"

„Diese Offenheit —"

„— ist eine meiner Nachteile!"

„Schämen Sie sich!"

„Das tue ich ja schon die ganze Zeit. Aber es nützt nichts. Das Böse in mir ist stärker als das Gute. Wenn Sie wüßten, welcher Kampf in diesem Augenblick in meiner Brust ausgefochten wird!"

„Ein anständiger Mensch rudert weiter", rief sie und tauchte unter.

„Zugegeben!" antwortete ich, als sie wieder auftauchte und ich in der Zwischenzeit mein Boot schnell ein wenig näher getrieben hatte, „zugegeben! Dann wäre ich in Ihrer Einbildung ein anständiger Mensch, und Sie würden später anderen Männern dieses kleine Erlebnis heiter erzählen. Ich aber möchte in Ihren Augen lieber ein unanständiger Mensch sein und dafür die Freude haben, daß Sie später einmal mir erzählen, wie wir uns kennengelernt haben."

Sie antwortete nichts. Nach einer Weile rief sie:

„Es lohnt sich nicht, mich kennenzulernen!“

„Warum nicht?“

„Ich bin häßlich.“

„Das habe ich bereits gesehen.“

„Ich bin verheiratet.“

„Von dem Manne ließe ich mich scheiden. Er paßt nicht zu Ihnen.“

„Das wissen Sie nicht!“

„Ein Mann, der seine Frau nackt schwimmen läßt, bewacht wenigstens ihre Kleider am Ufer, damit nichts gestohlen wird. Wenn er nun am Ufer wäre, müßte er längst herübergeschwommen sein, um Ihnen vor mir zu helfen. Entweder kann er nun nicht schwimmen, oder er ist kurzsichtig, oder er ist kein Held. In allen diesen Fällen aber paßt er dann nicht zu Ihnen, und ich mache Ihnen den Vorschlag, sich scheiden zu lassen.“

„Um Sie zu heiraten?“

„Ja. Augenblicklich bin ich der Nächste dazu. Ich mache Ihnen übrigens einen Vorschlag. Ich wende mich nach der anderen Seite, und Sie schwimmen unterdessen zu meinem Boot. Dann können Sie sich anhalten und unter dem Boot unsichtbar machen, was Sie unsichtbar zu machen wünschen. Sie sehen, ich bin kein Unmensch!“

„Weiterrudern wollen Sie unter keinen Umständen?“

„Unter keinen Umständen!“

„Gut. Drehen Sie sich um! Ich komme.“

Sie kam wirklich. Plötzlich tauchte ihr Kopf über der Spitze meines Bootes auf. Ich sah wirklich nur die Fingerspitzen und den Kopf. Ganz so ernst hatte ich es nun wieder nicht gemeint.

„Wenn Sie sich rühren, werfe ich das Boot um!“ rief sie.

„Drohungen erwecken Wünsche!“ antwortete ich.

„Bitte! Nein!“

Sie war wirklich noch tausendmal schöner, als ich vermutet hatte. Warum soll ich sie euch beschreiben und euch somit den gleichen Qualen aussetzen, die ich damals litt? Genug, ich litt, ich litt fürchterlich. Wenn man wochenlang ununterbrochen mutterseelenallein um eine Insel gerudert ist und der erste Mensch, der einem begegnet – ach, wozu die Qual wiederholen, die ich empfand? Wir plauderten, aber meine Gedanken waren nicht bei meinen Worten. Ich dachte und dachte, wie ich – ohne alles zu verderben – auch nur einmal meinen Arm um sie legen könnte. Vielleicht hatte sie den gleichen Wunsch, aber darf ein junges Mädchen ihn sich anmerken lassen?

„Ich bin nicht verheiratet", sagte sie plötzlich.

„Ich habe es auch nie geglaubt."

„Das wollte ich Ihnen nur zum Abschied sagen."

„Zum Abschied?"

„Ja. Es ist spät. Ich schwimme zurück."

Ehe ich antworten konnte, war sie ins Wasser zurückgesunken.

In schnellen Stößen schwamm sie dem Ufer zu.

Ich sprang auf. Rief verzweifelt:

„Ein Hai! Ein Hai!"

„Ich komme!"

Ich ruderte auf sie zu. Sie griff nach meinen Armen. Ich zog sie ins Boot.

Als sie nach vielen Stunden nachts gemeinsam zum Ufer ruderten, erfuhren wir später von Jan Kreibom, soll das nackte Mädchen gefragt haben:

„Wo ist eigentlich der Hai hingeschwommen?"

Jan Kreibom drückte sie zärtlich an sich.

„Irene", sagte er, „vor Messina gibt es keine Haie. Wußtest du das nicht?"

Da versteckte sie ihren Kopf an seiner Schulter und gestand: „Ich wußte es, Liebster! Aber wenn ich gewußt hätte, daß auch du es wußtest –"

Die Neue an der Bar

„Vielleicht macht es mir Spaß, eine alte Jungfer zu werden, Papa!"

„Jedenfalls hast du noch Zeit dazu."

„Ich bin immerhin bereits fünfundzwanzig, und noch kein Mann am Horizont."

„Am Horizont stünden viele, Sabine. Nur ist meine Tochter nicht gnädig genug, den Horizont nach ihnen abzusuchen."

Diese Gespräche finden durchschnittlich einmal in der Woche statt.

Herr Hinnen, bekannter Buchverleger seines Zeichens, wohnhaft in Lugano, ein wenig oberhalb, dort wo die Straße nach Ruvigliana hinaufgeht, eine Luxusvilla, 12 Zimmer, wie sie einem erfolgreichen Verleger zusteht, hat eine einzige Tochter. Sabine heißt sie. Man darf sie getrost ein hübsches Mädchen nennen. Wäre sie arm, hätte sie an jedem Finger zehn Verehrer. Aber sie ist reich, das macht sie mißtrauisch. Außerdem hat Sabine noch einen Fehler. Sie ist gescheit, und das mögen die Männer nicht. Lieber eine häßliche Frau als eine kluge, sagen sie. Sie haben Angst um die eigene Reputation. Die Klugheit der Männer ist meist nur eine dünne Haut, und ritzt man sie an, quillt die Dummheit heraus. So hübsch Sabine ist, so klug ist sie auch.

„Gib doch zu, Papa, wo soll ich einen Mann finden, der zu mir paßt? Der vor allem auch zu dir paßt, das darfst du nicht vergessen."

„Ich lasse dir völlig freie Hand, meine Tochter."

„Du machst mir unentwegt Vorschläge."

„Bei den alten Chinesen wählten die Väter ihre Schwiegersöhne. Das war nicht das schlechteste. Ich hätte gern einen jungen Mann, der in meinen Verlag paßt."

„In welchem Jahrhundert leben wir, Papa?"

„In einem sehr dummen Jahrhundert offenbar, wo die Töchter nicht mehr auf den Rat ihrer Väter hören."

„Was du mir bisher präsentiert hast—"

„Meine Hauptattraktion hast du ja noch nicht gesehen."

„Ich bin auf einen gewissen James Norman nicht neugierig."

„Schade! Er ist immerhin mein bester Autor und auch sonst sehr tüchtig. Das wäre ein Teilhaber für meinen Verlag nach meinem Herzen. Auch was man sonst so über ihn hört —"

„Er ist ein Trinker. Er schreibt es von sich selbst."

„Was Autoren über sich selbst schreiben, darf man nicht ernst nehmen."

„Er kennt nur Bars und Whisky."

„Er ist als Junggeselle öfter nachts im Maxim, weil er nach Mitternacht anderswo nichts mehr zu essen bekommt. Deswegen ist er dort Stammgast. Außerdem treibt er dabei seine Milieustudien —"

„Feines Milieu! Barfrauen auf Barhockern. Möglichst tief dekolletiert!"

„Ich habe noch nie gehört, daß Männer davon blind werden. Vielleicht interessiert es dich, daß ich Norman über Ostern zu uns eingeladen habe."

„Zum wievielten Male? Er wird absagen wie immer. Weiß er übrigens, daß du eine heiratsfähige Tochter hast?"

„Sicherlich haben wir uns gelegentlich einmal darüber unterhalten."

„Eine Tochter, die eines Tages deinen Verlag erbt?"

„Das wird er sich zusammenreimen können. Ich verstehe wirklich nicht, was du mit deinen Fragen willst. Du kennst sein Foto auf meinem Schreibtisch, du verschlingst seine Romane, findest sie großartig, warum bist du nicht neugierig, unser bestes Pferd im Stall einmal in natura kennenzulernen?"

„Unsere Begegnung stünde in einem falschen Licht."

„Vielleicht gefällst du ihm gar nicht."

„Eben, Papa. Das soll es geben. Hör mich jetzt bitte an: wenn Norman über Ostern zu uns kommt, werde ich nicht daheim sein."

„Aber ich habe ihn doch nur deinetwegen eingeladen."

Sabine sagt:

„Das wird er wissen, und deswegen hat er schon viermal abgesagt. Es spricht sich nämlich herum, daß du einen Mann für deine Tochter suchst. Darum werde ich diese peinliche Begegnung nicht mitmachen. Ich werde über Ostern zu einer Freundin fahren, skilaufen oder einen Trip nach Paris machen. Und zwar morgen schon. Du darfst mir deswegen ruhig böse sein, ich weiß, du wirst mir auch wieder gut. Sei froh, daß du mich noch eine Weile behältst."

Da verhandelt man die Haut des Bären, ehe man ihn hat. Da verzehrt man den Hecht, der noch fröhlich im Wasser schwimmt. James Norman, ein junger Autor — nun ja, man schreibt Bücher, würde aber genauso gern Autos verkaufen, wenn es lustiger wäre, oder Häuser bauen, wenn man einen ließe, oder auch nichts tun, wenn das Nichtstun so rentabel wäre wie das Bücherschreiben, ich will damit sagen, man ist kein Schreibtischhengst, das Leben macht in jeder Ecke Spaß, seit fünf Jahren ist er gerade beim Bücherschreiben, vielleicht wird er in fünf Jahren, mit vierzig, ein Theater führen oder einen Klub aufmachen, einen James-Norman-Klub, wie es gegenwärtig Mode ist, einer wie er wird immer seinen Weg finden, oben zu bleiben, ohne sich zu langweilen — James Norman also ist vor zehn Minuten ins Maxim gekommen, am Gründonnerstag. Es ist wieder weit nach Mitternacht geworden, er hat den Zeiger der Uhr übersehen. Das vorletzte Kapitel seines neuen

Buches, das er schon zu Ende glaubte, hat eine neue Überraschung ergeben, die man nicht aus den Händen lassen konnte. Jetzt wird der Roman fünf, sechs Kapitel mehr haben, sein Verleger Hinnen wird froh darüber sein, ihm können Bücher nicht dick genug sein, es ist sein Verlegeraberglaube, daß dicke Bücher besser gehen als dünne, vielleicht hat er sogar recht damit, wie seine Verkaufsziffern beweisen. Jetzt ist es mit der Besessenheit am Schreibtisch wieder einmal zu spät geworden, um noch irgendwohin zum Essen zu gehen, das alte Lied, man marschiert wieder ins Maxim, wo sie nichts anderes haben als ein Steak, es ist gar nicht so schlecht zubereitet für ein Nachtlokal, man macht ihm auch einen anderen Preis, man kennt ihn hier, meist ist er der einzige männliche Gast, der etwas zu essen verlangt, sonst sind es immer nur die Barfrauen, die zur Umsatzsteigerung auf die Speisekarte deuten und dann das Essen stehen lassen, für später, wie sie sagen, wer weiß, wer dann das kaltgewordene, teure Steak vertilgt.

„Charly, etwas zu essen!"

„Ein Steak, James?"

„Medium. Halb englisch."

Man nennt ihn hier mit Vornamen. Das ist sonst in Bars nicht üblich. Aber Charly und James kennen sich schon seit weit über 15 Jahren, sie haben einmal auf der gleichen Baustelle gearbeitet, damals, ehe James anfing, für Zeitungen zu schreiben, und ehe Charly hier seine Bar aufbaute, die ihm heute gehört, der Chef hinter der Theke, das ist immer ein gutes Zeichen für ein Nachtlokal. Wieviel Ziegel und wieviel Sack Zement haben sie damals in den kritischen Jahren, als es noch nichts gab, heimlich beiseitegeschafft, um hier diesen Behelfsbau zu errichten, Ziegel und Bretter und Nägel, nur den großen Fensterstock mußten sie kaufen, sie gaben dafür Ziegel. Die Ziegel waren auf der Baustelle nicht abgezählt und auch vom Zement ließ sich mancher halbe Sack beiseite bringen, ohne daß es auffiel. So etwas verbindet, auch wenn gute fünfzehn Jahre seit damals vergangen sind.

„Wer ist die Neue bei dir an der Bar?“ fragte James.

„Ich weiß nicht. Sie ist erst seit gestern da.“

„Sieht nett aus.“

„Ganz attraktiv.“

„Versteht sie ihr Handwerk?“

„Das Mixen schon.“

„Und sonst?“

„Frag sie selbst, James!“

Er klopft ihm lachend auf die Schulter und ruft herüber:

„Baby! Dein Typ wird verlangt!“

„Okay.“

Die Neue rutscht herunter von ihrem Hocker hinter der Bar und zeigt dabei ein paar recht erfreuliche Beine. Auch obenherum zeigt sie allerhand Beachtenswertes.

„Hat der Herr Mitleid mit einer durstigen Seele?“ fragt sie.

„Wenn die durstige Seele Mitleid mit des Gastes Brieftasche hat?“

„Sie trinken Whisky?“

„Ja. Dasselbe für Sie?“

„Danke. Ich nehme einen Orangensaft.“

„Mit Gin?“

„Nein. Ohne.“

„Welche Überraschung!“

„Er hat den gleichen Preis wie Ihr Whisky.“

„Dann bitte ich um Verzeihung“, sagt James.

Er bietet ihr eine Zigarette an.

„Danke“, sagt sie. „Und Sie? Darf ich Ihnen auch eine anzünden?“ Sie nimmt zwei Zigaretten aus einem Etui, nimmt beide gleichzeitig zwischen ihre Lippen, brennt sie an.

„Hier bitte – es ist kein Rouge darauf.“

„Sie machen das sehr anmutig!"
„Es gelingt nicht immer. Es war eine Probe. Ich bin neu hier. Kommen Sie öfter hierher?"
„Beinahe täglich."
„Ah! Stammgast!"
„Das kann man wohl sagen."
„Also dürfen Sie nicht geneppt werden."
„Ich gehöre nicht zu dem Typ, der geneppt wird, auch wenn er das erste Mal in einen solchen Laden kommt."
„Kompliment!"
„Ich gebe es zurück, Baby!"
„Danke, Babysitter!"
Sie hat Witz, die Kleine.
Sie hat auch sonst noch einiges.
Als Norman Sekt bestellt, fragt sie:
„Muß das sein?"
„Ich möchte mir nicht Charlys Feindschaft zuziehen, nachdem ich Sie so mit Beschlag belege."
„Charly hat für mich ein anderes Mädchen hinter die Bar genommen."
„Ich weiß, das ist hier üblich."
„Was heißt hier üblich? Sie wissen doch, ich bin neu, ich lerne gern etwas dazu."
„Das Übliche wäre, daß Sie mich bei meinem Vornamen nennen."
„Also James?"
„Woher wissen Sie das?"
„Charly hat es mir zugeflüstert. Sie sollen ein berühmter Schriftsteller sein. Stimmt das?"
„Ich lebe davon."
„Kann man das? Davon leben? Ich habe in der Schule gelernt, daß Schiller gehungert haben soll."
James lacht.
„Er schrieb auch ganz andere Geschichten als ich", sagt er.
Die Minuten fliegen, die Stunden vergehen. Es sind viele neue Gäste in die Bar gekommen. Um diese

Zeit ist die Maximbar immer brechend voll, Nachtbummler kommen zu einem letzten Drink, zu einer ersten Zärtlichkeit. Norman und die Neue von der Bar haben längst an einem Tisch Platz genommen und aus der ersten und zweiten Flasche ist die dritte geworden. Als Norman die Neue von der kleinen Tanzfläche zum Tisch zurückführt, fragt sie:

„Was machst du Ostern, James?"

„Erinnere mich nicht daran, Baby."

„Familie?"

„Mal den Teufel nicht an die Wand! Nein, keine Familie! Ich bin zu Freunden eingeladen. Nach Lugano."

„In die Schweiz? Ich beneide dich!"

„Fahr mit!"

Das sagt man so im Schwips. Aus Übermut. Aus Galanterie. Man weiß, das Mädchen kann hier sowieso nicht weg. Aber es klingt nett, wenn man es sagt.

„Fahr mit!"

„Wörtlich?"

Gott sei Dank hat Norman noch klare Momente.

„Nein. So wörtlich habe ich es nicht gemeint", sagt er schnell, „aber es wäre fein, wenn du mitfahren könntest. Wir würden uns bestimmt nicht langweilen."

Sie hat noch nicht verstanden, worauf es ankommt.

„Wenn ich nun mitfahren könnte?" fragt sie.

„Dann käme ich in die größte Verlegenheit", gesteht Norman offen, „ich bin in Lugano bei einem Verleger eingeladen. Ich bin also mehr beruflich dort. Verstehst du, ich kann dich nicht gut mitbringen."

„Ich brauche ja nicht dort zu wohnen. Bring mich irgendwo in einem kleinen Hotel unter."

„Die Hotels in Lugano sind zu Ostern alle überfüllt."

Die Ausrede ist offensichtlich. Das Mädchen spürt es.

„Du willst nicht. Warum sagst du es dann erst?"
„Das hat mit meinem Willen nichts zu tun, Baby. Aber ich hätte dort keine Zeit für dich. Es ist eine sehr ehrenwerte Familie, wo ich hingehe. Da ist eine Tochter im Haus, auch andere Gäste – ich hätte keine Zeit, dich zu sehen oder gar, mit dir spazierenzugehen."
„Lieber gehst du mit der Tochter spazieren."
„Ich gehe auch nicht mit der Tochter spazieren, versteh doch! Ich kenne die Tochter überhaupt nicht."
„Man wird dich einfangen."
„Vielleicht hat man das vor, aber –"
„Du glaubst?"
„Der Vater hat so eine Andeutung gemacht, daß er mich gern als Schwiegersohn sähe –"
„Das muß sehr peinlich für die Tochter sein, wenn du jetzt hinkommst – ist die Tochter reich?"
„Ihr gehört einmal der Verlag."
„Aha! Darum geht es dir besser als weiland Schiller. So machen das heute die Schriftsteller!"
„Sei nicht albern!"
„Dann beweise, daß du anders denkst und nimm mich mit!"
„Ich denke nicht daran!"

James Norman dachte in dieser Minute wirklich nicht daran, obwohl ihm die Kleine gefiel, sehr gut gefiel, über alle Erwartungen hinaus gut gefiel und auch so gar nichts von einem Barmädchen an sich hatte. Wir Männer gehen in eine Bar und suchen eine Unterhaltung mit einer Barfrau. Aber sie soll möglichst keine sein. Finden wir keine nach unserem Geschmack, wechseln wir das Lokal. Finden wir aber eine, deren Anblick und Einblick uns beglückt, ärgern wir uns wieder, daß sie keine Pfarrerstochter ist. Uns Männern kann man es nie recht machen. Gelegentlich verlieben wir uns sogar in so einem

Laden. Wir haben hier die Zeit und die Muße, die uns am Tag fehlt, zu einem netten Gespräch, unser Herz ein wenig aufzuschließen und auszuschütten, und plötzlich ist es passiert. James Norman ist es auch passiert. Soeben. Meist sind es nur zehn Minuten, mittendrin, die ausreichen, sich in ein Mädchen zu verlieben, und zwar gründlich zu verlieben. Diese zehn Minuten sind jetzt bei James gekommen.

Er springt auf.

„Ich telefoniere jetzt!" ruft er. „Wo ist das Telefon?"

„Wen willst du nachts um drei Uhr anrufen!"

„Lugano. Meinen Verleger. Ich will ihm sagen, daß ich Ostern nicht komme."

„Aber doch nicht nachts um drei, James!"

Neuverliebte, noch dazu vom Wein berauscht, sind stur.

„In der Schweiz ist es jetzt früh um zehn!"

„Du verwechselst das mit Amerika!"

„Die Schweiz liegt in Amerika!"

Glücklicherweise weiß er die Nummer in Lugano nicht auswendig. Er setzt sich also wieder an seinen Tisch zurück. Er telefoniert auch am nächsten Tag nicht. Am nächsten Tag ist er wieder nüchtern, aber immer noch so verliebt wie am Abend zuvor.

„Also gut, ich fahre hin, Baby", sagt er. „Aber dich nehme ich mit. Ich lasse dich nicht eine Minute mehr von meiner Seite – ich teile meine Zeit zwischen dir und meinem Verleger."

„Wirst du sie gerecht verteilen?"

„Ganz gerecht. Vier Stunden ihm und zwanzig Stunden dir."

Der Verleger Hinnen ist mit den vier Stunden, die sein Besucher für ihn Zeit hat, gar nicht einverstanden. Jetzt, wo James Norman endlich einmal bei ihm in Lugano ist, wird er versuchen, ihn so lange wie möglich hier festzuhalten. Er verrennt sich immer tiefer in seinen Plan, Norman als Schwiegersohn zu gewinnen. Er findet nur Vorzüge an ihm. Sabine wird sich in ihn verlieben, daran besteht kein Zweifel. Er kennt doch seine Tochter und weiß, welche Männer ihr gefallen. Und dieses dumme Ding ist abgehauen, einfach abgehauen, sechs Tage schon. Und hat nicht geschrieben, kein Wort, wie lange sie bleiben wird und wann sie zurückkommt. Dabei scheint Norman gerade in der rechten Stimmung, bißlustig wie eine Forelle. Wenn nur das Wort Liebe zur Sprache kommt, wird er lebendig wie ein Primaner. Da fallen Sätze wie „oft genügen zehn Minuten, um sich bedingungslos zu verlieben" oder „es wird allmählich Zeit, daß ich eine Frau fürs Leben finde. Das wird einmal bei mir sehr schnell gehen, passen Sie auf!" Und dann ist dieses Miststück von Tochter nicht im Hause!

„Wie ist die reiche Tochter?" fragt ihn sein Mädchen, das er in einem kleinen Hotel, etwas abseits von Lugano, untergebracht hat.

„Nicht halb so hübsch wie du!" sagt er und küßt sie.

„Hast du sie gesehen?"

„Nein. Gesehen noch nicht. Aber –"

„Wie kannst du dann sagen, daß sie halb so hübsch ist wie ich?"

„Weil jede andere Frau auf der Welt nur halb so hübsch sein kann wie du!"

„Ach! Du bist verrückt!"

„Ja. Auf dich!"

Dann küssen sie sich wieder zehn Minuten lang, und der Himmel kommt zu ihnen herunter auf die Erde. Ach, ich will euch nicht den Mund wäßrig machen, aber der ganze große See um Lugano herum würde die Glut ihrer Herzen nicht zu löschen vermögen, und die zärtlichen Worte, die sie tauschen, fliegen als weiße Wölkchen über den dunkelblauen See.

„Komm, wir fahren zurück", sagt James, „ich finde einen Vorwand, schon am Ostermontag abzureisen!"

„Ich liebe dieses Zimmer!"

„Wir werden ein anderes Zimmer finden, eine ganze Wohnung, ein ganzes Haus für unsere Liebe!"

„Es ist nicht mehr dasselbe wie hier — wenn wir zurück sind, muß ich wieder in die Bar —"

„Untersteh dich! Nicht eine Stunde! Was fällt dir ein?"

„Was hast du vor?"

„Standesamt, Kirche, Hochzeitsreise, Kinderkriegen und ein geruhsames Alter!"

„Du mein Liebster!"

„Du meine Liebste!"

Da war das entscheidende Wort gesagt.

Am Ostermontag, es ist der letzte Tag, den Norman im Hause seines Verlegers zubringt — es ist Hinnen nicht gelungen, Norman zu bewegen, ein paar Tage zuzugeben — sitzen sie beim Frühstück auf der Terrasse mit dem Blick über den See hinweg. Da wird Hinnen zum Telefon gerufen. Er kommt lange nicht zurück, so lange, wie ein Boot braucht, über den See zu rudern. Als er aus dem Haus tritt, ist er völlig verändert.

„Eine frohe Nachricht", sagt er, „meine Tochter hat soeben angerufen, sie wird gleich hier sein — wir werden dann gemeinsam mittagessen —"

„Ich muß Sie leider enttäuschen", sagt Norman, „ich bin leider heute zu Mittag verabredet."

„Können Sie nicht absagen, lieber Norman?"

„Es handelt sich um eine junge Dame."

„Eine junge Dame? Haben Sie sie hier auf Ihren Spaziergängen kennengelernt?"

„Nein. Wir kennen uns bereits von zu Hause."

„Dann bringen Sie sie doch einfach mit zu Tisch."

„Ich muß Ihnen einen Kummer machen. Sie haben einen Junggesellen eingeladen, und ich bin nur noch ein halber."

„Was? Sie sind verlobt?"

„Man kann es so nennen."

In diesem Augenblick läutet es an der Gartentür Sturm. Etwas kommt über den Kiesweg gelaufen, an den Rosenstöcken vorbei, auf die Terrasse zu, nimmt zwei Stufen auf einmal. Norman traut seinen Augen nicht, aber ehe er noch dazu kommt, etwas zu sagen, fliegt ihm sein Mädchen aus der Bar um den Hals, achtet nicht auf den Dritten, den Hausherrn, sondern küßt James ungeniert auf Nase, Mund, Augen, Kinn und Wangen und wohin sie trifft. James Norman steht wie versteinert. Vor Verlegenheit getraut er sich nicht, den Überschwang ihrer Zärtlichkeiten zu erwidern, kaum entgegenzunehmen, er ist — das geschieht ihm zum ersten Male in seinem Leben — dieser Situation nicht gewachsen. Dann aber reißt er sich zusammen, lächelt ein wenig hilflos zu Hinnen hinüber und sagt:

„Verzeihen Sie, als Verleger sind Sie sicher einiges von Ihren Autoren gewöhnt — das ist meine Verlobte, von der ich soeben zu Ihnen sprach."

Herr Hinnen scheint tatsächlich einiges gewohnt zu sein.

Er verändert sein Gesicht überhaupt nicht.

„Ich habe die Höflichkeit und das Verständnis eines alten Chinesen", sagt er, „Chinesen sind durch nichts zu überraschen."

„Entschuldigen Sie trotzdem. Ich war nicht darauf vorbereitet, daß diese junge Dame, meine Braut, so überraschend hier hereinschneit."

„Ich beglückwünsche Sie zu Ihrer Wahl. Jetzt können Sie wenigstens zum Mittagessen bei uns bleiben. Meine Tochter wird sich freuen, auf Ihr Wohl und Ihr Glück zu trinken."

„Sie meinen —"

„Ja", sagt Herr Hinnen, „fragen Sie sie doch selbst. Die junge Dame, die Sie mir als Ihre Braut vorstellen, ist meine Tochter Sabine. Sie hat mir vorhin am Telefon bereits alles erzählt, auch daß sie Sie nur mit Mühe daran hindern konnte, mich nachts um drei Uhr aus Ihrem geliebten Maxim anzurufen..."

Der erste Urlaub

Die Vorfreude auf eine Reise ist der schönste Teil der Reise. Carola träumte seit Wochen Tag und Nacht von ihrer kleinen Reise. 1000 Mark sollte sie kosten, viel Geld für eine kleine Stenotypistin. Genau soviel hatte sie sich erspart, keine Mark darüber und darunter besaß sie, aber es war ja auch alles im Preis eingeschlossen. Fahrt, Verpflegung, Übernachtung, Ausflüge, selbst die Getränke und zehn Postkarten mit zehn Briefmarken hatte die Reisegesellschaft bewilligt. Sie würde Innsbruck sehen, Bozen, Meran, in Sirmione am Gardasee unter Palmen spazierengehen, und einen Tag sogar nach Venedig hinüberfahren, am Markusplatz die Tauben füttern, die Glocken vom Campanile hören, sie würde vor dem Dogenpalast stehen und vor der St.-Markus-Kirche, und in der Dämmerung in einer der mit schwarzem und rotem Samt ausgepolsterten Gondeln über den Canale Grande fahren, am Goldenen Palast vorbei, am Palazzo d'Oro, ehe sie nachts ihre Heimreise wieder antrat. Sie hatte alle Verheißungen des Reiseprospektes so oft gelesen, daß sie sie schon auswendig kannte. Es war ihre erste große Reise, wen wundert es, daß ein junges Mädchen Tag und Nacht davon träumt und sich ausmalt, wie es sein wird?

Und dann kam dies, acht Tage vor Reisebeginn, genau an dem Tag, als sie ihre ersparten 1000 Mark bei dem Reisebüro gegenüber einzahlen wollte, es kam ganz unerwartet...

Herr Hegewald, Hauptkassier von Beruf, erst seit kurzem im Haus, ganz anders als die anderen jungen Leute in seinem Alter, ein wenig schüchtern, aber vielleicht gerade deswegen in Carolas Augen doppelt liebenswert, ohne daß zwischen ihnen mehr vorgefallen war als ein verirrter Blick aus seinen Augen in die ihren, und daß er ihr immer in den Mantel half und immer mit ihr zugleich aus der Tür ging, auch gelegentlich früh auf der Straße vor dem Haus auf sie gewartet hatte, von weitem den Hut zog, ohne mehr von ihr zurückzubekommen als den Wunsch eines guten Morgens... besagter und geschilderter Herr Hegewald nun klopfte eines Tages in der Mittagspause an die Tür des Zimmers, in dem sich Carola gerade allein zum Essen niedergelassen hatte, ein belegtes Brot, eine Flasche Milch und einen Apfel auf dem Tisch. Als Carola „herein!" rief, streckte Herr Hegewald seinen Kopf durch den Türspalt und fragte mit völlig verstörtem Wesen:

„Sind Sie allein, Fräulein Tetzner?"

„Ja. Was gibt es?"

Herr Hegewald schloß schnell die Tür hinter sich, sah sich nach allen Seiten um und stieß schließlich stotternd hervor:

„Ich bin in einer tödlichen Verlegenheit —"

„Sagen Sie es ungeniert!"

„Das ist gar nicht so leicht — Sie werden dann mehr wissen wollen, und das kann ich Ihnen nicht anvertrauen — kurz: ich brauche —"

Er brach ab, setzte auf ihren fragenden Blick neu an und sagte:

„Ich brauche dringend noch heute 1000 Mark."

„Wofür?"

„Das ist es eben, was Sie nicht fragen dürfen."

„Hängt es mit der Kasse zusammen?"

„Bitte keine Fragen!"

Carola war von seiner Bitte so überrascht, daß sie ihr belegtes Brot, ohne weiterzuessen, wieder ins Papier wickelte.

„Ich würde Ihnen gern das Geld leihen", sagte sie, „aber ich besitze keine 1000 Mark."

„Wirklich nicht?"

Er starrte auf den Boden. Anzusehen wagte er sie nicht bei dem, was er jetzt sagte:

„Besitzen Sie wirklich keine 1000 Mark?"

„Wirklich nicht. Wie kommen Sie darauf?"

„Sie wollen doch eine Urlaubsreise machen?"

„Ach, das Geld meinen Sie?"

Es kam für Carola gar nicht in Frage, daß sie ihre zehn großen blauen Scheine, die sie in einem Umschlag in ihrer Handtasche trug, nicht in das Reisebüro hinübergetragen hätte.

„Ich kann über das Geld nicht mehr verfügen."

„Es war meine letzte Hoffnung."

„Steht es wirklich so schlimm um Sie?"

„Mein Leben ist ruiniert, wenn ich das Geld nicht bekomme."

Das Herz eines jungen Mädchens ist eben das Herz eines jungen Mädchens. Man kann es leicht verwirren, es klopft manchmal schneller, und dann gehört nicht allzu viel dazu, es zu überreden. So schüchtern auch Herr Hegewald bisher gewesen war, jetzt legte er eine Beredsamkeit an den Tag, schilderte Tod und Verderben, Niedergang und Ruin eines jungen Mannes so herzzerbrechend, daß es Carola bald als Sünde gegen die Menschlichkeit erschien, hätte sie in Sirmione unter Palmen gefrühstückt und auf dem Markusplatz in Venedig die Tauben gefüttert, wenn zur gleichen Stunde hier einem Menschen der Hals abgedreht wurde. Sie fragte dreimal ihr Herz, was sie tun sollte, und ihr Herz antwortete dreimal: Für einen anderen vielleicht nicht, aber für ihn? Überleg es dir gut: für ihn? Da hatte sie nachgegeben, war in das

Reisebüro hinübergegangen, mit leerem Umschlag, und hatte sich von der Teilnehmerliste der Sommerreise streichen lassen. Als sie wieder zur Tür heraustrat, blieb sie noch lange vor dem Schaufenster stehen und betrachtete die dort hängenden großen bunten Bilder: das goldene Dachl in Innsbruck, die Laubengänge von Bozen, das dunkle Blau des Gardasees und den Canale Grande mit dem so schönen Gondoliere, der aufrecht in seiner Gondel stand und über das Liebespaar vor ihm hinwegsah. Carola stand direkt im Blickfeld seiner Augen. Aber so schön, wie sie bisher von ihm geträumt hatte, fand sie ihn mit einem Male gar nicht mehr. Und das Liebespaar, das in der Gondel saß: der Mann sah Herrn Hegewald gar nicht so unähnlich.

Acht Tage waren es noch bis zum Beginn ihres Urlaubes, den sie sich einmal so schön geträumt hatte. Jetzt würde sie daheimbleiben müssen, ohne einen Pfennig Geld, nicht einmal fürs Kino reichte es mehr. Aber man kann ja auch am Stadtbach spazieren gehen oder in der Sonne auf einer Bank sitzen, auch hier singen die Vögel in den Zweigen, und statt des alten goldenen Daches von Innsbruck wird sie auf das neugedeckte rote Dach der alten Mühle sehen. Farbe ist Farbe, das Gold ist nur seltener, nicht schöner. Herrn Hegewald hat sie seitdem nicht mehr zu Gesicht bekommen. Er schien sich absichtlich unsichtbar zu machen, das ist nur verständlich nach dem, was zwischen ihnen vorgefallen war, wie er das Geld an sich genommen hatte, aus ihrer Tasche in die seine, ohne mehr als einem flüchtigen Wort des Dankes, doch ja, er war noch einmal in der Tür stehengeblieben und hatte gesagt:

„Vielleicht kann ich es Ihnen früher zurückgeben, als es jetzt den Anschein hat.“ Aber wer glaubt einem Mann, der ein Mädchen anborgt, in einer solchen Situation?

Am Freitag vor dem Wochenende, sie schlossen schon um zwei, und es war bald so weit, klopfte Herr Hegewald an ihrem Zimmer und trat ein.

Er blieb in der Tür stehen.

„Was werden Sie jetzt im Urlaub unternehmen, nachdem Sie durch meine Schuld . . ."

„Machen Sie sich keine Sorgen. Ich bin schon darüber hinweg. Der Traum ist begraben."

„Ich hatte auch einen Traum. Um ihn zu Ende zu träumen –"

„Um ihn zu Ende zu träumen?"

Er ergänzte:

„– mußte ich die 1000 Mark von Ihnen haben. Mir blieb kein anderer Weg, als Sie darum zu bitten."

„Vergeben und vergessen."

„Auch mein Urlaub beginnt morgen. Jetzt kann ich Ihnen sagen, wozu ich das Geld brauchte. Für meinen Traum. Ich hatte meiner Mutter geschrieben, daß ich ihr im Urlaub ein junges Mädchen mitbrächte, das recht dazu angetan wäre, ihre Schwiegertochter zu werden."

Carola fiel der Apfel aus der Hand.

„Dafür haben Sie mein Urlaubsgeld gebraucht?" fragte sie empört.

„Ich war in einer Zwangslage. Ich hatte Mutter so viel über das junge Mädchen geschrieben, Mutter wollte es gern kennenlernen, wir haben einen großen Hof mit Fischweihern und Wald. Mutter hatte bereits Kuchen gebacken, ein Schwein geschlachtet – ich konnte nicht anders, ich konnte Mutter nicht enttäuschen."

„Das also war Ihre Notlage, die Sie mir so beredt schilderten?"

Er zuckte die Schultern.

„Das Mädchen wäre nicht mitgefahren, wenn das Geld nicht in meine Tasche gewandert wäre. Ich mußte also dafür sorgen, daß es seine Urlaubsreise nicht zahlen konnte und im Lande blieb, um mit mir aufs Land zu fahren."

„Hätten Sie sich doch dann das Geld von ihm geben lassen!"

„Das habe ich ja getan!" rief Herr Hegewald. „Es ist immer dasselbe Mädchen. Leider hat es einen winzig kleinen Verstand, daß es immer noch nicht gemerkt hat, warum ich ihm in der letzten Minute die zehn blauen Scheine abnahm und warum ich ihm sagte, daß mein Leben ruiniert sei, wenn es mir meine Bitte nicht erfüllt..."

Damit legte er ihr das Geld wieder auf den Tisch, und es waren dieselben zehn Scheine, die vor sechs Tagen in Carolas Handtasche gewesen waren.

Wenn Herrn Hegewalds Mutter nicht gestorben ist, freut sie sich noch heute über den glücklichen Einfall und die Wahl ihres Sohnes, Carola ins Haus zu bringen, denn es lebt sich einsam in einem so großen Hof ohne das Lachen der Enkel, wenn sie, die Großmutter, mit einer langen Stange im Herbst die Nüsse vom alten Nußbaum schlägt.

Ich setzte mich auf Kittys Platz

Kitty hatte sich etwas in den Kopf gesetzt.

Da saß es, und da rumorte es, und eines Tages kam es heraus.

„Mein lieber Johannes —", begann meine Frau harmlos.

Sogar der Klang ihrer Stimme war in dieser Minute einschmeichelnd, das ist er nicht immer. In unseren langen Ehejahren erklingen oft ganz andere Töne. Aber wenn Kitty bei mir etwas durchsetzen will, beginnt sie immer mit ihrer Sonntagsstimme, die sie sich noch von damals bewahrt hat, als sie mich in unserer ersten Jugendblütenpracht fragte: „Bist du eigentlich gegen das Heiraten, Johannes?“

Ich war es nicht. Ich war weder dagegen, noch überhaupt gewappnet gegen diese Frühlingsstimmenfrage. Ich tappte hinein, die Falle schloß sich über mir, und ich hatte jetzt neben dem Speck den Käfig. Jedoch, ich muß zugeben, es ist eine recht harmonische und friedliche Ehe daraus geworden.

„Mein lieber Johannes“, sagte also Kitty eines Morgens beim Frühstück und reichte mir eine Semmel, „warum sitzt du nicht einmal anders?“

„Wieso? Sitze ich schief?“

„Weder schief noch falsch“, sagte Kitty, „aber du sitzt seit zehn Jahren immer auf dem gleichen Platz am Tisch. Du sitzt mit dem Rücken zur Wand, hast dir sozusagen die Schönseite am Tisch ausgewählt, den Platz mit dem Blick aus dem Fenster, der Tisch ist so gedeckt, daß er von dir aus den schönsten Anblick bietet, sogar die Blumen in der Vase wenden dir ihre Köpfe zu und vor deinen Augen breitet sich unser einziger Teppich aus und läßt dich wohlhabend erscheinen — wie wäre es, wenn wir zwei einmal den Platz tauschen würden?“

„Ich soll dort sitzen, wo du sitzt?“

„So ist es gemeint“, sagte Kitty.

Ich wußte zwar noch nicht, warum es so gemeint war. Ich habe mir abgewöhnt, darüber zu grübeln. Ich erhob mich und tauschte mit Kitty den Platz.

Ich saß kaum fünf Minuten — die Kinder löffelten rechts und links von mir ihr Sonntagsei, und die Enkel ihren Brei —, da versank ich in tiefe Bitternis. So kann unser Frühstückstisch also auch aussehen, wenn man nicht an der Schönseite sitzt? Der ganze Zauber unseres Frühstückes war dahin. Laßt es mich schildern, was ich sah und erlebte.

Ein Frühstücksgeschirr ist nicht für die Ewigkeit bestimmt. Es hat seine glänzende Jugend, seine oft gespülten hohen Jahre, sein müdes Alter. Porzellan ist Sache der Frau, sagt der Mann, aber wenn von sechs Tassen nur noch eine einzige einen Henkel hat, die anderen ihn entbehren, und jede oben am Rand ausgeschartet ist, die Untertassen einen Sprung aufweisen, der Henkel der Kaffeekanne schon zweimal grob gekittet ist und er beim Sahnekännchen ganz fehlt, das fällt einem schon auf. Bisher wußte ich nichts davon. Ich bekam stets liebevoll die letzte heile Tasse hingestellt, das übrige Geschirr in ein günstiges Licht gestellt, die fehlenden Henkel nach hinten gedreht und vor mir versteckt, meine Frau hatte die Kinder darauf geradezu einexerziert, damit Vater sich nicht ärgert — das alles sah ich jetzt, wo ich mir quasi gegenübersaß, zum ersten Male. Ich sah noch mehr, was mich erschreckte: die Tapete an der Wand war verschossen und verblaßt, ich saß sonst immer mit dem Rücken zu ihr und bemerkte so ihre Schäbigkeit nicht, der Glaskasten auf dem Buffet hatte einen Sprung, und von meinem jetzigen Platz sah unser Teppich, unser gutes Stück, das Zeichen unseres Wohlstandes, plötzlich gar nicht mehr nach Wohlstand aus, er war an einigen Stellen schon recht abgetreten.

„Ich pflege ihn so zu legen, daß der Blick von deinem Platz auf die noch letzten guten Stellen fällt", sagte Kitty, „aber es wird immer schwieriger."

Ich saß in einem völlig veränderten Zimmer und hatte doch nur meinen Platz am Tisch gewechselt. Vielleicht waren die Tassen und die Tapete und der Teppich schon seit Jahren so abgenutzt, ich hatte es nur in der Gewohnheit des täglichen Anblicks nicht bemerkt. Wir bemerken ja viele Dinge nicht, die sich verändern, während wir immer am gleichen Platz am gedeckten Tisch des Lebens sitzen. Vielleicht sind unsere Ansichten über dies und das schon ebenso vergilbt wie die Tapeten in meinem Zimmer, vielleicht ist unsere Sicherheit und unser Wohlstand ebenso abgetreten und durchlöchert wie der Teppich in meinem Zimmer. Sollten wir nicht alles, was wir einmal gelernt haben und täglich als Worte so oft benützen, wie die Tassen am Frühstückstisch, durch neue Anschaffungen ersetzen – ich meine, durch neues Nachdenken, Nachlernen, und unserem Sinn durch neue Erkenntnisse und neue Gedanken eine neue Wahrheit geben? Warum soll eine vielstrapazierte Weltanschauung, auf der täglich herumgetrampelt wird, eine längere Lebensdauer haben als ein Teppich? Ein guter Teppich hält ewig, über Generationen, aber einmal muß er doch ersetzt werden. Wird nicht im großen Leben so viel Geschirr zerbrochen und nicht nur der Henkel abgeschlagen? Ein Geschirr, dem Stücke fehlen, ergänzen wir, warum ergänzen wir nicht die zerbrochenen Teile in unserem Denken und in unserem Herzen? Durch neue Erkenntnisse, neue Gefühle, neue Gerechtigkeit? Und wenn wir dann schon beim Entrümpeln sind, wollen wir nicht zuerst unsere Herzen entrümpeln und den Kalk der Vorurteile aus unseren Schädeln räumen, der sich im Laufe eines Lebens dort angesammelt hat? Man muß sich nur einmal auf einen anderen Platz setzen und die Dinge von der anderen Seite ansehen, die liebe Gewohnheit des Sitzenbleibens aufgeben und mit den Augen des anderen unseren Platz im Leben betrachten, den Standpunkt auswechseln, auf dem wir stehen. Es sind nur ein paar Schritte, die wir tun müssen. Tun wir sie. Tun wir sie gleich.

Kitty fragte:

„Warum redest du nichts, Johannes? Du pflegst doch sonst immer den Kindern beim Frühstück eine lustige Geschichte zu erzählen?“

Ich sagte:

„Ich habe gerade über eine ernste nachgedacht. Aber denkt man sie zu Ende, machen wir vielleicht alle bald wieder glückliche Gesichter ...“

Kleine Bekanntschaft

Man kann nicht vorsichtig genug sein! Zumal auf Reisen durch die große Welt! Dies erfuhr auch unser Freund Hanns Petermann, als er keck und kühn, wie sich dies für einen jungen Mann ziemt, auf der Kurpromenade eine junge Dame ansprach und sie fragte:

„Kann ich Sie einmal wiedersehen, Fräulein?"

Die junge Dame schüttelte den Kopf.

Aber sie sagte keineswegs unfreundlich:

„Ich bin kein Fräulein."

„Nein?"

„Nein."

„Schade."

„Vielleicht."

„Sie sind verheiratet?"

„Ja."

„Und Ihr Mann?"

„Mein Mann ist daheim. Ich lebe allein hier."

Hanns Petermann witterte Morgenluft.

„Dann könnte man doch –"

Jetzt machte die junge Dame ein ganz ernsthaftes Gesicht.

„Nein. Das kann man nicht. Erstens tue ich solche Dinge überhaupt nicht, zweitens weiß der ganze Kurort, daß ich verheiratet bin, und daß ich ohne meinen Mann hier bin. Was würden die Leute sagen, wenn ich plötzlich mit Ihnen daherkäme?"

„Man könnte den Leuten –"

„Nun?"

„Man könnte den Leuten sagen, ich wäre Ihr Mann, der plötzlich zu Besuch gekommen ist."

Die junge Dame war stehengeblieben.

„Zumindest sind Sie nicht auf den Kopf gefallen, junger Freund!"

„Auch sonst nicht."

„Das scheint so."

„Also? Einverstanden?"
Sie lachte und schüttelte heftig den Kopf.
„Unmöglich! Ganz unmöglich!"
Es wurde aber doch möglich.
Als Hanns Petermann drei Stunden später mit seinem Koffer das Hotel betrat, in dem Irene seit drei Wochen wohnte, fragte er:
„Hat meine Frau für mich ein Zimmer bestellt?"
„Ja. Im zweiten Stock."
„Danke."
Frohen Mutes trug Petermann seinen Koffer hinauf, zog sich um und erschien kurze Zeit darauf in angenehmer Erwartung und mit strahlender Miene – Männer sind ja so stolz auf ihre kleinen Siege – im Speisesaal des Hotels. Ein Kellner kam ihm entgegen.
„Ich möchte mit meiner Frau auf der Terrasse essen", sagte Petermann, „ist das möglich?"
„Leider wird das nicht möglich sein."
„Ist kein Tisch frei?"
„Einen Tisch hätte ich noch zur Verfügung", antwortete der Kellner, „jedoch die gnädige Frau ist vor einer Viertelstunde abgereist."
„Abgereist?"
Petermann sah seine Felle davonschwimmen.
„Abgereist?" wiederholte er.
„Ja."
„Hat sie nichts für mich hinterlassen?"
Der Kellner nickte:
„Doch. Ihre Hotelrechnung seit drei Wochen. Sie sagte zu mir: Geben Sie die Rechnung heute abend meinem Mann, der eben angekommen ist."

Der Test der Sekretärinnen

Des großen amerikanischen Handelskonzerns Generaldirektor Mr. Millan Miller brauchte eine neue Privatsekretärin. Sekretärinnen gibt es wie Sand am Meer und Privatsekretärinnen wie Flöhe auf einem Kamel, was aber eine echte Generaldirektors-Privatsekretärin ist, die findet sich nicht so leicht. Da sind viele Imponderabilien im Spiel, und was ein großer Konzern ist, der hat seine eigenen Konzern-Psychiater, Konzern-Psychoanalytiker, Konzern-Psychodiagnostiker und Konzern-Psychotherapeuten, die durch wohlvorbereitete Testfragen die Bewerberinnen durchlüften und durchleuchten, ehe sie zur engeren Auswahl schreiten. Drei Sekretärinnen hatten ihren Test bestanden und wurden nun ihrem Chef, dem Generaldirektor Millan Miller, zur letzten Entscheidung vorgeführt.

Die erste Bewerberin trat ein.

Der Psychodiagnostiker fragte:

„Wenn es plötzlich im Betrieb zu brennen beginnen würde, Fräulein eins, was würden Sie zuerst retten und in Sicherheit bringen: sich selbst, den Chef, die Schreibmaschine, die Kundenkartei oder die Kalkulationsunterlagen?"

Die Bewerberin eins antwortete wie aus der Pistole geschossen: „Den Chef, die Schreibmaschine, die Kundenkartei und die Kalkulationsunterlagen. Den Chef würde ich an die rechte Hand nehmen, ihm die Kundenkarten unter dem Arm klemmen, in die linke Hand nähme ich meine Schreibmaschine, und die Verkaufskalkulationsunterlagen würde ich zwischen die Zähne nehmen."

Der Psychodiagnostiker nickte zufrieden und gab dem aufmerksam zuhörenden Generaldirektor seine Erklärung.

„Die Bewerberin", sagte er, „zeigt mit ihrer Antwort, daß sie ein klarköpfiger, gradliniger, schnell entschlossener Mensch ist, zusätzlich sportlich begabt ist und sich für den Posten durchaus eignet."

Die zweite Bewerberin wurde vor die Augen ihres neuen Chefs geführt. Der Psychodiagnostiker legte ihr die gleiche Frage vor. Die Bewerberin zögerte ein wenig mit ihrer Antwort. Dann begann sie vorsichtig, langsam ihre Gedanken zu formen.

„Es kommt wohl in erster Linie darauf an, wie alt der Chef und die Schreibmaschine sind", sagte sie, „auch ist dabei zu bedenken, wie hoch die Feuerversicherung abgeschlossen wurde und ob sie die Klausel für neu und alt enthält und man nicht froh wäre, wenn die gutversicherte alte Schreibmaschine verbrennen würde. Auch müßte man wissen, wie hoch die Lebensunfallversicherung des Chefs ist, da es unter Umständen für die Hinterbliebenen nicht ohne Bedeutung wäre, ob er heil oder leicht beschädigt oder gar nicht gerettet würde. Was die Kundenkartei betrifft, so entsteht wieder die Frage, wieviel faule Kunden und säumige Zahler sie enthält und ob ihre zufällige Vernichtung durch Brand sich bei der nächsten Finanzprüfung nicht als Vorteil erwiese. Die Kalkulationsgrundlagen aber sind meist völlig ohne jede Bedeutung, da die industriellen Produkte in unserer Zeit weniger nach den Selbstkosten plus Nutzen kalkuliert werden, sondern der Endpreis sich nach der Nachfrage und dem Angebot der Konkurrenz richtet."

Der Psychodiagnostiker des Konzerns erläuterte:

„Die Bewerberin beweist mit ihrer gezielten Antwort, daß sie sich bei allem, was sie tut, nicht blind auf ihre Intuition verläßt, und daß bei ihr die Logik und ein verantwortungsbewußtes Gedankengut besonders ausgeprägt sind, daß sie eine aufmerksame Zeitungsleserin sein dürfte und selbst ihren Chef von übereilten Entschlüssen zurückhalten wird."

Der dritten Bewerberin wurde abermals die gleiche Frage vorgelegt. Sie sagte zunächst gar nichts. Die Frage wurde wiederholt. Da sah sich die Bewerberin drei kurz im Raum um und antwortete:

„Ich suche einen Posten als gutbezahlte Sekretärin und nicht als Feuerwehrmann. Außerdem wünsche ich mir einen Chef, der im Falle eines Brandes erst mich und dann sich rettet."

Der Psychodiagnostiker zog den Extrakt. Er dozierte: „Bewerberin drei beweist mit ihrer Antwort, daß sie schlagfertig ist und sich die überlieferten Ansichten der guten alten Sekretärinnen zu eigen gemacht hat, die in erster Linie einen persönlichen Kontakt mit ihrem Chef anstreben, was mitunter für die Zusammenarbeit nicht ohne Nutzen sein kann. Aus der Gattung ihrer Art kommen die Privatsekretärinnen, die ihrem Chef private Telefongespräche abnehmen, ihm unaufgefordert zur gewohnten Stunde seine Pillen mit einem Glas Wasser reichen und dafür sorgen, daß er sich ungestört sein Mittagsschläfchen im Büro leisten kann."

Als die drei Bewerberinnen wieder aus der Tür gegangen waren, um im Vorzimmer die Entscheidung abzuwarten, der Konzern-Psychodiagnostiker erwartungsvoll auf seinen Generaldirektor blickte und ihm noch einmal die erhaltenen Antworten und ihre psychologischen Folgerungen erläuterte, um dann zu fragen, zu welchem Entschluß der Herr Generaldirektor gekommen sei und welches der drei Mädchen er als seine neue Privatsekretärin einzustellen gewillt sei, antwortete Mr. Millan Miller, der Generaldirektor:

„Wie war doch gleich der Name des Mädchens mit dem blonden Haar und den langen Beinen?"

Die Mausefalle

Junggesellen brauchen sich um ihr Abendessen keine Sorgen zu machen. Überall steht für sie der Tisch gedeckt. Es ist die Mausefalle mit dem Speck, und der Speck ist meist ein gebratenes Hühnchen oder ein Waldorfsalat oder ein Wiener Schnitzel, ein Täubchen und ein Fasänchen.

„Wollen Sie meiner Mutter und mir eine Freude machen, morgen zum Abendessen zu uns zu kommen, Herr Bach?"

„Aber gern. Mit Vergnügen."

„Vielleicht gegen acht Uhr?"

„Machen Sie sich keine Umstände!"

„Wo denken Sie hin! Ganz ungeniert!"

Sie machen Umstände. Sie holen das große Damasttischtuch aus dem Schrank, die silbernen Bestecke, das gute Geschirr, die kostbaren Gläser, die Messerbänkchen aus Porzellan – es gilt, den Besucher zu ehren. Das Essen kommt meist aus der Stadtküche oder von einem Hotel.

„Das hat Helene selbst gekocht", sagt die Mutter.

Mehr konnte sie nicht gut sagen. Es war auch genug gesagt.

„Wer hat den Tisch so schön gedeckt?" fragt Herr Bach. „Ich liebe feines Porzellan und schöne Gläser."

„In dieser Liebe begegnen Sie sich mit meiner Tochter", sagt die Mutter.

Ja, ja, der Speck steckt in der Falle, und die Katze sitzt daneben und wartet auf die Maus.

Das geht so reihum mit Herrn Bach. Montags ist er bei Helene und ihrer Mutter eingeladen, dienstags bei Yvonne und ihrer Mutter, mittwochs bei Felicitas und ihrem Onkel, donnerstags bei Brigitte und ihrer Tante, freitags bei Susanne und ihrer verheirateten

Schwester und samstags bei Irmingard und ihren Großeltern. Man versucht, die Mädchen an den Mann zu bringen.

Herr Bach, Junggeselle, wohlhabend, 38, scheint eine leichte Beute. Er sieht gut aus, ist galant und gefällig, erscheint mit Blumen, küßt die Hand, versteht der Mutter Artigkeiten zu sagen — kein Wunder, daß für ihn der Tisch überall gedeckt steht. Es ist immer wie auf einer Hochzeit.

Aber es wird nie eine Hochzeit daraus.

Sonntags ist Herr Bach meist frei. Sonntags ist in allen Familien der Vater zu Hause, und der Vater verwirrt meist das Ganze.

Er zertrampelt die feingesponnenen Fäden.

„Ist heute etwas Besonderes, daß ihr den Tisch wie zu Weihnachten gedeckt habt?"

„Aber Papa! Wir haben doch einen Gast!"

„Wir haben schon viele Gäste gehabt. Da habt ihr nie so ein Aufheben gemacht. Das Geschirr und die Gläser sehe ich sonst nur an Feiertagen auf dem Tisch. Kommen Sie etwa mit ernsten Absichten, Herr — wie war doch gleich Ihr Name?"

„Papa! Ich bitte dich!"

So ist es, wenn der Vater zu Hause ist. Herr Bach ist dann meist ohne Appetit und empfiehlt sich schnell.

Sonntags ißt Herr Bach im Bahnhofsrestaurant. Dort sitzt er mißvergnügt. Er ist Besseres gewohnt. Der Mensch gewöhnt sich schnell an das Bessere, und wer sechsmal von feinem Porzellan ißt, will immer so essen. Am Bahnhof gibt es das nicht. Dort nehmen die Gäste die Gläser und die Tassen für die Reise mit. Der Bahnhofswirt wäre eine Kuh, wenn er sich so melken ließe.

Diesen Sonntag saß ein süßes Mädchen mit am Tisch.

Sie war überall schön, keine 22, dabei anmutig wie eine Blume.

„Wohin geht die Reise, mein Fräulein?" fragte Herr Bach.

„Nirgendwohin, mein Herr."

„Warum dann am Bahnhof?"

„Ich will schnell zu Abend essen."

„Hier? In dieser unfreundlichen Halle?"

„Daheim wäre ich ganz allein."

Herr Bach wollte Näheres wissen. Sonst sagten ihm die Mütter alles über die Mädchen. Hier war keine Mutter weit und breit.

„Sie sehen aus, als wären Sie Schauspielerin?"

„Weit gefehlt."

„Sekretärin?"

„Wieder daneben."

„Was dann?"

„Studentin im achten Semester."

„Und wenn Sie fertig studiert haben?"

„Ich will Kinderärztin werden."

Herr Bach schoß den ersten Pfeil ab.

Der Bogen hatte sich bei ihm von selbst gespannt.

„Darf eine Kinderärztin verheiratet sein?"

„Wenn ihr Mann kein Bazillenträger ist, warum nicht?"

Am nächsten Sonntag aßen sie nicht auf dem Bahnhof. Sie gingen zum Buffet und kauften ein. Schinken und Wurst und Brot und Obst. Auch Gürkchen und Tomaten, Eier und Sardellenringe, eine Flasche Wein obenauf. Die Buffetdame gab alles in eine Tüte.

Ehe das junge Mädchen die Tür öffnete, sagte sie:

„Erwarten Sie nicht zu viel — ich wohne, wie eben eine Studentin wohnt."

Als sie dann bei Tisch saßen:

„Ich habe leider nicht viel Geschirr."

„Dafür ist die Vase am Tisch wunderschön."

„Sie ist schön, weil Ihre Veilchen darin stehen."

„Wir konnten unser erstes Essen doch nicht ohne Blumen essen."

„Schauen Sie sich nicht die Bestecke an. Sie sind aus meiner ersten Kindheit."

„Sie haben eine schöne Form."

„Aber abgegriffen."

„Dafür brennt eine echte Wachskerze am Tisch."

„Meine Schwäche. Der Leuchter stammt noch von meiner Mutter."

„Ein alter Leuchter, ein Wachslicht und ein bezauberndes junges Mädchen."

„Jetzt wäre wohl eine Pause am Platz."

„Eine Pause?"

„Für Ihre Beredsamkeit. Sie verirren sich ins Uferlose."

„Finde ich zurück?"

„Das liegt an Ihnen."

Das war ein Abendessen, ganz anders, als er es am Montag bei Helene und ihrer Mutter, am Dienstag bei Yvonne und ihrer Mutter, mittwochs bei Felicitas und ihrem Onkel, donnerstags bei Brigitte und ihrer Tante, freitags bei Susanne und ihrer verheirateten Schwester und am Samstag bei Irmingard und ihren Großeltern gewohnt war. Hier stand kein Überfluß am Tisch, kein Prunk, keine Gläser von der Marke „Wir haben's. Geld spielt keine Rolle." Die Teller waren manchmal schon ein wenig schartig und einzeln nachgekauft, oft unter Verzicht auf ein Mittagessen, aber die Wachskerze und der alte Silberleuchter erzählten Herrn Bach mehr über das junge Mädchen und sein Elternhaus, als die Mütter über ihre Töchter zu erzählen vermochten. Die Art, wie sie die Veilchen in der zu ihnen passenden niederen Vase ordnete, während er ihr die Teller zum Tisch trug, wie sie ihm die schönen, wenn auch nicht kostbaren Gläser aus der Hand nahm und die Karaffe füllte, das Obst in eine blaue Schale ordnete, alles improvisiert und ohne Aufregung, brachte einen Tisch zustande, an dem gut sitzen war und der eine Behaglichkeit ausstrahlte, die nichts mit einer Mausefalle zu tun hatte. Denn einen Tisch kann man auch mit einfachen Dingen gut decken, es gehört nur das Herz und die Freude am Schönen dazu.

So wurde der Tisch doch noch zu einer Mausefalle.

„Wie heißen Sie eigentlich? Ich heiße Bernhard."

„Ich heiße Ruth Ninnemann."

„Viel zu lang."

„Wie möchten Sie denn, daß ich heiße?"

Herr Bach sagte:

„Ruth Bach."

Da machte es Klicks, und die Mausefalle klappte zu.

Die Mausefalle ohne Speck. Aber das sind die sichersten.

Hoher Besuch

Nach dem Frühstück sagte Bruno Brentel zu seiner Frau:

„Ja, richtig – morgen abend kommen Nordmanns zu uns."

„Zum Abendessen?"

„Ja", sagte Bruno.

„Nordmanns? Generaldirektor Nordmann, dein Chef, mit seiner Frau?"

„So ist es."

Die Frau fiel aus allen Wolken.

„Das sagst du mir erst jetzt? Wie sieht die Wohnung aus! Wie soll ich nur fertig werden?"

„Du wirst es schon schaffen, Ilse", sagte Bruno getrost.

In Brentels Wohnung begann ein Großreinemachen wie nie zuvor. Ilse rückte die Möbel, stöberte Spinnen auf, putzte die Fenster, klopfte den Teppich, saugte Staub, wischte Staub, putzte die Gabeln, putzte die Messer, polierte die Gläser, kurz, sie machte gründlich sauber. Denn wenn ihnen schon die große Ehre widerfuhr, Generaldirektor Nordmanns als Gäste zum Abendessen zu haben, mußte die Wohnung aussehen wie ein Schmuckkästchen, und der Tisch mußte festlich gedeckt sein wie eine Tafel. Dazu gehörten das gute Geschirr, das gute Silber, die schönen Gläser und selbstverständlich Blumen am Tisch.

Schon am Abend zuvor begann Ilse zu kochen und zu backen. Sie kaufte ein, was gut und teuer war, Fisch und Fleisch, frisches Gemüse, Salate, Gurken, Tomaten, Obst in reicher Verschwendung. Im Backrohr buken die Kuchen, und am Herd kochte ein Huhn für den Geflügelsalat.

Am nächsten Tag deckte Ilse den Tisch. Sie nahm die guten Teller aus dem Schrank, die schönen Schüsseln, die bauchigen Suppentassen, die Kompottschalen, die feinen Nachtischtellerchen und stellte sie in angenehmer Harmonie auf den Tisch. Daneben legte sie die kleinen Messer, die großen Messer, die Gäbelchen und Gabeln, die Löffelchen und Löffel, das Vorlegebesteck und die silberne Suppenkelle. Dahinter stellte sie dreierlei Gläser, die runden für den Rotwein, die schlanken für den Weißwein, die Kelche für den Sekt und daneben, wie die Kinder der Gläser, die kleinen Likörgläschen – in die Mitte gab sie eine Porzellanvase mit neun kurzen roten Rosen und neben jeden Teller legte sie ein kleines Veilchensträußchen. Das hatte sie einmal bei einer Hochzeitstafel gesehen, und den schönen Brauch wiederholte sie heute für die Ehrengäste.

Es war kurz vor sieben Uhr, da erhob sich Bruno aus dem Sessel zu seiner vollen Größe, blickte auf die Uhr und sagte:

„Jetzt werden Müllers bald kommen."

„Wer?"

„Müllers."

„Ich denke, Nordmanns kommen? Generaldirektor Nordmann mit seiner Gattin?"

Bruno lächelte:

„Nein. Müllers kommen. Unser alter Bürodiener Müller mit seiner Frau."

Ilse wußte nicht, ob sie lachen oder weinen sollte.

„Müllers?!" stieß sie hervor. „Wegen Müllers hab ich mir diese Umstände gemacht? Die Wohnung auf Glanz hergerichtet, gekocht und gebacken wie für eine Hochzeit? Wegen Müllers? Dafür hole ich doch nicht unser gutes Geschirr aus dem Schrank, das Silber und unsere schönen Gläser und decke den Tisch wie für einen König?"

Bruno Brentel sah seine Frau freundlich an.

„Das wußte ich, Ilse", sagte er, „deswegen schwindelte ich dir ja vor, daß Nordmanns kommen. Aber ist dein Standpunkt nicht ein wenig falsch? Sieh, Nordmanns sind reiche Leute, sie essen jeden Tag gut, für sie ist der Tisch immer festlich gedeckt. Wohin sie auch kommen, sie sind immer willkommen, für sie stehen überall Blumen auf dem Tisch. Aber Müllers sind arm, leben bescheiden, sie werden selten eingeladen, und wenn sie eingeladen werden, macht man ihretwegen keine großen Umstände. Sie sind eben Müllers, unseresgleichen. Ist es da nicht richtiger, einmal Müllers zu verwöhnen und ihnen damit eine Ehre zu erweisen?"

„Für uns wäre es eine große Ehre gewesen, wenn dein Chef mit seiner Gattin bei uns zu Tisch gesessen hätte!"

Bruno Brentel legte seinen Arm um die Schultern seiner Frau und gab ihr einen Kuß.

„Müllers zu verwöhnen ist für uns die gleiche Freude", sagte er.

Da verstand sie ihn.

Als Müllers an der Tür läuteten, ging Ilse ihnen froh entgegen.

Mutters gutes Geschirr

Meine Mutter war eine Frau, die wenig sprach. Sie sagte auch Vater nie ihre Meinung, ob ihr einer seiner Geschäftsfreunde gefiel oder wie sie über einen dachte, den er zum Mittagessen mitbrachte. Sie war zu jedem gleich freundlich, es gab auch für alle das gleiche herzhafte Essen, ob nun Gäste am Tisch saßen oder wir allein waren. Es gab eine kräftige Suppe, einen Braten mit viel Gemüse und hinterher meist Kirschenkompott oder Apfelmus aus dem eigenen Garten.

Nur in einem drückte Mutter ihr Willkommen aus: mochte sie den Besuch gern, fanden Vaters Freunde ihre Wertschätzung, so war zum Mittagessen der Tisch besonders festlich gedeckt, das gute Geschirr stand liebevoll geordnet auf schönem Damast, die wertvollen Bestecke wurden aus dem Silberkasten genommen, die kostbaren Gläser aus dem Schrank geholt und jedes einzelne noch einmal poliert, und in der Mitte der Tafel stand eine schöne Schale mit Blumen, auf die Mutter besondere Sorgfalt verwendete.

Mißfiel ihr aber einer aus dem Verwandtenkreis, oder hatte Mutter sich am Sonntag zuvor über Frau Flamm geärgert, bei der sie eingeladen war, nur weil

Frau Flamm vergessen hatte, eine bewundernde Bemerkung über das neue Kleid zu machen, das Mutter zum ersten Male trug, so stand am nächsten Sonntag bei uns, wenn mit der Einladung wir an der Reihe waren, für Flamms das alte Geschirr am Tisch, die alten Gläser und das billige Besteck. Von einer Blume war weit und breit nichts zu sehen. Vater wußte dann immer sofort, was es geschlagen hatte, auch ohne daß Worte gewechselt wurden. Mutter war zu unserem Besuch ebenso freundlich wie immer, nur was sie über ihn dachte, gab sie durch die Art kund, wie sie den Tisch deckte.

Als Vater eines Tages starb und ich Student war, behielt Mutter ihre Angewohnheiten bei. Wie sie über meine Freunde dachte, die ich ihr unterschiedlich ins Haus brachte, merkte ich daran, wie sie den Tisch für sie deckte. Sie sagte nie zu mir: „Junge, dein neuer Freund gefällt mir nicht“, sie deckte nur den Tisch für ihn ungemütlich. Und immer hatte Mutter, wie sich hinterher herausstellte, mit ihrem Urteil recht.

Eines Tages brachte ich ihr Waltraud Roht ins Haus. Ich war sehr verliebt in sie. „Mutter, du mußt dir das Mädchen ansehen“, sagte ich, „sie kommt am Sonntagvormittag zu uns. Wenn du mir eine große Liebe antun willst, so lade sie zum Mittagessen ein.“

„Erst mal sehen, was du daherbringst“, sagte Mutter.

Ich hatte keine Sorge. Waltraud war in meinen Augen so vollkommen, daß sie Mutter gefallen mußte. Sie kamen auch schnell ins Gespräch miteinander, Waltraud war so völlig unbefangen, sie erzählte Mutter viel von sich und wie wir es uns einmal einrichten wollten im Leben, welche Reisen wir machen wollten und welchen Wagen wir uns kaufen würden und wie ihre Wohnung einmal aussehen müßte. Mutters Gesicht blieb gütig und freundlich, zum Schluß streichelte sie die Hand des jungen Mädchens und sagte: „Sie bleiben doch bei uns zum Mittagessen?“ Ich freute mich, wie schnell Waltraud das Herz meiner Mutter gewonnen zu haben schien, genauso schnell wie meines, mein Herz jubelte, als Mutter uns aus dem Garten ins Haus rief: „Kommt! Das Essen steht auf dem Tisch!“ Wir liefen Hand in Hand ins Haus, und der Tisch war gedeckt. Aber nicht mit dem guten Geschirr und den kostbaren Gläsern, und nicht eine Blume stand darauf. Mir schmeckte an diesem Sonntag kein Bissen, und ich habe mit Mutter, als wir wieder allein waren, nicht über Waltraud gesprochen. Sie hätte mir bestimmt auch keine Antwort gegeben, wenn ich sie gefragt hätte, wie ihr das attraktive Mädchen gefiele.

Ich habe in den weiteren Jahren noch manches junge Mädchen meiner Mutter ins Haus gebracht, aber nie hatte Mutter den Tisch festlich gedeckt. Vielleicht hatte sie die alte Sitte schon längst vergessen, denn ich sah nie mehr das gute Geschirr auf unserem Tisch, auch nicht die schönen Gläser, die das Licht widerspiegelten. Vielleicht hatte Mutter schon resigniert und fand, daß sie zu alt war, ihre Meinung noch kundzutun. Reden wollte ich mit ihr nicht darüber, denn Mutter war mit den Jahren immer schweigsamer geworden und duldete nicht, daß man mit ihr über solche Dinge sprach. Bis ich eines Tages, mehr durch Zufall, eine Studentin zum Essen mitbrachte, die schon ein paarmal bei uns gewesen war, denn wir saßen in demselben Hörsaal und arbeiteten zusammen, ich bei ihr und sie bei mir, wie es sich gerade traf. Sie war keineswegs auffallend hübsch und auch an diesem Tage nicht besonders angezogen, wir kamen so zusammen, wie wir in der Uni gesessen hatten. „Komm, iß doch bei uns“, hatte ich zu ihr gesagt, „wir können dann gleich nach dem Essen weiterarbeiten.“ Katharina war einverstanden, und Mutter, die ich darum bat, sagte, es wäre alles schon fertig gekocht, wir sollten es uns aus der Küche hereinholen, wenn wir Hunger hätten; sie selbst müßte dringend in die Stadt, zum Friseur, sagte sie. Wir gingen in meine Bude hinauf, Katharina und ich, und arbeiteten eine Stunde zusammen. Als wir fanden, daß es an der Zeit war, zu essen, gingen wir hinunter. In der Küche lag ein Zettel. „Ich habe euch im Wohnzimmer gedeckt, Mutter", stand darauf.

Ahnungslos betraten wir das Wohnzimmer, und da — es war wie ein Traum — stand der Tisch so schön und festlich gedeckt, wie seit Jahren nicht, für zwei Personen, die kostbaren Teller und Tassen, die geschliffenen Gläser, die schweren silbernen Bestecke, und in der Mitte des Tisches hatte Mutter eine schöne Schale mit Blumen aus unserem Garten gestellt. Vergißmeinnicht, Margeriten, Löwenmaul, Balsaminen, Nelken und Reseden. Und neben dem Teller von Katharina lag sogar eine Rose. Wir setzten uns, ein wenig befangen, und da sah ich zum erstenmal Katharina richtig an und fand, daß sie schön war. Heute ist Katharina meine Frau, und das mit dem guten Geschirr und dem alten, wenn wir Besuch bekommen, das hat sie von meiner Mutter beibehalten.

Ein Vaterherz

Auf der Hausbank bei meinem Nachbarn im Sommer saß ein alter Mann und hütete das Kind des Bauern, das Enkelkind genauer gesagt, denn der alte Bauer hatte den Hof noch nicht übergeben, obwohl seine Tochter mit ihrem Mann schon vier Kinder zur Welt gebracht hatte, den Kaspar, den Hans, den Kurt und den kleinen Rudi, den jüngsten von allen. Ich sah mit etwas Erstaunen auf den alten Mann, der auf der Hausbank saß und mit dem Kind spielte, und nahm erst an, daß er ein städtischer Wanderer durch die Dörfer sei, der zufällig zur Rast Platz auf der Bank genommen hatte. Denn daß er ein Städter war, sah man ihm am Gewand an. Ich setzte mich neben ihn und fragte ihn nach dem Woher und Wohin.

„Hier bleibe ich", sagte er, „ich gehöre jetzt zu Ihren Nachbarsleuten."

„Sie wohnen hier?" fragte ich erstaunt.

„Seit neun Tagen. Ich habe die Kammer im zweiten Stock."

„Der Bauer hat Sie aufgenommen?"

„Als Mieter", sagte der Fremde, „ich habe ihm dafür versprochen, ein wenig auf die Buben aufzupassen. Dafür bekomme ich mein Essen und zahle wenig für das Quartier. Zu etwas anderem tauge ich ja nicht, ich war Beamter, bin pensioniert und aufs Land gezogen."

„Die Buben sind sehr lebhaft", warf ich ein.

„Nicht lebhafter als die meinen. Ich bin selbst Großvater."

Ich erfuhr seine Geschichte. Sie lag noch ganz dicht unter der Oberfläche seines Denkens, war noch nicht verkapselt, weder durch Bitterkeit noch durch die neuen Lebensgewohnheiten, in die er sich erst einleben mußte. Er war sein Leben lang Beamter in der Sparkasse der nahen Hauptstadt gewesen, hatte jung geheiratet, sich mit Hilfe eines Bausparvertrages und einer kleinen Erbschaft in verhältnismäßig jungen Jahren ein Haus am Stadtrand erbaut, ein kleines Haus, drei Zimmer und eine Küche, auch ein Bad, was damals noch ein großer Luxus war, kein gekacheltes und kein aufwendiges, sondern ein winziger

Raum, in dem eine Zinkbadewanne stand. Es gab in den zwanziger Jahren viele solche Häuser in der Stadtnähe, am Ende der Straßenbahn. Das Bauen war damals nicht teuer, und auch ein einfacher Mensch konnte sich den schönsten Luxus der Welt leisten, im Eigenheim zu wohnen. Dann starb unerwartet früh, bei der Geburt ihres ersten Kindes, seine Frau, er zog seine Tochter Christine allein auf, die Großmutter half ihm dabei ein wenig, aber auch sie ging früh aus dem Leben, genau als Christinchen acht Jahre alt war. Von dieser Zeit an lebte er allein mit dem Kind zusammen, es war eine schöne Zeit, wenn er sich heute daran erinnerte, Christinchen wuchs gesund heran, bald wurde aus ihr eine Christine, sie wurde 17, sie wurde 18, und ehe sie noch ihr 19. Lebensjahr erreichte, heiratete sie einen netten jungen Mann, ebenfalls einen Beamten. Sie blieben in dem Haus wohnen, hatten ein Zimmer und der Vater das zweite, und wieder war es eine schöne, harmonische Zeit, die er mit seiner Tochter und seinem Schwiegersohn verlebte. Man kann sogar von einem bescheidenen Wohlstand sprechen, denn wo zwei Männer in einem Haushalt verdienen, muß man nicht allzusehr mit jedem Pfennig rechnen.

Dann kamen die Kinder. Sie purzelten hintereinander ins Haus, und der Großvater wurde sehr gebraucht. Er war ans Daheimbleiben gewöhnt, sein ganzes Leben schon, er putzte den Kindern die Nase, wärmte ihnen die Flasche, legte sie trocken und zog ihnen später die Schuhe an. Auch den Kinderwagen schob er durch die Felder, im Wagen das jüngste Kind und an der Hand die beiden älteren.

Er hatte sich frühzeitig pensionieren lassen, denn man kann nicht zur gleichen Zeit beides sein: Sparkassenbeamter und Großvater. Eine Lebensversicherung auf Erleben hatte er auch abgeschlossen, sie wurde in fünf Jahren ausbezahlt, da kann man schon ein wenig früher mit dem Arbeiten aufhören.

Er war längst in die kleine Kammer seines von ihm erbauten Hauses umgesiedelt und hatte sein Zimmer für das Kinderzimmer freigemacht. Aber die Enkel wurden mit den Jahren immer größer, aus der letzten Wiege wurde ein Kinderbett, die Kinderbetten der Größeren waren oben und unten zu kurz und mußten in normale Betten umgetauscht werden. Für drei Betten war das Zimmer zu klein, auch ein Tisch mußte herein, denn die Kinder brauchten Platz für ihre Schulbücher und Schularbeiten. Oft saß er an diesen Abenden mit seiner Tochter und ihrem Mann in sorgenvollen Besprechungen, wie sie der Enge Herr werden könnten. Denn so ein kleines Haus, das einmal für drei Menschen gereicht hatte, reichte nun nicht mehr für sechs aus. Zum Anbauen reichte das Geld nicht aus, Bauen war sündhaft teuer geworden, und jetzt kosteten die Kinder Geld für Schulkleider und vor allem Schuhe, jetzt verdiente nur noch einer in der Familie, denn Großvaters Pension war klein und fiel nicht ins Gewicht.

„Vielleicht geht es, daß der Große wenigstens beim Nachbarn schläft – sprich doch einmal mit dem Nachbarn, Vater!"

Er tat es, schweren Herzens, aber er kam unverrichteter Dinge zurück.

„Ich könnte, wenn es euch nicht stört, in die Bodenkammer hinaufziehen", sagte er, „ein alter Mann braucht nicht mehr allzuviel Platz."

Die Kinder wollten es unter keinen Umständen annehmen.

„Das geht nicht. Es ist immer noch dein Haus, Vater."

„Und ihr seid meine geliebte Familie. Ich bin glücklich, mit euch leben zu können. Außerdem ist es nur vorübergehend. Wenn mir die Lebensversicherung ausgezahlt wird, bauen wir einen Raum für mich an."

Großvater zog hinauf in die Bodenkammer. Sie hatte schiefe Wände, ein winziges Dachfenster, und viel Platz war nicht in dem Raum, nicht einmal für einen Ofen. Genau zu dieser Zeit wurde sein Schwiegersohn als Filialleiter der Sparkasse in eine Nachbarstadt versetzt, nur zwölf Kilometer entfernt, aber es fuhr keine Straßenbahn hinüber. Er mußte sich also einen Wagen kaufen, was er auch auf Grund seines aufgebesserten Gehaltes auf Ratenzahlungen konnte. Der neue Wagen war für alle ein aufregendes Ereignis, wie er dann vor der Tür stand, leider ohne Garage, auf der Straße, aber was ein neuer Wagen ist, der hält schon Wind und Wetter aus. Aber leid tat er einem doch, so im Freien, bei jedem Wetter, in der prallen Sonne und wenn der Regen auf ihn niederprasselte.

„Die Bodenkammer, in der ich wohnte, war bisher nicht leer gewesen. Die Wiege hatte darin gestanden, das Kinderbett, das nicht mehr gebraucht wurde, das alte Fahrrad, der Kinderwagen, leere Einmachgläser und anderer Bodenrat. Als ich dann einzog, standen die Dinge störend im Haus herum, auf dem Gang und im schmalen Treppenhaus. Wir warteten alle auf den Tag, an dem mir meine Lebensversicherung ausgezahlt werden sollte, um für mich ein Zimmer anzubauen. Dann kam dieser Tag, und wir waren alle sehr froh. Ich habe die Hälfte des Geldes genommen und es meiner Tochter gegeben.

Baut euch damit eine Garage", sagte ich, „der Winter kommt bald, und der schöne neue Wagen soll nicht in Schnee und Eis auf der Straße stehen. Es tut ihm nicht gut."

„Aber wir wollten doch ein Zimmer für dich anbauen, Vater."

„Für mich tut es die alte Bodenkammer noch lange."

„Aber wir brauchen doch die Bodenkammer!" entfuhr es meinem Schwiegersohn, „die Unordnung auf dem Gang und der Treppe ist nicht mehr zu ertragen!“

Ich blieb in der Bodenkammer, und die Unordnung im Treppenhaus und auf den Gängen blieb auch. Draußen begann man mit dem Bau der Garage an meinem Haus.

Ich war froh, bei den Kindern bleiben zu können, ich bin nicht gern allein. Ich war glücklich, meinen Enkeln bei ihren Schularbeiten zu helfen und sonntags mit ihnen spazierenzugehen. Für die Enkel allerdings, die wahrscheinlich lieber mit den anderen Jungens auf den Fußballplatz gegangen wären, war es wohl mehr, daß sie mit dem Großvater spazierengehen mußten als ich mit ihnen. Das Glück eines Großvaters hat keinen weiten Bogen, es beschränkt sich auf die kleinen Dinge, bei denen er etwas von seiner Liebe darbringen kann. So ging ich Sonntag für Sonntag mit meinen Enkeln auf den Fußballplatz, auch wenn ich nichts von dem lauten Spiel verstand.

Da geschah eines Tages das Überraschende, das Wunderbare eigentlich: Ein kleiner Nachzügler traf in der Ehe ein. Ehe ich noch meiner Freude Ausdruck geben konnte, ein viertes Mal Großvater zu werden, sagte der Mann meiner Tochter:

„Wir zerbrechen uns schon seit Wochen den Kopf, wo wir das Kind hinlegen sollen. Wenn die beiden großen Buben oben in deine Bodenkammer einziehen könnten ...“

„Sehen Sie!“ sagte der alte Mann, der auf der Bank meines Nachbarn neben mir saß, „da bin ich heimlich eines Tages ausgezogen und habe mich nach einem Quartier umgesehen. Die Kinder haben in ihrem Haus wirklich zu wenig Platz, das muß man einsehen, sie können nicht so beengt leben, die Kinder wollen auch einmal andere Kinder zum Spielen mit heimbringen, das war bisher unmöglich, aber jetzt geht es. Ich habe mich immer ein wenig vor dem

Landleben gefürchtet, aber jetzt ist es gar nicht mehr so einsam und primitiv, wie man immer denkt. Ich habe ein großes Zimmer und viel mehr Platz als in den letzten Jahren, und einen Kleiderschrank für mich ganz allein, und gute Luft, und ich bin hier auch keinem im Wege, sie brauchen mich. Ich bin hier eine Art Wahlgroßvater, habe auch vier Buben um mich, wie daheim, und sie sind mir schon sehr ans Herz gewachsen. Oma! Hier sind wir! Juhu!" rief er laut ins Haus zurück, der alten Bäuerin in der Küche zu, die nach ihrem Enkel fragte.

„Ihre Kinder wissen nicht, wo Sie sind?"

„Doch", sagte der Fremde, „ich habe ihnen am ersten Tag geschrieben, damit sie sich keine Sorgen machen. Am Sonntag besuchen sie mich, alle sechs. Sie haben ja jetzt den neuen Wagen..."

Nur eine Bahnsteigkarte...

Mitten aus einem heiteren Leben heraus hat mich Mutter vor Jahren verlassen. Sie wollte nur schnell nach Hause fahren, um einmal für eine Woche nach dem Rechten zu sehen, von Wien nach Königstein, wo sie residierte. Das tat sie jedes Jahr einmal, immer um Vaters Geburtstag herum, um sein Grab zu besuchen. Ich dachte mir auch nichts dabei, als ich ihr tags zuvor am Wiener Westbahnhof die Fahrkarte löste, eine Platzkarte dazu, denn ich wollte, daß Mutter behaglich auf einem Eckplatz an der Fensterseite sitzt. Ich selbst konnte an diesem Tag nicht mit zur Bahn fahren, berufliche Verabredungen hielten mich davon ab, und Mutter sagte:

„Laß gut sein, Junge! Mach dir wegen mir alten Frau keine Umstände! Ich bin ja ohne Gepäck, und mein Abteil werde ich auch ohne dich finden. Außerdem bin ich in spätestens zwei Wochen wieder zurück – besser, du holst mich ab, als du bringst mich zur Bahn!"

So fuhr ich Mutter nur bis zum Bahnhofsportal, drückte ihr die Fahrkarte in die Hand, gab Mutter einen Kuß und sagte: „Gute Reise, Mutter! Komm gesund zurück!" Dann ging ich meinen Geschäften nach, ich weiß heute nicht mehr, waren sie wirklich so wichtig oder gab ich ihnen mehr Bedeutung, als sie verdienten.

Ich habe meine Mutter nicht wiedergesehen. Eine tückische, kaum drei Tage währende Krankheit nahm sie mir, fast über Nacht. Ich habe mir nie verzeihen können, Mutter nicht in den Zug gesetzt und mit ihr vom Bahnsteig aus ins Abteilfenster hinein gesprochen zu haben. Da ist nichts Neues zu sagen, nur, daß man miteinander spricht, die alten Sätze wie „Schreib bald!" und „Bleib gesund!" und „Grüß Onkel Edmund!" und „Vergiß nicht, in Stuttgart umzusteigen!", alle jene belanglosen Sätze, die man immer wieder am Bahnsteig wiederholt, noch fünf Minuten, noch drei Minuten bis zur Abfahrt des Zuges und dann: „Also Mutter, bleib gesund, schreib bald und schöne Tage!"

Dann läuft man noch ein Stückchen neben dem langsam anfahrenden Zug und winkt, und Mutter winkt zurück, bis der Zug aus der Halle fährt und in der Ferne verschwindet.

Es ist jetzt schon eine gute Reihe von Jahren her, als dies geschah, aber ich habe es noch nicht überwunden, daß ich versäumte, die letzten Minuten, die unsere allerletzten sein sollten, draußen auf dem Bahnsteig zu warten und Mutter nachzuwinken.

So hat sich in den letzten Jahren, eigentlich gleich nach Mutters Tod, eine liebe Gewohnheit in mir herangebildet. Ich gehe jetzt oft auf Bahnhöfe, löse mir eine Bahnsteigkarte und gehe die Fernzüge entlang. Oft früh um sieben Uhr schon, eine Stunde vor Arbeitsbeginn, oder am Abend, wenn die Nachtschnellzüge die Stadt verlassen. Ich blicke mich um und schaue in die Fenster der Züge, die in zehn Minuten aus der Halle rollen werden.

Da sehe ich viele alte Frauen, einsam auf ihrem Platz, traurig zum Fenster herausschauen. Sie sind früh gekommen, sie wollten den Zug nicht versäumen, und nun sitzen sie da und warten, und keiner ist bei ihnen, mit dem sie reden können, der ihnen eine gute Reise wünscht und mit dem Taschentuch nachwinkt. Es sind die Mütter, die man nicht zum Zug gebracht hat. Am Morgen ist es auch so schwer, da muß der Mann zur Arbeit, die Kinder müssen für die Schule fertig gemacht werden, das Frühstück will gekocht sein, die Brote gestrichen, vielleicht geht man auch selbst ins Büro – wer hat da Zeit, Mutter zur Bahn zu bringen und in den Zug zu setzen?

„Laßt nur, Kinder! Macht keine Umstände! Ich find' auch allein hin", sagen die Mütter.

Wenn Mutter, die zu Besuch war, am Abend abreist, es ist nicht anders. Vielleicht will man ins Theater oder einen Film sehen, vielleicht ist etwas Besonderes im Fernsehen, oder Gäste kommen zum Abendessen.

„Mutter, bist du uns sehr böse, wenn Paul dich mit dem Wagen nur bis zum Bahnhof bringt und nicht wartet, bis der Zug abfährt?"

Natürlich ist Mutter nicht böse, Mutter ist nie böse, Mutter sieht das ein, und dann sitzt sie im Abteil auf ihrem Fensterplatz und schaut hinaus, und manchmal ist ein Tränlein in ihren Augen, aber nicht aus Kränkung, sondern nur aus Einsamkeit.

Ich gehe draußen auf dem Bahnsteig entlang, manchmal habe ich ein paar Blumen in der Hand, und wo ich eine einsame alte Mutter am offenen Fenster stehen sehe, auf die Abfahrt ihres Zuges wartend, spreche ich sie an. Sie sind alle sehr redewillig, denn die Einsamkeit ist gerade in diesen Augenblicken groß in ihnen. Ich frage sie nach dem Woher und Wohin, nach ihren Kindern, nach ihren Enkeln, wieviel sie hat, und ob sie sie gerade besucht hat und wann sie sie wiedersehen wird. Ich lasse mir auch die Bilder von ihren Kindern zeigen, die immer ganz obenauf in den Handtaschen liegen. Ich rede mit ihnen und versuche, ihnen die Minuten der Einsamkeit bis zur Abfahrt zu vertreiben. Dann wünsche ich ihnen eine gute Reise und reiche ihnen zuletzt die Blumen zum Fenster hinauf. Sie gelten meiner eigenen Mutter, der ich sie damals nicht mit auf die Reise gegeben habe, und mein Warten am Zug bei einer mir völlig fremden alten Frau soll meiner Mutter zeigen, wie sehr ich mein Versäumnis von damals bereue. Vielleicht schaut sie gerade vom Himmel herunter, sieht mich hier unten auf dem Bahnsteig warten und sagt:

„Bist du wieder eine Stunde früher aufgestanden als du mußtest, Junge? Nur um mich in den Zug zu setzen und mir diese Blumen zu bringen? Ich weiß doch, daß du mich damit meinst — verkühl dich nur nicht! Auf so einem Bahnsteig zieht es immer, hättest du dir wenigstens deinen Hut aufgesetzt und einen Schal umgebunden."

Aber das ist schon die fremde Mutter, die das zu mir sagt:

„Verkühlen Sie sich nur nicht! Hätten Sie sich wenigstens einen Hut aufgesetzt oder einen Schal umgebunden . . ."

Der Briefträger ging vorbei

Vier Jahre hatten wir dies zu Neujahr durchgeführt: nicht eine einzige Glückwunschkarte hatten wir verschickt. Wir hielten es für eine höchst unzeitgemäße Schablone und auch unser nicht würdig, just an einem bestimmten Tag im Jahr alle Bekannten im Geist abzuklappern und jedem einen „Herzlichen Glückwunsch zum Jahreswechsel" zu senden. Wir selbst bekamen diese Karten zuhauf, legten ihnen nicht mehr Bedeutung bei als sie verdienten, nämlich sich selbst, dem Absender zu beweisen, wie groß doch der eigene Bekanntenkreis sei, den man zu Neujahr mit einer Glückwunschkarte bedenken mußte. Nicht einer von ihnen, so sagten wir uns, flehte den Himmel ernstlich um unser Wohlergehen an, unser Schicksal im neuen Jahr war ihm höchst gleichgültig, aber einen Neujahrsglückwunsch mußte er uns schikken, das gehörte sich so.

Wie ist es denn im bürgerlichen Leben? Da hat jedermann seine Liste, wem zu Neujahr gratuliert werden muß, und daneben noch einen Karton mit den eingegangenen Glückwünschen vom vorigen Jahr. Die Liste wird abgehakt, die Glückwunschkarten vom vorigen Jahr werden eingerissen, wenn sie mit Glückwünschen für das nächste Jahr beantwortet sind, und dann hat man das Ganze wieder bis zum nächsten Mal überstanden. „Der Spaß wird immer teurer mit den Karten", sagt man höchstens, und der Finger tut einem vom vielen Adressenschreiben mächtig weh.

Ich machte den Anfang, die Schablone der guten Wünsche zu durchbrechen und schrieb nicht mehr. Ich wollte auch keine Glückwunschkarten empfangen, wir haben Ölheizung, wohin mit dem vielen Papier, das man nicht mehr in den Ofen schieben kann? Im ersten Jahr kamen noch genauso viele

Glückwunschpostkarten, obwohl wir selbst keine einzige verschickt hatten, im zweiten Jahr floß die Flut schon ein wenig spärlicher, im dritten Jahr waren es nur noch abgezählte achtundvierzig Stück, und dann kam das vierte Jahr, das letzte. Die Briefträger trugen am Silvestertag und am Neujahrsmorgen ihre vollen Taschen treppauf und treppab, sie mußten oft noch einen Extrabeutel mit sich schleppen, so groß war der Segen der guten Wünsche.

Es gab keine Tür im ganzen Haus und in der ganzen Straße, an der der Briefträger nicht läutete. Nur bei uns ging er vorbei. Ich sah durch das Guckloch in der Tür, denn ich bin neugierig von Natur aus, wie er stutzte, in seine Tasche sah, verständnislos, ja fast sich wundernd den Kopf schüttelte und weiterging. Am Treppenabsatz, dort wo die Treppe zum nächsten Stock hinauf eine Kehre macht, blieb er noch einmal stehen und blickte abermals auf meine Tür zurückschauend in seine Tasche. Dann erst ging er weiter nach oben.

„Die Röslers haben nicht einen einzigen Glückwunsch bekommen", sagte er daheim zu seiner Frau, „ob da wohl etwas vorgeht? Vielleicht haben sie silberne Löffel gestohlen, und man setzt sich von ihnen ab. Irgend etwas muß mit ihnen nicht stimmen, denn ohne triftigen Grund läßt man keinen Menschen, nicht einmal den ärmsten, ohne Neujahrsglückwünsche."

Da wir ihm offensichtlich leid taten und er ein Mensch mit Gefühl war – denn man kann nicht Briefträger werden und jahraus, jahrein denselben Menschen täglich die Zeitung bringen und die frohen und traurigen Briefe, ohne innerlich an ihrem Schicksal teilzunehmen –, setzte er sich am Neujahrstag nach seinem Dienstgang hin und schrieb uns auf einer goldgedruckten Glückwunschkarte „Alles Gute zum neuen Jahr!" handschriftlich: „. . . das wünscht Ihnen von ganzem Herzen Ihr alter Briefträger Rambold Josef".

Darf ich gestehen, daß wir unsere helle Freude an dieser Karte hatten, der einzigen Glückwunschkarte, die wir in diesem Jahr bekamen, und daß die Traurigkeit, die uns befallen hatte, wieder von uns abfloß, und wir uns noch am gleichen Tag hinsetzten und zweihundert Glückwunschkarten schrieben und auf alle Umschläge hinten handschriftlich dazusetzten: „Versehentlich zu spät in den Postkasten geworfen", denn das wollten wir zum nächsten Neujahr nicht wieder erleben, daß wir verfemt und vergessen in unserer Wohnung saßen und niemand unser gedachte. Nach der Logik zu leben und nach dem Verstand, das ist nicht immer gut. Wer aus der Herde ausschert, gerät in Gefahr zu erfrieren, auch wenn die Kälte nur ans Herz greift.

Halbzeit des Lebens

Die erste Halbzeit deines Lebens ist abgepfiffen. Hast du den Pfiff gehört, Freund? Er hält deinen Schritt nach vorwärts auf, läßt dich zur Seite treten, gibt dir ein paar Minuten Zeit zum Verschnaufen und zum Nachdenken, wie alles in der ersten Halbzeit deines Lebens kam, jeder Sieg und jede Niederlage. Und nun eine Minute, dich auf die zweite Halbzeit deines Lebens vorzubereiten.

Du bist ein Mensch wie alle Menschen. Nichts zeichnet dich aus, du hast deinen Beruf, dein Heim, deine Familie. Du hast Nachbarn, Freunde und

Feinde. Du bist deinen Weg geradeaus gegangen, mit Gleichmut, in der großen Marschkolonne, doch plötzlich stockt dein Schritt. Wie weit noch? Wie lange noch? Du bist ja schon so lange gegangen, du kommst ja schon von so weit her, das halbe Leben ist vorbei. War alles so, wie du es dir als Kind geträumt, als Jüngling vorgenommen hast?

Deine Ehe, Freund, ist eine gute Ehe. Du gibst deiner Frau den Zehnten, gehst mit ihr spazieren, ihr geht nebeneinander her, die Worte fließen langsam vom Mund, es ist wenig in euch, was gesagt werden muß. Euer Tag hat vierundzwanzig Stunden und jede Stunde hat ihre ehrlichen sechzig Minuten. Aber damals, als du dein Mädchen zum ersten Mal sahst, als du mit ihr zum ersten Mal allein warst, da war keine Stunde sechzig Minuten, da verflog die Zeit, die Lippen konnten nicht nachkommen, alle die Worte auszusprechen, die das Herz überfluten ließen. Es ist immer noch dieselbe Frau, die an deiner Seite geht, es ist immer noch dasselbe Herz, für das du einst sterben wolltest, ehe du es verlörst. Denk an die Berge, die du im Überschwang deiner Gefühle versetztest, denk an das Leid, das dir die Sehnsucht brachte, jetzt ist sie dein, immer dein und jeder Tag mit ihr hat vierundzwanzig Stunden. Jetzt erfülle die Stunden, die damals zu schnell verrannen. Denn immer kürzer wird die Zeit, wo ihr zusammen seid, ihr habt euch ja noch so viel zu sagen — ihr zwei Menschen, die ihr unter Millionen Menschen nur euch habt!

Deine Kinder, Freund, wachsen gesund auf gutem Boden heran. Du sorgst für sie, sie sind sauber gekleidet, ihr Teller ist nahrhaft gefüllt. Du tadelst sie, wenn sie ungezogen sind, du lobst sie, wenn sie brav waren. Und so lernen sie gehen, sprechen, dann rechnen und schreiben, jetzt schon sich vertragen und in eine Gemeinschaft einfügen. Dein Stolz auf sie ist groß, aber wie klein ist — wenn du es recht betrachtest – der Beutel der Freuden, den du dir mit ihnen gesammelt hast! Wäre es nicht schöner gewesen, damals in der Stube sitzen zu bleiben, als sie ihre ersten Gehversuche machten, mit ausgestreckten Ärmchen und hell jubelnd? Möchtest du nicht heute gern die nie enden wollenden Fragen „Warum, Papa?“ und „Weshalb, Papa?“ der Kleinen beantworten, wenn dein fünfzehnjähriger Junge schon ein wenig verschlossen sich schweigend an den Mittagstisch setzt? Jetzt fragst du ihn, aber er hat schon gelernt, zu schweigen. Seine Gedanken kreisen schon um Dinge, die dir fremd sind, du studierst in seinem Gesicht viel länger, als du einst gebraucht hättest, das ganze kleine Herz zu erforschen. Hier war die Zeit als dein großer Gegenspieler schneller, sei du in der zweiten Halbzeit deines Lebens gewandter. Denn Kinder wachsen heran, und was sie einst in Liebe und Vertrauen mit hilflosen Händen überreich verschenken, mußt du dir später schwer erkämpfen. Aber noch ist es Zeit, noch liegt ein letztes Kind in der Wiege, noch kannst du dein Herz mit Freude an ihm bis zum Überfluß füllen, daß es für die kalten Tage des einsamen Alters reicht.

Deine Nachbarschaft, Freund, achtet dich, du hast mit keinem einen Streit, man setzt sich gern mit dir an einen Tisch und weiß, wenn du aufgestanden bist, kein böses Wort über dich zu sagen. Manch einer hat sogar ein gutes Wort für dich im Herzen, denn du hast ihm einmal geholfen, als er in Not war. Nicht etwa mit Geld, von dem du glaubst, es reiche kaum fürs eigene nackte Leben, obwohl Geld die Kraft besitzt, sich zu dehnen und zu strecken, wenn du von ihm einen Teil für die Not des Nächsten nimmst. Aber Hilfe ist nicht allein von deiner Tasche abhängig. Nimm den Verzweifelten mit heim in den Frieden deines Hauses, geh mit ihm ein paar Schritte, wo er sich allein zu gehen fürchtet, es gibt kein Unrecht, das von einem begangen wurde, das von einem anderen nicht wieder gutgemacht werden kann. Darum nütze die wenigen Stunden, Minuten, die vor der letzten Halbzeit deines Lebens liegen, gut zu machen, was schlecht war. Und wenn du jetzt wieder auf das Spielfeld des Lebens hinaustrittst und deinen dir zugewiesenen Platz unter den Mitspielern eingenommen hast, dann steh deinen Mann und vergiß nie, wie kurz die Zeit ist, die dir zum vollendeten Leben noch zur Verfügung steht.

Einsamkeit

Ohne Kinder und ohne Mann, der vor zwanzig Jahren nach kurzer Ehe gestorben war, nicht ohne ihr ein beträchtliches Vermögen, eine hohe Lebensversicherung und eine mitten in einem parkähnlichen Garten prächtig gelegene Villa zu hinterlassen, lebte „Tante Pretorius", wie wir sie nannten, ein reiches, lebendiges Leben. Sie war vorgestern fünfundsechzig Jahre alt geworden, fuhr noch heute ihren eigenen Wagen, voriges Jahr war sie sogar damit nach Madrid gefahren, wohin eine Nichte sie eingeladen hatte, sie war in ihrer lebendigen Hilfsbereitschaft überall gern gesehen, sie leitete den Kulturkreis unserer kleinen Stadt, ein Vorbild an Liebenswürdigkeit auch Menschen gegenüber, mit denen sie nichts verband, für ein Glas Wein besaß sie soviel Verständnis, daß es uns Freude machte, sie zu einem besonders guten Tropfen einzuladen. Aber auch sie selbst öffnete ihr Haus der Gastfreundschaft, unermüdlich war sie um ihre Gäste besorgt, merkte sich, wo jeder gern saß und was jeder gern aß. Eine Stunde bevor ihre Gäste kamen, fuhr sie in die nahe gelegene Großstadt und brachte ein paar Leckerbissen mit, denen sie selbst kräftig zusprach, um ihre Gäste zu ermuntern, ungeniert zuzugreifen. Zweimal in der Woche hatte sie ihren Bridgeabend, sie war stets die erste der Runde und hielt schon die Karten in der Hand, wenn ihre Partner eintrafen. Sie war, wenn ich mich so ausdrücken darf, ein richtiger Kerl, hatte nichts von der Mühsamkeit alter Damen und ich rechnete es mir als Vorzug an, ihrer Freundschaft gewürdigt zu werden. Eines Tages, völlig unerwartet, sank sie vom Stuhl und mußte ein halbes Jahr das Bett hüten. Es wurde einsam um sie. Ihre Verwandtschaft wohnte weitab, Kinder hatte sie keine und die Besucher blieben mit den Wochen aus. Zecher sind schlechte Leidgenossen, und den Bridgepartner interessiert eine Hand, die nicht mehr die Karten zu halten vermag, nicht über die Dauer der unbedingt notwendigen Höflichkeit hinaus. Ihr Wagen blieb in der Garage stehen, die Rosen in ihrem Garten trieben wilde Schoße, stets stand das Fenster ihres Schlafzimmers offen, aber nie hörte sie Schritte über den knirschenden Kies auf das Haus zukommen. Wer ohne Kinder ist, muß einsam sterben, sagte sie zu mir eines Tages.

„Ich habe ein sehr reiches Leben geführt, lieber Freund", fuhr sie fort, „gerade weil mir der Himmel Kinder versagt hatte, war ich frei und ungebunden, ich konnte reisen, mir einen Umgang suchen, wie er mir behagte, mein Leben war nicht in Tageszeiten eingeteilt, auf mich wartete ja niemand daheim, hatte ich Lust, unterwegs meine Mahlzeiten einzunehmen, tat ich es – wollte mein Wagen weiter geradeaus fahren, wer zwang mich zur Umkehr? Ich habe früher Kinder nie vermißt und bedauerte euch oft mit euren Sorgen und Geldausgaben, euren freiwilligen Einschränkungen, die ihr euch auferlegtet, damit für die Kinder mehr übrig bleibt. Heute, seitdem ich krank und einsam hier liege und die Stunden des langen

Tages zähle, denke ich anders. Wie schön wäre es jetzt, an seine Kinder zurückdenken zu können, wie sie noch klein waren, wie sie heranwuchsen, sich an ihr Lachen und ihre hellen Stimmen erinnern zu können, an die Sorgen, die sie uns schufen, die Krankheiten, als wir kummervoll an ihrem Bett saßen, und an ihre Tränen, wenn sie sich beim Fall verletzt hatten oder ängstlich vor einer aufgestörten Biene zu uns ins Haus flüchteten. Vielleicht war mein Leben ohne Kinder falsch. Wie starr ist die Erinnerung an den Mailänder Dom oder an die herrliche Kathedrale in Palma, gemessen daran, wie es wäre, wenn ich an ein Kinderbett zurückdenken könnte. Ich habe so vielen Liedern auf der Welt gelauscht, ich habe kein einziges jemandem zum Trost oder zum Einschlafen gesungen. Dabei hätte es anders sein können. Wenn ich heute hier liege, Gott sei Dank nicht der Pflege bedürftig, wohl aber eines Zuspruchs und einer Anrede – mir ist die Zugehfrau willkommen, während sie mein Zimmer aufräumt – denke ich an ein Erlebnis, das mein ganzes Dasein hätte umstellen können und das mir als junger Frau widerfuhr. Ich hatte damals gerade meinen Mann verloren, die letzten Trauergäste hatten das Haus verlassen, nur die Schwester meines Mannes war zurückgeblieben. Sie hatte mich in den Garten gebracht, hatte eine Decke über meine Knie gelegt und war gegangen.

‚He! Psst!' wurde gerufen.

Ich blickte mich um, konnte aber nicht entdecken, woher die Stimme kam.

‚Können Sie mich verstecken?' fragte es weiter.

Über den Zaun sah ich den Kopf eines Jungen. Er schien nicht älter als acht Jahre zu sein. Sein blondes Haar war kurz geschnitten.

‚Wohnen Sie hier?' fragte er.

‚Ja', sagte ich.

Er sah mich lange mit sonderbarem Ernst an, als wollte er mich erst genau prüfen, bevor er weitersprach.

‚Können Sie mich verstecken?‘ fragte er hastig, ‚ich bin ihnen davongelaufen... jetzt werden sie mich suchen...‘

Er war ein wenig am Zaun emporgeklettert und saß so, als wollte er jeden Augenblick davonlaufen.

‚Du bist deinen Eltern davongelaufen?‘

‚Ich habe keine Eltern.‘

Ehe ich antworten konnte, sagte er:

‚Ich lebe im Waisenhaus. Bitte, darf ich mich bei Ihnen verstecken? Hier finden Sie mich bestimmt nicht...‘

Ich war aufgestanden und zu ihm hinübergegangen. Er ließ sich am Zaun niedergleiten und lief drei Schritt zurück. So stand er auf dem kleinen Sandweg hinter meinem Garten, halb versteckt zwischen den Brombeerhecken, die den schmalen Bach überwucherten. Er sah sehr drollig aus. In der Hand drehte er seine Mütze und sein dunkler Anzug ließ ihn noch magerer und kleiner erscheinen, als er vielleicht in Wirklichkeit war.

‚Wie alt bist du?‘ fragte ich.

‚Neun. Sie können mich auch adoptieren‘, sagte er, und als ich ihn erstaunt ansah, ‚bei uns ist schon einmal ein Junge davongelaufen und eine Dame hat ihn als ihr eigenes Kind angenommen. Haben Sie Kinder?‘

Ich schüttelte den Kopf.

‚Prima!‘ sagte der Junge, ‚dann können Sie mich doch nehmen. Ich bin sehr brav und mache mir alles selbst. Sie haben gar keine Arbeit mit mir. In sechs Jahren, dann verdiene ich selbst und dann ernähre ich Sie.‘

Hätte mir Gott damals ein Einsehen gegeben, etwas Vernünftigeres zu tun, als ich tat:

‚Ißt du gern Schokolade?‘ fragte ich.

‚Zu Weihnachten, ja.‘

‚Warum nur zu Weihnachten?‘

‚Ja, gibt es denn auch sonst Schokolade?‘ fragte er verwundert, ‚wir bekommen nur zu Weihnachten eine halbe Tafel.‘

‚Warte hier, ich hole dir welche‘, sagte ich.

Ich lief ins Haus zurück und brachte ihm zwei Tafeln. Als ich sie ihm über den Zaun reichte, betrachtete er mißtrauisch meine freie Hand, was ich damit tat und ob ich ihn fangen wollte. Als er die Schokolade mit weitausgestrecktem Arm entgegennahm –

‚Ich schenke dir auch etwas. Da! Magst du?‘

Er kramte aus seiner Rocktasche einen großen roten Apfel hervor.

‚Den hat mir ein Mann geschenkt, der Äpfel pflückte‘, sagte er, ‚er ist gar nicht wurmig. Ich habe bisher immer nur Äpfel bekommen, wo man um den Wurm drumherum essen muß... er schmeckt ganz prima, ich habe hinten ein kleines Stück abgebissen, aber von der Seite sieht man es nicht.‘

‚Nein. Behalte ihn nur‘, sagte ich. ‚Und jetzt bist du ein braver Junge und gehst schnell ins Waisenhaus zurück.‘

‚Sie wollen mich nicht adoptieren?‘

‚Nein. Ich –‘

‚Schade! Sie wären eine prima Mutter gewesen. Ich habe einmal in einem Lesebuch eine Mutter gesehen, die sah genauso aus wie Sie... ich habe mir das Bild immer wieder angesehen... das ist immer so, etwas sehr Schönes ist nur zum Anschauen da. Aber es gibt doch Kinder, die richtige Mütter haben. Ich hätte Sie gern genommen, auch wenn Sie häßlich und alt gewesen wären und nicht so einen großen Garten hätten... na ja‘, sagte er traurig, ‚dann gehe ich lieber wieder, ehe sie merken, daß ich ihnen davongelaufen bin. Ich hatte gedacht, was einem Jungen einmal passiert ist, vielleicht habe ich dasselbe Glück, heute, an meinem Geburtstag. Tschüss! Und danke schön für die Schokolade!‘

Ja, und dann ist mein Leben so verlaufen, wie Sie es kennen", schloß Frau Pretorius, „ich habe den Jungen nie wiedergesehen. Vielleicht, wenn ich damals ins Waisenhaus mitgegangen wäre und ihn adoptiert hätte, säße er heute auf diesem Stuhl, ich wäre nicht die Tante Pretorius für alle geworden, sondern die Mutter Pretorius für einen, meinen Jungen. Ich hätte auch zwei oder drei Kinder nehmen können, mein Haus wäre von Lachen und Leben erfüllt gewesen, vielleicht wäre es manchmal knapp zugegangen, auch mit den Sorgen wäre ich fertig geworden... man wird mit Sorgen leichter fertig als mit der Einsamkeit, der keiner entgeht, der ohne Kinder alt geworden ist."

„Darf ich Ihnen meine herüberschicken, gelegentlich", sagte ich, „ich habe vier Stück daheim – ich kann sie leicht einen Tag entbehren, sie machen viel Lärm –"

„Tun Sie es, lieber Freund", sagte sie, „Sie machen mich damit sehr glücklich... vielleicht kann ich als adoptierte Großmutter ein wenig von dem an Liebe nachholen, was ich durch eigene Gedankenlosigkeit bisher versäumte..."

Die zweite Zeitung

Ich habe mir eine Zeitung abonniert. Nicht die hiesige, die ich sowieso schon halte, denn wer möchte ohne seine Tageszeitung leben? Nein, ich habe mir eine zweite Zeitung dazu bestellt, aus einem Ort genau 839 Kilometer Luftlinie von meinem Wohnsitz entfernt, die Zeitung der Stadt, in der meine

Kinder leben. Sie hat einen großen lokalen Teil und viele Inserate, und ich bin durch dieses Abonnement mit meinen Kindern viel stärker verbunden, als ich es ohne die Zeitung wäre.

Als mein einziger Sohn und seine Frau, beide berufstätig, vor zwei Jahren von mir wegzogen – sie wurden nach K. versetzt und bekamen bei ihrem neuen Arbeitsplatz auch eine schöne Dienstwohnung zugewiesen, ganz abgesehen von der Verbesserung ihrer Einkünfte – war es zunächst sehr einsam für mich alte Frau, ehe ich mich an das Alleinsein gewöhnte. Wohl wechselten wir in der ersten Zeit viele Briefe, mindestens zwei in der Woche, und ich schrieb den Kindern alles, was ich erlebt hatte. Die Kinder taten es umgekehrt und berichteten mir, wie es ihnen in der fremden Stadt erging, wie sie sich allmählich wohlzufühlen begannen, welchen Familien sie sich anschlossen, sie schickten mir auch einen Stadtplan und hatten ihr Haus, in dem sie lebten, rot angestrichen. Aber es war mir noch alles zu wenig, ich wollte das Leben mit meinen Kindern noch intensiver leben, so wie ich es nach Vaters Tod getan hatte, wo nichts geschah, was wir nicht voneinander wußten. Und als ihre Briefe immer seltener wurden, kam ich auf die Idee, mir die Zeitung der Stadt zu abonnieren, in der die Kinder lebten.

Ich habe es nicht bereut, denn seitdem erfahre ich jeden Tag, wie es meinen Kindern ergeht. Ich sehe das Kinoprogramm und die Filme, die man bei ihnen spielt. Ich weiß, daß sie jede Woche einmal ins Kino gehen, immer am Donnerstag in die letzte Vorstellung. Da ich ihren Geschmack kenne, errate ich mit Sicherheit, welchen Film sie sich ansehen, und gehe daheim in den gleichen, am gleichen Donnerstag zur gleichen Stunde, und manchmal ist mir, als sei ich mit den Kindern ins Kino gegangen, als säßen sie neben mir. Meist trifft dann auch ein Sonntagsbrief ein, in ihm steht, daß sie am Donnerstag einen großartigen Film gesehen hätten, den ich mir auch unbedingt ansehen müßte. Sie wissen ja nicht, daß ich am gleichen Donnerstag zur gleichen Stunde im gleichen Film saß, da ich ihre Zeitung abonniert habe.

Ich habe ihren Stadtplan genau studiert und weiß, daß in der Nähe ihrer Wohnung das Kaufhaus liegt, dessen Inserate ganze Seiten der Zeitung einnehmen. Ich kenne meine Kinder, die mit dem Pfennig rechnen, und weiß, daß sie dort einkaufen, wo die Preise günstig liegen. Wenn eine Blumenkohlschwemme einsetzt, wie vor wenigen Wochen, wo Blumenkohl als Sonderangebot angepriesen war, weiß ich, daß meine Schwiegertochter bestimmt im nahen Kaufhaus ihren Blumenkohl gekauft und am Abend im Topf hat. Da versuche auch ich mir am Abend einen Blumenkohl zu kochen und es ist mir, als säßen wir wie früher gemeinsam an dem großen Tisch. Selbst beim Sommerschlußverkauf lese ich ihre Zeitung und weiß aus den Inseraten, wenn meine Kinder nicht widerstehen können, Geld auszugeben. Ich höre ihre Gespräche, wie sie daheim ihr Geld zählen und rechnen, ob es reicht, und ob sie sich die einmalige Ausgabe leisten können, und bin als stummer Zuhörer so mitten in ihrem Gespräch. Und was das Sonderbarste ist: ein paar Tage später steht es im Brief, daß mein Sohn sich ein paar neue Schuhe im Ausverkauf gekauft hat, spottbillig, und im Kaufhaus einen Übergangsmantel, weil er so günstig war.

Seitdem ich die Zeitung der Stadt, in der meine Kinder leben, abonniert habe, bin ich nicht mehr allein. Ich lese am gleichen Tag, ob bei ihnen Stromsperre ist, wenn eine Straßenbahn umgeleitet wird, ob sie den Tarif für den Städtischen Omnibus erhöht haben, ja ich lese sogar aus dem Wetterbericht heraus, ob bei ihnen heute die Sonne scheint oder ob es regnet. Ich weiß am Morgen, wenn die Zeitung kommt, ob zur gleichen Stunde mein Junge seinen Schirm aus dem Schirmständer nimmt, wenn er zu seinem Arbeitsplatz geht, oder ob meine Schwiegertochter heute ihren hellen Sommerhut aufsetzen kann, den ich ihr zu ihrem Geburtstag schenken durfte.

Ich lese sogar den Roman in ihrer Zeitung in der Hoffnung, daß sie ihn auch lesen. Zuerst allerdings verfolge ich die lokale Chronik der Tagesereignisse, ob ein Unfall passiert ist, ein Überfall auf Frauen in der Dämmerung des Tages, ob der Blitz ein Haus eingeäschert hat, eine Überschwemmung die Straßen überflutet, eine Grippeepidemie herrscht. Wenn sich nichts Besonderes ereignet hat, lese ich beruhigt weiter. Ich sehe, welches Stück sie im Theater spielen, in dem meine Kinder ihr Montagsabonnement haben, wenn ein berühmter Sänger gastiert, ob ein Zirkus seine Zelte aufgeschlagen hat, selbst den Ausgang der Fußballspiele verfolge ich, da mein Junge immer ein Fußballfan war.

Meine Kinder wissen nicht, daß ich ihre Zeitung abonniert habe. Ich würde mich auch genieren, es ihnen zu gestehen. Denn ich will ihnen ja mit meiner Liebe nicht lästig fallen. Aber ich empfinde es als ein großes Glück, durch das Abonnement ihrem Leben so nahe zu sein, ohne daß sie eine Ahnung davon haben. Ich habe schon sieben Menschen bekehrt, auch Väter, deren Kinder in einer fremden Stadt wohnen, ihre Zeitung zu abonnieren, und noch keiner hat sie bis heute wieder abbestellt. Ich wünsche mir nur, daß meine Kinder es nie erfahren. Denn die Briefe zwischen uns sind immer seltener geworden und kostbarer, und wenn wir gelegentlich miteinander telefonieren, jeden ersten Sonntag im Monat, fragt mein Junge: „Geht es dir gut, Mutter?“ Und ich antworte: „Danke! Ausgezeichnet! Und wie geht es euch?“ So muß es bleiben, mehr soll es nicht sein, denn wer trägt sein Herz schon gern auf einem Präsentierteller?

Sekt zum Muttertag

Meine drei Töchter kamen zu ihrer Mutter gelaufen.

„Mutti, wünsch dir zum Muttertag etwas ganz Tolles! Wir schenken es dir", sagten sie. „Willst du einen neuen Pelzkragen aus Nerz?"

„Kinder! Kinder! Habt ihr denn so viel Geld?"

„Wir haben etwas gespart, und den Rest zahlt Vati."

„Oder wünschst du dir eine neue Handtasche?"

„Wißt ihr, was die kostet?"

„Wir haben etwas gespart, und den Rest zahlt Vati."

„Das Schönste für dich, Mutti! Du bist unsere Beste! Wir haben auch schon erwogen, dir einen schönen bequemen Sessel zu schenken, wie Vati ihn hat, einen Sessel für dich ganz allein. Wir haben Bezugstoffe gesehen, Mutti, so etwas Schönes, wie echter Gobelin und noch schöner! Du wirst wunderbar in dem Sessel aussehen, Mutti!"

„So ein schöner Sessel ist nicht billig, Kinder."

„Wir haben etwas gespart, und den Rest zahlt Vati."

Vati, das bin ich. Was meine Töchter sich gespart haben und für den Muttertag auszugeben bereit sind, reicht meist nicht für die Manschetten um die Blumen. So sind Kinder. Die eine braucht eine neue Beleuchtung für ihr Fahrrad, die zweite einen neuen Badeanzug, die dritte eine Tragtasche für ihre Kamera und einen Belichtungsmesser – da geht das Taschengeld schon darauf. Ich nahm mir meine drei Töchter, fünfzehn, sechzehn, siebzehn Jahre, vor und sagte:

„Kinder, so geht es nicht! Ihr seid jetzt schon erwachsen. Wenn ihr Mutter etwas schenken wollt zum Muttertag, so müßt ihr es aus Eigenem geben.

Ein Geschenk soll ein Opfer sein, erst dann freut sich Mutti darüber."

„Aber wir haben doch kein Geld, Papa!"

„Ihr bekommt genug Taschengeld im Laufe eines Jahres, da spart man etwas für den Muttertag."

„Aber wir haben nicht gespart!"

„Dann seht diesmal zu, wie ihr fertig werdet."

Manchmal bin ich, wie man sieht, rigoros.

„Dein letztes Wort, Papa?"

„Mein letztes, Kinder!"

Da war guter Rat im wahrsten Sinne des Wortes teuer.

Acht Tage fehlten noch bis zum Muttertag.

Zuerst kamen die Töchter einzeln zu mir:

„Papa, schenkst du mir etwas? Papa, borgst du mir etwas? Papa, kann ich mein Taschengeld für die nächsten drei Monate voraus haben?"

Ich schüttelte bei jeder den Kopf.

„Nichts gibt's! Denkt nach!"

„Wenn ich dir dein Auto wasche —"

„Dafür zahle ich zwei Mark."

„Wenn ich deine Bücher in der Bibliothek abstaube und ausklopfe —"

„Dafür zahle ich drei Mark."

„Wenn ich deine Rosen ausjäte, umgrabe und mit echtem Mist vom Nachbarn dünge —"

„Dafür zahle ich vier Mark."

Aber auch vier Mark reichen nicht für ein schönes Muttertagsgeschenk. Christine wusch nicht das Auto, Karoline staubte nicht die Bücher ab und Josefine mistete nicht die Rosen — sie gaben es schon vorher auf.

Am Muttertag erschienen meine drei Töchter in ihren neuen Sommerkleidern, die ich ihnen für diesen Tag gekauft hatte, zur Gratulationscour bei ihrer Mutter.

„Alles Gute zum Muttertag, Mutti", sagte Christine, 15, und holte einen hinter ihrem Rücken versteckten Strauß hervor. „Ich weiß, wie sehr du Johanneswedel liebst, der nur um diese Jahreszeit im Bielatal wächst. Da bin ich gestern drei Stunden hingelaufen und drei Stunden zurückgelaufen, um dir einen Strauß von deinen Lieblingsblumen zu pflükken. Die Füße haben mir sehr weh getan, ich habe extra meine harten Schuhe angezogen, um dir ein richtiges Opfer zu bringen. Freust du dich über die Blumen, Mutti?"

Die Mutter drückte Christine und ihre Blumen beglückt an ihr Herz und sagte:

„Ich danke dir! Damit hast du mir die größte Freude gemacht, mein Herz!"

Unsere zweite Tochter, Karoline, 16, gab ihrer Mutter ebenfalls einen Kuß.

„Alles Gute zum Muttertag, Mutti!" sagte sie. „Ich habe dich photographiert und die Bilder vergrößern lassen und alle in dieses Album eingeklebt. Das ist nur ein kleines Geschenk, ich weiß es. Ich habe auch noch ein großes Geschenk. Weißt du noch, wie ich dir vor drei Wochen deine weiße Bluse und die schwarzen Lackschuhe abbettelte, die du nicht hergeben wolltest, weil du sie selber noch brauchtest? Erinnerst du dich noch, wie ich jeden Tag immer wieder mit dieser Bitte zu dir kam, du zuerst böse wurdest und dann doch nachgabst und mir die Schuhe und die Bluse schenktest? Ich habe mir gedacht, wenn ich dir die Bluse, die ich noch nicht angehabt habe, und die Schuhe, die ich nur einmal getragen habe, obwohl sie mir beide sehr gut gefallen, als Opfer zurückgebe, nimmst du sie als Muttertagsgeschenk an?"

Die Mutter lächelte:

„Ich weiß, wie sehr du dir diese Dinge gewünscht hast und wie schwer es dir fällt, sie zurückzugeben. Dafür danke ich dir, Karoline. Gleich heute ziehe ich die Bluse an, denn sie ist die schönste Bluse, die ich je besaß. Jetzt, wo sie von dir kommt, ist sie noch viel schöner geworden."

Josefine, unsere Älteste, 17 Jahre, trat mit einem Korb Sekt herein. Sie plagte sich sehr, ihn zu tragen.

„Alles Gute und Liebe zum Muttertag, Mutti!" sagte sie. „Ich habe mein Fahrrad verkauft, um dir ein Muttertagsgeschenk aus dem Eigenen machen zu können. Hier ist es. Zwölf Flaschen Sekt. Prosit, Mama!"

Meine Frau zog ein verwundertes Gesicht.

„Dein Fahrrad verkauft? Sekt für mich? Was soll ich mit zwölf Flaschen Sekt?"

Josefine sagte:

„Ich weiß genau, daß du sie dringend brauchen wirst, Mutti! Denn heute kommt Peter, den ich vor acht Wochen kennengelernt habe, ein junger Arzt von der städtischen Kinderklinik, der einen eigenen Wagen hat. Deswegen brauche ich mein Fahrrad nicht mehr und den Sekt brauchen wir, weil er heute bei dir und Vati um meine Hand anhalten wird, und an so einem Tag müssen doch die Pfropfen springen!"

Da wurde das Gesicht der Mutter ein wenig traurig. Sie sah ihre Tochter an und sagte:

„Daß du so jung heiratest! Dann habe ich ja nur noch zwei geliebte Töchter, wenn du heiratest und wegziehst."

Josefine sagte glücklich:

„Wir ziehen nicht weg. Wir ziehen zu euch. Denn eine Wohnung haben Peter und ich noch nicht..."

Zwei Tage vor Pfingsten

Zwei Tage vor Pfingsten ist die Zeit des großen Stöberns. Jedes Jahr um diese Zeit sah man Frau

Häusermann mit einem Kopftuch um das weiße Haar und einer großen Kleiderschürze angetan in ihrer Wohnung das Unterste zuoberst kehren. Da wurde von ihr das kleine Haus und der Garten auf Glanz hergerichtet, da wurden die Fenster geputzt, die Teppiche geklopft, der Fußboden gescheuert und gebohnert, die Küche frisch geweißelt und der Winter endgültig aus dem Haus gekehrt. Die schwere Arbeit fiel Frau Häusermann nicht leicht, sie war schon über die Fünfzig, seit vielen Jahren Witwe, schon spürte sie die ersten Beschwerden des Alters, aber wenn das Pfingstfest kam, verschwand alle Müdigkeit aus ihren Gliedern, sie arbeitete freudig erregt vom frühen Morgen bis spät in die Nacht, um das Haus frühlingsschön zu machen. Sogar das Silber wurde geputzt, der Kupferkessel am Herd, frisches Auslegepapier wurde in die Schränke und Schubladen gegeben, neue Gardinen an den Fenstern aufgezogen, frische Kerzen in die Leuchter gegeben, Salznapf und Zuckerdose bis zum Rand gefüllt, das schönste Damasttischtuch und die guten Servietten bereitgelegt und der Kiesweg des kleinen Gartens vom Tor bis zur Haustür geharkt. Alles das tat Frau Häusermann allein und mit viel Liebe. Und jedes Jahr, wenn sie damit fertig war, sah sie müde und erschöpft aus, um ein paar Jahre älter, als sie eigentlich war; das Haar hing ihr ein wenig unordentlich in die Stirn, ihre Hände waren rauh und hart von der Arbeit, die Fingernägel eingerissen, aber ihre Augen leuchteten glücklich, und immer wieder durchschritt sie erwartungsvoll erregt das Haus, um noch dies und jenes zu glätten und zu richten.

„Warum tun Sie das, Frau Häusermann?"

„Jedes Pfingstfest kommt meine Schwiegertochter aus Hamburg zu Besuch", sagte Frau Häusermann glücklich, „sie soll das Haus liebhaben können und stolz darauf sein."

So tat es Frau Häusermann in all den Jahren, da ich ihr Nachbar war. Dieses Jahr nun bemerkte ich nichts vom pfingstfestlichen Großreinemachen im Nachbarhaus. Im Gegenteil, Frau Häusermann ließ alles liegen, wie es war. Dafür beschäftigte sie sich mit gleichem, freudigem Eifer mit ihrer eigenen Person. Sie ließ sich die Hausschneiderin kommen, sich ein neues Kleid arbeiten und zwei alte ändern, nähte selbst einen kleinen schmeichelnden weißen Spitzenkragen auf ihr schwarzseidenes Sonntagskleid, sie ließ sich beim Friseur anmelden, kaufte ein Paar neue Schuhe zum Spazierengehen und ein Paar besonders schöner Hausschuhe dazu, ja sogar einen neuen Hut probierte sie bei der Modistin, denn ihr letzter war schon zehn Jahre alt und man sah es ihm an. Dazu saß sie die Tage vor Pfingsten oft in der Sonne vorm Haus, feilte sich die Nägel, pflegte mit Creme und Öl die Haut ihres Gesichtes und ihrer Hände, um hübsch und erfreulich jung auszusehen. Von Zeit zu Zeit trat sie vor den Spiegel und betrachtete ihr Aussehen, ob noch dies oder jenes zu glätten und zu richten war.

„Warum dieses Pfingsten dies, Frau Häusermann?“

„Diesmal kommt zu Pfingsten mein achtjähriges Enkelkind aus Hamburg zu mir“, sagte Frau Häusermann glücklich, „es soll mich liebhaben können und stolz auf seine Großmutter sein.“

Großvaters List

Die Großväter sind es, die um die Weihnachtszeit die schönsten Spielzeuge kaufen. Für die eigenen Kinder genügte noch eine kleine Eisenbahn mit einem runden Schienenkranz und eine Puppe von handlichem Ausmaß, die Enkelkinder werden meist wie Königskinder beschenkt, denn was ein rechter Großvater ist, der greift vor Weihnachten für sein Enkelkind so lange in den Beutel, bis er den Bodensatz der roten Pfennige erreicht.

Ich unterscheide mich in nichts von anderen Großvätern. Wenn ich die Weihnachtsgeschenke zusammenzähle, die ich für das Fest nach Hause getragen habe, so könnte ich leicht drei Enkelkinder damit beschenken, ich habe aber nur eines. Peter heißt der Kleine, vier Jahre ist er alt und mein ganzer Stolz, verzeiht es mir. Die Leute sagen, er sähe mir ähnlich, aber das ist nicht wahr, ich war nie ein so schönes Kind, auch kein so kluges, er wird es einmal viel weiter im Leben bringen als ich. Er ist meiner Tochter Kind, die selbst erst fünfundzwanzig ist. Sie wohnen nur ein paar Straßen entfernt von mir, keine zehn Minuten, was für ein Glück für einen Großvater. Obwohl ich gar nicht mehr gut zu Fuß bin, steige ich doch täglich die drei Stock zu ihrer Wohnung hoch, um den Kleinen zu sehen und mit ihm zu spielen. Wir unterhalten uns ganz ernsthaft, man mag es glauben oder nicht, aber mit ihm geht mir der Gesprächsstoff nie aus, ich bin ihm ein besserer Zuhörer, als ich es sonst in der Runde der Erwachsenen zu sein pflege.

„Du darfst zu Weihnachten nicht nur an deinen Enkel denken, Johannes“, sagte meine Frau zu mir, „du mußt auch deiner Tochter und ihrem Mann etwas schenken.“

Ich brummte in meiner Art:

„Was ich dem Kind schenke, schenke ich auch der Mutter. Und was meinen Herrn Schwiegersohn betrifft, für ihn habe ich bereits ein Geschenk.“

„Im Ernst, Johannes?“

„Ja. Ihm verzeihe ich zu Weihnachten, daß er mir vor fünf Jahren meine Tochter weggenommen hat.“

Meine Frau, die Klügere, schüttelte den Kopf.

„Wir können vor ihnen nicht mit leeren Händen dastehen, es wäre das erstemal – du mußt ein Weihnachtsgeschenk für deine Tochter und auch für ihren Mann haben, Johannes."

Ich wehrte mich energisch.

„Wieso?" rief ich. „Ich bin doch immer der Geprellte. Kaufe ich meiner Tochter einen schönen Teppich, läuft er darauf herum und hat immer warme Füße – schenke ich ihr ein Kleid oder einen Mantel, wer hat den Vorteil? Er, denn er kann sich mit ihr zeigen und mit der eleganten Frau bewundern lassen. Schenke ich ihr ein Parfüm, wer riecht es? Er und immer wieder er!"

Ich unterscheide mich in nichts von anderen Schwiegervätern. So sind sie alle.

„Du mußt ihnen trotzdem zu Weihnachten eine Freude machen, Johannes."

„Nun gut, ich werde es mir überlegen."

Ich ging lange mit mir zu Rate. Drei Tage vor Weihnachten kam mir der gute Gedanke. Ich ging hin und kaufte es. Ein Geschenk für beide. Für meine Tochter und meinen Schwiegersohn zusammen. Daß ich nicht früher auf die Idee gekommen war! Stolz trug ich das Geschenk nach Hause.

„Du strahlst, Johannes?"

„Ich habe für die Kinder ein Weihnachtsgeschenk gekauft."

„Fein, Johannes! Was ist es?"

„Ein Theaterabonnement."

„Ein Theaterabonnement?"

„Oper und Schauspiel gemischt. Jede Woche eine Vorstellung. Zwei Plätze in der achten Reihe Parkett."

Meine Frau bekam schmale Lippen.

Das bekommt sie immer, wenn ich eine Dummheit gemacht habe.

„Johannes! Johannes! Unüberlegt wie immer!"

„Im Gegenteil. Alles genau bedacht und erwogen."

„Die Kinder können doch gar nicht ins Theater gehen!"

„Warum nicht? Sind sie amusisch?"

Wenn meine Frau es gewagt hätte, hätte sie mir an die Stirn getippt:

„Sie haben doch den Kleinen! Sie können ihn doch nicht jede Woche einen ganzen Abend allein in der Wohnung lassen."

Da strahlte ich glücklich über das ganze Gesicht, legte meinen Arm um meine Frau und sagte:

„Deswegen schenke ich ihnen ja das Theaterabonnement. Auf diese Weise müssen sie jede Woche einmal den Kleinen am Abend zu uns herüberbringen und er wird die ganze Nacht bei uns schlafen – das hast du dir doch immer so gewünscht – da, nimm das Taschentuch und putz dir die Nase..."

So war mein Vater

Mein Vater, erzählte Frobenius, kam eines Abends verärgert nach Hause.

„War etwas?" fragte meine Mutter, während sie ihm den Mantel abnahm.

„Nichts von Belang."

„Willst du es mir nicht sagen?"

„Später. Nach dem Abendessen. Wo ist der Junge?"

„Er sitzt über den Schularbeiten."

„Dann ruf ihn! Damit wir essen können."

Wir saßen um den Tisch. Mir wollte heute kein Bissen schmecken. Ich wußte, was kommen würde. Immer wieder blickte ich verstohlen nach meinem

Vater, der während des ganzen Essens kein Wort sprach. Als das Essen vorüber war und Vater einen Apfel nahm, sagte er zu meiner Mutter:

„Würdest du mich mit dem Jungen ein paar Minuten allein lassen?“

„Was ist denn, Vater?“ fragte ich ängstlich.

Meine Mutter warf einen besorgten Blick auf ihre beiden Männer, den großen und den kleinen, ihren Sohn, der viel zu hoch aufgeschossen für sein Alter war, dann stellte sie die leeren Schüsseln und Teller auf ein Tablett und trug sie hinaus.

„Ruft mich, wenn ihr mich braucht“, sagte sie beim Hinausgehen.

„Ich habe heute einen Brief von deiner Schule bekommen“, sagte mein Vater ohne Heftigkeit. „Man schreibt mir, deine Versetzung sei gefährdet. Wußtest du das?“

Ich nickte mit gesenktem Kopf. Ich hatte den ganzen Tag ängstlich auf diese Minute gewartet.

„Man wirft dir Unaufmerksamkeit und mangelndes Interesse vor“, fuhr mein Vater fort, „vor allem in Latein und Mathematik.“

„Das ist nicht wahr, Vater“, begehrte ich auf, „ich arbeite mehr als die anderen... Nur, ich weiß nicht, was in letzter Zeit mit mir ist... Daheim weiß ich alles, kann es auswendig hersagen, wenn ich aber dann in der Schule gefragt werde oder wenn wir einen Klassenaufsatz schreiben müssen...“

Mein Vater legte seine Hand auf meinen Arm.

„Sprich ruhiger! Kein Grund zur Aufregung, mein Junge!“

„Doch, Vater! Wenn ich sitzenbleibe, die Klasse noch einmal machen muß — ich gehe sofort von der Schule ab, lieber in jede Lehre... Nur nicht wieder in die Schule, das ertrüge ich nicht. Am liebsten liefe ich davon!“

„Das ist wohl der beste Ausweg für einen begabten Jungen“, sagte mein Vater und sah mich kopfschüttelnd an, „in die Lehre oder fortlaufen. Was Besseres fällt dir wohl nicht ein?"

„Ich schaffe es einfach nicht, Vater!"

„Du schaffst es."

„Nein – ich habe Angst, ganz einfach Angst. Wenn ich in Mathematik aufgerufen werde, dann denke ich an die Note, die ich für diese Antwort bekomme und daß ich sitzenbleiben werde, wenn ich etwas Falsches sage. Dann bekomme ich kein Wort mehr heraus. Der Lehrer denkt dann, ich weiß es nicht und ich habe nicht aufgepaßt und daheim nichts gelernt . . . Das ist jetzt so seit den Ferien. Seitdem . . ."

Die Verzweiflung der Kinder ist die schwerste Prüfung der Väter. Heute weiß ich es, wo ich selbst Kinder habe. Damals verstand ich Vater nicht. Er blieb ganz ruhig sitzen, schälte seinen Apfel weiter und sagte:

„Seitdem – was? Jetzt keine Ausreden!"

„Vor den letzten Ferien", gestand ich, „du weißt ja, es gibt da immer einen Zwischenbericht nach Hause – ich bin damals noch gerade knapp daran vorbeigekommen, daß man dir schrieb, meine Versetzung wäre nicht gesichert."

„Das wollte man mir schreiben?"

„Ja", sagte ich, „aber so einen Brief durftest du einfach nicht bekommen. Ich weiß doch, wie die Leute dich schätzen, wie sie von dir sprechen, wenn sie die Häuser sehen, die du gebaut hast, du bist für alle ein Vorbild . . . Und da sollen jetzt irgendwelche dummen Leute sagen können: sein Sohn tauge nichts in der Schule?"

Und so war mein Vater. Er machte mir keine Vorwürfe, zerriß das Schreiben vor meinen Augen. – „Der Mutter verraten wir erst nichts davon!" – dann ging er zu seinem Schreibtisch, holte tief unten einen vergilbten Brief heraus, reichte ihn mir und sagte:

„Auch ich, mein Junge, bin einmal beinahe bei einer Prüfung durchgefallen – auch ich hätte beinahe einmal ein mir gestecktes Ziel nicht erreicht. Hier – lies!"

Ich nahm den Brief, den mir mein Vater hinhielt. Es war das Schreiben einer städtischen Behörde, für die mein Vater damals gerade eine neue Schule baute.

„Wir sind mit der bisherigen Weiterführung des Ihnen übertragenen Schulbaues keineswegs einverstanden", las ich, „was wir bisher gesehen haben, kann keinesfalls unseren Beifall finden. Wir behalten uns vor, den Ihnen unter einer anderen Voraussetzung erteilten Bauauftrag zurückzuziehen, falls Sie nicht –"

„Siehst du", sagte mein Vater, „das war mein Zwischenbericht. Auch mir drohte man an, daß ich meine Prüfung nicht bestehen würde. Aber ich warf die Flinte nicht ins Korn. Ich hatte keine Angst wie du – ich dachte mir, wenn ich dieses Haus nicht zu Ende baue, werde ich ein anderes bauen, es gibt genug zu tun auf der Welt. Ich fürchtete also die strengen Leute nicht, wollte mich aber vor ihnen beweisen und ging mit doppeltem Eifer ans Werk. Die Schule wurde von mir zu Ende gebaut. Du gehst heute in diese Schule."

Vier Wochen hatte ich damals noch bis zu dieser Abschlußprüfung, endete Frobenius, ich verdanke es dieser Stunde mit meinem Vater, daß ich sie bestanden habe.

Vater tritt aus dem Rahmen

Über meinem Schreibtisch hängt das Bild meines Vaters. Es ist eine vergrößerte Photographie hinter Glas und Rahmen, keine besonders gute, sondern eine, wie man sie vor Jahr und Tag in der Provinz machte, wenn einer am Sonntagmorgen im Kirchgangsanzug zum Photographen kam und ein Bild von sich wünschte. Ich hatte als Kind nie einen engen Kontakt zu meinem Vater, er war recht einsilbig und verständnislos, wie mir schien, aber ich respektierte ihn, und als er starb, wahrte ich ihm ein dankbares Empfinden. Seitdem hängt sein Bild über meinem Schreibtisch, und je älter ich werde und je mehr meine Kinder heranwachsen, desto mehr kleine Zwiegespräche führen wir miteinander.

Ich kam vor einigen Jahren in eine Situation, in die sehr viele Männer geraten, wenn sie das Alter nahen fühlen oder besser, in diesem Fall: wenn sie ihre Jugend schwinden sehen. Und just an diesem Punkt, als müßte es so sein, lernte ich ein junges Mädchen kennen, zu der ich in heißer Leidenschaft entbrannte. Ohne daß sie es wußte, wenn sie mir auch ihre Zuneigung offensichtlich werden ließ, hatte sie in meiner Phantasie schon einen so großen Raum eingenommen, daß ich nicht gewillt war, auch nur einen Tag ohne sie weiter zu leben, entschlossen, Frau und Kinder zu verlassen, alles hinter mich zu werfen und mit ihr ein neues Leben zu beginnen.

Ich würde hier nicht diese Beichte ablegen, wenn es sich um das Einzelschicksal eines undisziplinierten Menschen handelte. Aber nach altem Herkommen wachsen zahlreichen Männern in diesen Jahren die Eselsohren und in jedem zweiten Mannesleben kommt einmal der Tag, wo ihm seine Frau nicht mehr alles bedeutet, er nach jungen Mädchen Ausschau hält und – wie könnte es anders sein? – zu einer in heißer Liebe entbrennt.

Ich saß also an meinem Arbeitstisch und grübelte darüber nach, wie ich es meiner Frau gestehen sollte, ohne ihr allzu wehe zu tun, was für eine Ausrede ich meinen Kindern gegenüber gebrauchen könnte – mir fiel nichts ein, denn ich hatte eine gute Frau und gute Kinder, aber was hilft es, wenn einen die späte Liebe beutelt und Schindluder mit unserem Verstand treibt? „Du hast noch das Recht auf dein eigenes Leben, bald geht es sowieso zu Ende, und für die Deinen hast du hinreichend genug getan!“ Diesen Satz teilte ich mit vielen Männern in der gleichen Situation, er folgt der Strohfeuerliebe wie der Mai dem April. Trotzdem gab er mir kein gutes Gewissen, so oft ich ihn mir auch wiederholte. Ich saß also in tiefer Unschlüssigkeit, hatte den Kopf in die Hände gestützt und sann nach einem Ausweg.

„Johannes!“ hörte ich plötzlich die Stimme meines Vaters. „Mach keine Dummheiten, mein Junge!“

Ich blickte auf das Bild über meinem Schreibtisch, doch es war leer. Vater war aus dem Rahmen gestiegen und stand neben mir. Er sah mich besorgt an, so wie er es früher getan hatte, wenn es an der Zeit war, mit dem Jungen ein ernstes Gespräch zu führen, und fuhr fort:

„Als ich so alt war wie du, zwei Jahre vor meinem Tod, war ich in der gleichen Situation. Ich liebte meine Familie über alles. Aber da war plötzlich ein junges Mädchen in mein Leben getreten, ohne die mein Dasein seinen Sinn verloren hatte. Ich glaubte, jetzt erst das wahre Glück gefunden zu haben, und war fest entschlossen, euch alle zu verlassen. Ihr Kinder wart aus dem Gröbsten heraus, für Mutter war gesorgt, ich konnte jetzt nach einem arbeitsreichen Leben einmal an mich denken und ganz meiner neuen Liebe leben. Ich war entschlossen, es an diesem Abend Mutter zu gestehen und ihr Verständnis für meine Situation zu erbitten. Wir Männer glauben ja so fest an die Güte unserer Frauen, daß wir von ihnen sogar das Verständnis für unseren Unverstand erwarten. Ich stand auf, um zu Mutter hinüberzugehen. Da kamst du in mein Zimmer, bliebst ein wenig stehen und sagtest dann:

„Ich bin so stolz, Vater. In meiner Klasse ist einer, Fritz Bertelmann, der hat so großen Kummer mit seinem Vater. Herr Bertelmann hat sich in ein junges Mädchen verliebt, will von daheim weggehen, einfach aus dem Haus gehen, als ob man das könnte. Er hat Angst, daß sein Vater sich lächerlich macht und was aus Mutter werden soll. Am Morgen kam er völlig verstört in die Schule, für ihn ist eine Welt zusammengebrochen. Wir Jungens sind ja so, wir tun immer so, als machten wir uns gar nichts aus unseren Vätern, aber innerlich verehren wir sie wie keinen anderen Menschen auf der Welt. Für meinen Freund Fritz ist jetzt alles vorbei, gestern abend pfiff er einem Mädchen nach, was er bisher nie getan hatte ... weißt du, ich verstehe das alles nicht, Vater, aber ich bin so froh, daß du anders bist. Wenn Väter das tun, das ist für uns genauso, als ob wir Söhne von Dieben, Hehlern oder Zuchthäuslern wären ..."

Ja, so sprachst du damals zu mir, an dem kritischen Tag in meinem Leben. Und deswegen bin ich aus dem Rahmen gestiegen, um dir deine eigenen Worte zu wiederholen. Du hast mir damals geholfen, vielleicht kann ich dir heute helfen. Tu's nicht, mein Junge! Tränen, die man dir nachweint, laufen dir nach! Und mich da oben in dem Bild, mein Junge, mich kannst du auch nicht mitnehmen in deine neuen Pläne. Ich habe mich damals für dich photographieren lassen, es wäre sehr einsam für mich da oben, nicht mehr auf dich heruntersehen zu können. Ich weiß, du hast dir nie sehr viel aus mir gemacht, aber ich mache mir viel aus dir, und du würdest mir sehr fehlen. Und wie soll ich den Blicken deiner Frau begegnen, wenn sie mich vorwurfsvoll anschaut, wo du bist?"

Mit diesen Worten stieg Vater wieder in den Rahmen zurück, und ich sitze heute nach Jahren noch unter seinen Augen. Von Zeit zu Zeit nicke ich ihm zu und sage:

„Ich werde dir immer ähnlicher, Vater."

Morgen habe ich mich beim Photographen angemeldet, um ein Photo von mir für meine Kinder machen zu lassen. Ich zahle ihnen sogar den Rahmen und das Glas. Denn wer weiß, ob ich nicht auch einmal aus dem Rahmen steigen muß, um sie vor einer großen Dummheit zu bewahren.

Mutter fährt nach Hause

„Warum willst du uns schon wieder verlassen, Mutter? Du wolltest doch vierzehn Tage bleiben? Wir haben für dich ein schönes Zimmer in unserer Wohnung freigemacht, Klaus hat für übermorgen Theaterkarten besorgt, am Sonntag hat dein jüngstes Enkelkind Geburtstag, und du willst morgen schon wieder heimfahren?"

„Sei nicht böse, Margot", sagte die Mutter, „eine alte Frau wie ich gehört nach Hause, in ihre eigenen vier Wände."

„Auf dich wartet doch daheim niemand, Mutter! Du kannst doch bleiben, so lange du willst. Wir sind noch gar nicht dazugekommen, dich richtig zu verwöhnen."

„Doch, Kind, das habt ihr reichlich getan", sagte die Mutter und streichelte Margots Hand. „Ihr habt mir die Fahrkarte geschickt, erster Klasse noch dazu, ihr Verschwender – ihr habt mich von der Bahn abgeholt, ihr habt mir Blumen ins Zimmer gestellt und eine wunderschöne Schale mit Obst, sogar Weintrauben waren darauf, in dieser Jahreszeit –"

„Du kommst so selten zu uns, Mutter. Bei meinem Bruder Kurt und seiner Frau bist du viel öfter – das Bett ist sowieso überzogen, wie du früher immer gesagt hast, wenn wir einen Gast hatten – vorgestern ankommen und morgen schon wieder wegfahren, das gibt es einfach nicht, Mutter."

Als ihre Tochter aus dem Zimmer gegangen war, in die Küche, denn eine Hausfrau hat am Vormittag allerlei zu tun – zumal wenn sie ihre Mutter zu Besuch hat, da gibt es zu backen und ein Kompott zu kochen und ein Zimmer mehr aufzuräumen –, blieb die Mutter auf ihrem Stuhl vor dem Nähtisch am Fenster sitzen, nähte einen Knopf an das Nachthemd ihres Enkelkindes, stopfte einen Kinderstrumpf und was sich sonst eine Großmutter für eine Beschäftigung sucht, um sich im fremden Haushalt ein wenig nützlich zu machen. Zwei Jahre hatte sie ihre Tochter Margot nicht besucht, die in Hamburg verheiratet war, die Reise war ein wenig weit, so war sie zu ihrem Sohn Kurt und ihrer Schwiegertochter Käthe gefahren und über die Feiertage geblieben, meist zwei Wochen, damit sich die teure Fahrt lohnte. Diese Ostern aber hatte Margot darauf bestanden, daß Mutter unbedingt zu ihnen kommen müsse, sie hatte ihr die Fahrkarte geschickt und geschrieben, wie sehr sie sich alle darauf freuten, Mutter wieder einmal ein paar Tage bei sich zu haben. „Wir lassen Dich so schnell nicht wieder heimfahren, Mutter", stand in dem Brief, „bleib bei uns, solange es Dir gefällt."

Wie beglückend ist es, solche Briefe zu erhalten und zu wissen, das Alter besteht nicht nur aus einsamen Tagen, man hat Kinder, denen man willkommen ist, die sich sogar untereinander streiten, wie aus dem Brief hervorging, zu wem Mutter über die Osterfeiertage kommen sollte. Da packt man den Koffer gern und kann die Stunde der Abreise kaum mehr erwarten, da steigt man die drei Treppen zur eigenen Wohnung leicht hinauf und hinunter, wenn es gilt, Geschenke für die Enkelkinder einzukaufen und ein Goldstück von der Bank zu holen, das man dann am ersten Morgen der Tochter unter die Kaffeetasse schieben will, denn die Kinder haben ja auch zu rechnen und so ein Besuch kostet Geld, ein wenig will man dazu beitragen, das hat sie immer getan, das mit dem Goldstück; Käthe, ihre Schwiegertochter, muß jetzt schon sieben Goldstücke haben, und Margot hat gestern erst das zweite bekommen.

Vielleicht würde sie diesmal auf die vierzehn Tage noch ein paar Tage zugeben, jetzt im Frühling, wo man mit den Enkelkindern spazieren gehen kann, sie hatte daheim davon geträumt, wenn die ersten warmen Sonnentage kamen, sie hatte sich alles in ihrer Vorfreude ausgemalt, wie es werden wird – aber vor einer Stunde, es ist noch nicht einmal eine Stunde her, hatte sie den Entschluß gefaßt, morgen wieder heimzufahren. Sie wird schon eine Ausrede finden, die Kinder sollen es nicht merken, was geschehen ist, den wirklichen Grund wird sie nicht sagen, warum soll sie sie kränken und eine Debatte mit vielen Worten und Beteuerungen heraufbeschwören? Da ist es schon besser, man geht still seiner Wege, nach Hause, wo man hingehört, die Kinder sollen getrost hinter ihr den Kopf schütteln und sagen: „Mutter wird langsam ein wenig schwierig." Geschrieben hatte sie es ja schon, ihre Schwiegertochter Käthe, das stand in dem Brief, den Mutter vor einer Stunde im Nähkästchen gefunden hatte, in dem Brief ohne Umschlag, verlegt und vergessen. Sie holte ihn jetzt, als sie allein war, noch einmal hervor und las die Stelle zum zweiten Male, und die Gläser ihrer Stahlbrille liefen nicht einmal an, denn die Tränen fließen bei einer alten Frau langsam, sogar dieser Gnade wird sie nicht mehr teilhaftig.

„– ihr könnt sie auch einmal nehmen, Margot", stand in dem Brief ihrer Schwiegertochter, „Mutter ist jetzt schon so oft über die Feiertage bei uns gewesen, wir möchten auch gern einmal unsere wenigen freien Tage im Jahr ganz für uns verleben, Mutter ist ja sehr lieb, aber man muß doch eine Menge Rücksichten auf eine so alte Dame nehmen, wir rechnen also diesmal nicht mit Mutters Besuch. Jetzt seid ihr einmal daran, schreibt Mutter möglichst sofort und ladet sie zu euch ein, damit sie gar nicht erst auf den Gedanken kommt –" Jetzt liefen die Gläser der alten Stahlbrille doch an. Die Mutter nahm ihr Taschentuch, die Brille zu putzen.

Der letzte Abend im Jahr

Der letzte Abend im Jahr gehört seit meiner Kindheit zu den schönsten Erinnerungen, sagte Änne Merz, denn jedes Jahr kam Großmutter zu uns und feierte mit uns Kindern Silvester. Wir waren vier Geschwister, mein Vater und meine Mutter waren lebenslustige Leute, sie gingen gern an diesem Abend zu Freunden, auf einen Ball oder wo es sonst fröhlich zuging. Für Mutter war es die erste Gelegenheit, das neue Kleid zu tragen, das ihr das Christkind gebracht hatte, die neuen Schuhe, die neue Handtasche, einen Ring oder eine Brosche – das war schon Tradition. Wir Kinder waren noch klein, ich, die größte, war acht Jahre alt, die Eltern wollten uns nicht allein lassen und baten jedes Jahr Großmutter, auf uns aufzupassen. Es war für uns immer ein großes Fest. Kaum waren die Eltern zur Tür hinaus, Mama trug Blumen und roch verwirrend süß, Vater ermahnte uns, Großmutter aufs Wort zu folgen, er gab uns einen Gutenachtkuß und versprach uns für jeden Neujahrstag einen Zirkusbesuch, wenn wir heute abend schön brav wären, dann gingen sie, unser Vater und unsere Mutter – kaum also waren sie zur Tür hinaus, zündete die Großmutter die Kerzen am Christbaum an, auch die Wunderkerzen, die goldene Sterne versprühen, dann brach sie einen kleinen Tannenzweig vom Baum und verbrannte ihn über einer Kerze, daß das ganze Zimmer nach Weihnachten roch. Wir knackten Nüsse und Mandeln, aßen Pfefferkuchen, dann zog Großmutter aus ihrer Tasche, die prall mit Überraschungen angefüllt war, eine große Traubenrosine hervor, die Beeren viermal so groß wie die Rosinen in unserem Stollen, eine richtige Traube mit Stengel und Stielen, goldenbraun, in Seidenpapier gewickelt, so etwas hatten wir vorher noch nie gesehen, sie kaufte sie im teuersten Geschäft der Stadt... so begann unser Silvesterabend. Und dann wurde das Schlachtfest gefeiert. Großmutter hatte ein Marzipanschwein mitgebracht, kein so kleines, wie man es überall in den Schaufenstern sieht und wie sie an einer goldenen Schnur am Christbaum hängen, nein, ein richtiges Schwein, das auf vier Füßen stand, einen Beutel schokoladener Goldstücke auf dem Rücken trug und das so dick war, daß wir es mit unseren Kinderhänden nicht umspannen konnten, wenigstens nicht mit den Fingern einer Hand, wir hatten es versucht.

„Jetzt schlachten wir das Schwein!" rief Großmutter fröhlich, holte aus ihrer Tasche ein Silbermesser hervor und wir durften uns wählen, welches Stück wir bevorzugten, den Kopf oder die Schinken oder den Beutel mit den Goldstücken – doch nein, die goldenen Münzen aus Schokolade wurden erst später verteilt, jeder von uns bekam drei Stück, meine Schwester Käthe steckte einmal, als sie fünf Jahre alt war, zwei Stück davon in ihre Sparbüchse. Großmutter zerlegte also das Marzipanschwein ganz sachgerecht und erzählte uns dabei, wie sie auf dem Weg hierher das Christkind getroffen habe, das gerade in den Himmel zurückfliegen wollte und noch dieses große Marzipanschwein übrig hatte, da das Kind, für das es bestimmt war, recht unartig gewesen war, also hatte das Christkind es ihm nicht gegeben und daher übrig – und jedes Jahr muß ein Kind schlimm gewesen sein, denn jedes Jahr hatte das Christkind so ein großes Marzipanschwein übrig und wollte es nicht in den Himmel zurücknehmen.

Das ganze Schwein haben wir nie aufgegessen. Jedes von uns trug seinen Teil, den es übrig behielt, in seinen Schrank und versteckte ihn sorgfältig vor den Geschwistern, man biß es sogar an, damit man gleich sah, wenn ein anderer heimlich ein Stück abgebissen hatte... dann setzten wir uns alle wieder um den Tisch, sahen auf den Weihnachtsbaum, an dem durch die Wärme der Kerzen die Glocken leise läuteten, und sangen Weihnachtslieder. Manche kannten wir auswendig, manche sang Großmutter allein. Dann löschte sie die Kerzen am Baum und jetzt kam der zweite Höhepunkt des Abends: Großmutter spielte mit uns. Wir spielten Schwarzer Peter und Blumenquartett, und immer wurde Großmutter der Schwarze Peter und wir durften ihr mit einem Korken einen schwarzen Punkt auf die Nasenspitze tupfen, auf das Kinn, auf die Stirn... „nein, Kinder, daß ich immer der Schwarze Peter sein muß, ihr meint es gar nicht gut mit mir!" jammerte sie dann immer und verteilte die Karten von neuem, „aber diesmal wird es bestimmt Änne, paßt nur auf!" Auch beim Quartett gewann sie nie, immer hatten wir unsere Karten früher abgelegt, und als Verlierer mußte sie uns dann eine Geschichte erzählen, so war es ausgemacht. Großmutter wußte die schönsten Geschichten der Welt, keine von Hexen und Bösewichten, daß man sich fürchten mußte, sondern Geschichten vom Christkind, das sich im Wald verlaufen hatte und dadurch zu einem ganz armen Kind kam, zu dem das Christkind noch nie gekommen war, oder von den Hirten im Morgenland und von den reichen Gaben der Heiligen Drei Könige.

„Haben sie dem Jesuskind auch eine Traubenrosine mitgebracht und ein Marzipanschwein, Großmama?" krähte mein kleiner Bruder Michael.

„Natürlich haben sie ihm auch eine Traubenrosine mitgebracht, viel größer und süßer, als ihr euch denken könnt . . ."

An diesem Tage durften wir jedes Jahr bis Mitternacht aufbleiben. Welch große Sache für ein kleines Kind! Noch einmal wurden die Kerzen am Tannenbaum angezündet, und als die Kirchenglocken vom Turm das neue Jahr einläuteten, standen wir am offenen Fenster, Großmutter hatte ihre Arme um uns gelegt, und sie sprach zum Himmel hinauf: „Gott hat es bisher gut mit uns gemeint – er beschütze euch!" Wir hatten unsere Hände gefaltet und dachten an das Marzipanschwein und die große Traubenrosine und verstanden, warum Großmutter sagte, daß es Gott gut mit uns gemeint habe. Wir waren ja Kinder. Als die Glocken schwiegen, schloß Großmutter das Fenster, gab uns allen einen Kuß und sagte: „So, Kinder, jetzt aber rasch ins Bett!" Das sagte sie jedes Jahr und wir wußten genau, daß wir noch nicht ins Bett mußten.

„Noch fünf Minuten, Großmama! Bitte, bitte, nur noch fünf Minuten!"

Wir wußten, was kam. Großmutter schüttelte jedesmal wie verzweifelt über unsere Unvernunft den Kopf und ergab sich seufzend in ihr Schicksal.

„Also gut, dann kommt in die Küche, ihr Nimmersatt!" Das war es, worauf wir warteten. Die Küche war behaglich warm. Auf dem Küchentisch stand ein großer Teller mit knusprig frischen Neujahrskrapfen. Ein herrlich duftender Berg von schmalzgebackenen Krapfen. Großmutter hatte sie in ihrer Tasche für die erste Stunde des neuen Jahres mitgebracht. Und dann begann sie, für uns einen Punsch zu brauen, einen richtigen Neujahrspunsch, ganz wie die Erwachsenen ihn trinken. Sogar ein Schluck Rotwein kam hinein und ausgepreßte Orangen und Zitronen und Nelken und viel Zucker, wir aßen die frischen Krapfen dazu. Ich habe in meinem Leben später manchen Punsch getrunken, aber keiner hat mir je wieder so gut geschmeckt wie der, den Großmutter uns jedes Jahr bereitete.

Viele Silvesterabende sind seitdem vergangen. In späteren Jahren, vor allem als ich in die Tanzstunde ging, und erst recht dann, als ich meinen Mann kennengelernt hatte, war der letzte Abend im Jahr stets voll Aufregung und Erwartungen. Es waren Abende mit Herzklopfen und zärtlichen Verwirrungen und manchmal auch einem ganz leichten Anflug von Schwips, in glücklichen Grenzen natürlich, aber mein Mann hatte es gern, wenn ich an diesem Abend mit ihm in fröhlicher Gesellschaft einen Punsch trank. Als dann die Kinder kamen, ließen wir uns den letzten Abend des Jahres nicht nehmen, wir hatten ja auch eine Großmutter, die auf die Kleinen aufpaßte, wir hatten immer so viele Einladungen zu Silvester, daß wir oft nicht wußten, wohin wir zuerst gehen sollten... aber manchmal, vor allem, als wir ein wenig älter geworden waren, war es doch recht langweilig, so ein Silvesterball mit seinen programmäßigen „Überraschungen" oder auf einer Neujahrsparty bei unseren Freunden. Ich sprach oft den ganzen Abend kein Wort und meine Gedanken waren bei den Kindern und auch bei meiner eigenen Kindheit und bei Großmutters Punsch und dem Marzipanschwein, das das Christkind nicht in den Himmel zurücknehmen wollte —: ich beneidete die alte Frau in diesem Jubel und Trubel, von dem ich umgeben war, wenn die Tanzkapelle mit einem Tusch das neue Jahr begrüßte und wir alle aufstanden, die vollen Sektgläser hoben und mit fremden Leuten, die zufällig an den Nebentischen saßen, auf ein glückliches neues Jahr anstießen. Ich bekam mit der Zeit eine gewisse Angst vor diesem letzten Abend im Jahr, man gibt sich lustig und bleibt so unbeteiligt, so gar nicht mehr dazugehörend, mit vierzig Jahren, mit fünfzig. Aber mein Mann ließ es sich nie nehmen, mich jedes Jahr zu Silvester auszuführen, auch noch im letzten Jahr seines Lebens. Er tat es mir zuliebe. Ich sah ihm an, daß auch er sich langweilte, aber er gab sich so viel Mühe, es vor mir zu verbergen, daß ich ihn doppelt liebte, um seiner zärtlichen Geste willen.

Dieses Jahr freue ich mich das erste Mal wieder auf den heutigen Silvesterabend. Vor einer Stunde war meine Tochter bei mir und bat mich, doch heute zu ihnen herüberzukommen und auf die Kinder aufzupassen. Sie möchte so gern mit ihrem Mann auf einen Ball gehen und die Kinder nicht gern daheim allein lassen. Ich habe schon ein großes Marzipanschwein gekauft und eine große Traubenrosine, sie ist heute gar nicht so leicht zu bekommen, Traubenrosinen sind aus der Mode. Auch Neujahrskrapfen bäckt nicht jeder Bäcker mehr, aber ich habe einen gefunden, der sie mir ganz frisch ins Haus bringen wird. Und ich werde heute sehr glücklich sein und es wird ein schöner Silvesterabend für mich werden, viel schöner als damals, als ich noch jung war und tanzte und Champagner trank. Es wird wieder sein wie in meiner Kindheit, eine Großmutter und ihre Enkel, nur daß *ich* diesmal der Schwarze Peter sein werde und einen schwarzen Tupfen auf die Nasenspitze bekomme... ich danke dir, lieber Gott, daß du es so gut mit mir alten Frau meinst.

Ein Kind geht aus dem Hause

Heute früh, genau um acht Uhr, beginnt der erste Berufstag unserer jüngsten Tochter. Sie hat die Schule hinter sich gebracht, ihre Aufnahmeprüfungen bestanden und arbeitet nun beim Telefonamt der Hauptstadt. Sie ist mit dem Morgenzug in die Stadt gefahren und mein erster Gedanke ist beim Erwachen: nicht ich als Vater entscheide jetzt über ihre Tageseinteilungen, es ist der Postdirektor, der über meine Tochter verfügt. Dieses Erwachen ist sehr schmerzlich für uns, wir spüren es fast körperlich. Wir zünden uns keine Kerze an und danken Gott, daß auch dieser Lebensabschnitt hinter uns liegt, wo unser letztes Kind auf eigenen Füßen steht und wir jetzt getrost die Hände in den Schoß legen können. Wir sind wie ein Baum, dem man einen Ast abgesägt hat. Meine Frau spricht es aus, ich finde den Satz ausgesprochen dumm. Dabei hätte ich ihn beinahe selber gesagt.

Als wir zum Frühstück hinuntergehen, steht der Tisch wie immer gedeckt, wie es unsere Tochter jeden Morgen tat, ehe sie in ihrem hellen blauen Kleide mit der Kaffeekanne in der Tür erschien und uns mit einem Kuß einen guten Morgen wünschte. Der Tisch ist wie sonst gedeckt, nur steht die Kaffeekanne bereits in einer wärmenden Hülle und an ihr lehnt ein Brief, ein Brief unseres Kindes.

„Liebster Vater! Beste Mutter!" lesen wir. „Wenn ich morgen früh meinen kleinen Koffer nehme, der gepackt neben mir am Bett steht und ich wohl sah, wie Vater mir heimlich einen Notgroschen unter die Wäsche schob, ich sollte es nicht merken, aber er hatte Angst, daß das Geld vielleicht verloren ginge und ließ darum die Ecken der Banknoten herausschauen – wenn ich also morgen mit meinem Koffer aus dem Hause gehe, während ihr noch schlaft, wie wir es ausgemacht haben, um uns den Schmerz des Abschieds zu ersparen, so weiß ich, wie schwer es für euch ist, allein in diesem Haus zurückzubleiben. Wie voll war dieses Haus einmal, dort schliefen die Großeltern, in diesen zwei Zimmern lebten wir Kinder, eure Freunde füllten das Haus und später meine Schulfreundinnen, die in den Ferien zu uns kommen durften, es war ein Kommen und ein Gehen, ein Lachen und Singen den ganzen Tag, immer gingen in diesem Haus Menschen aneinander vorbei, die sich gut waren und ein herzliches Wort bei jeder Begegnung hatten – die Großeltern sind gestorben, die Freunde, die in den Notjahren bei uns ihr vorübergehendes Zuhause hatten, sind weitergewandert, meine Geschwister haben geheiratet, weit weg von uns, nur ich als Jüngste blieb bis zuletzt bei euch. Und heute gehe nun auch ich.

Ich habe eine herrliche Kindheit bei euch gehabt; wenn es draußen wetterte und schneite, in meinem Elternhaus war es immer warm. Wo Vater und Mutter saßen, war für mich der Mittelpunkt der Welt, da fielen alle Sorgen und Nöte in nichts zusammen, man war geborgen, auch wenn Mutter manchmal das letzte Stück Brot aus dem Schrank nahm und für uns aufschnitt. Bei uns waren immer goldene Zeiten, wenn ich mich heute zurückerinnere, auch im Krieg, ich habe niemals Hunger gelitten und niemals gefroren, und wenn ihr jetzt manchmal davon sprecht, wie hart und armselig es bei euch damals zugegangen ist, ich weiß nichts mehr davon. Ich weiß nur, daß ich immer dachte: bei uns zu Hause kann nichts passieren, Vater ist ja da, auch wenn die Welt untergeht, unser Haus bleibt stehen – ich weiß nur, daß ihr alle meine Wünsche erfülltet, sogar ein Fahrrad habe ich bekommen, mitten im Krieg, das ich mir so sehnlichst für meinen Schulweg wünschte, ich wußte ja nicht, daß Vater seine goldene Uhr dafür hergegeben hatte – ich weiß auch, daß ich nie Angst vor euch haben mußte, auch dann nicht, wenn ich etwas angestellt hatte oder schlechte Zensuren heimbrachte. Ich war nie das Kind, das einfach ohne Widerrede gehorchen mußte, ihr nanntet mir die Dinge, wie ihr sie saht, und batet mich, sie genauso zu sehen. So bin ich bei euch in diesem Hause herangewachsen, zum Schulmädchen, zum Backfisch, zur jungen Dame, wie Mutter neulich zu mir sagte. Ich habe nie von Vater eine Kopfnuß und von Mutter eine Ohrfeige bekommen, verdient hätte ich sie oft. Vater schrie wohl manchmal, daß man glaubte, das Haus stürze ein, aber er war so schrecklich komisch dabei, daß ich lachen mußte. Und das Allerschönste meiner Jugend: Vater lachte mit, lachte über sich selbst und ich hatte ihn nie lieber als in diesen Minuten.

An all das muß ich heute denken, wenn ich aus dem Haus gehe. Aber es ist höchste Zeit, daß ich anfange, selber Geld zu verdienen. Wie oft habe ich dir, Vater, vom Garten durch das Fenster zugeschaut, wie du heimlich dein Geld zähltest, daneben auf einem Zettel besorgt mit einem Bleistift rechnetest, nochmals das Geld zähltest und dann das Ganze kopfschüttelnd zusammenschobst. Ich sah es auf deiner Stirn, daß es uns gar nicht rosig ging. Wenn ich aber dann ins Zimmer trat, sahst du mich nur an und sagtest: ‚Mit diesen Schuhen kannst du nicht mehr gehen, hier sind dreißig Mark, kauf dir neue!‘ Und prompt kam jedesmal Mutters Einwand: ‚Ordentliche Schuhe kosten fünfzig Mark, Vater!‘ – ‚Ich will doch meine Tochter nicht zur Modepuppe machen!‘ schriest du dann, ‚soll sich das Mädel endlich selber ihr Geld verdienen, wenn sie so teure Schuhe braucht!‘ Damit warfst du mir wie blind im Zorn weitere zwanzig Mark auf den Tisch, zwinkertest mir kurz aus den Augenwinkeln liebevoll zu und warfst die Tür hinter dir so knallend ins Schloß, als wärst du im höchsten Zorn weggegangen. Ich habe nie ein Paar Schuhe anders bekommen als mit dieser Szene.

Jetzt will ich mir meine Schuhe selber verdienen, Vater. Ich weiß, du hättest heute nachmittag am liebsten meinen Koffer wieder ausgepackt, unter deinem Schreibtisch fand ich zwei angefangene Briefe an meinen Postdirektor. In dem einen schriebst du, er solle freundlich und gerecht zu mir sein, du bätest ihn darum — hier riß dein Brief ab und der zweite begann kurz und bündig: ‚Es tut mir leid, Sie können meine Tochter nicht für Ihr Amt bekommen', dann aber sahst du es wohl ein, daß es für mich besser ist, ich lasse mir frischen Wind um den Kopf wehen und geselle mich zu meinesgleichen, habe die Sorgen und Freuden, pünktlich mit der Straßenbahn zum Dienst zu kommen und nach getaner Arbeit draußen am Tor einen jungen Kollegen zu finden, der auf mich wartet.

Meine Gedanken werden oft daheim sein, bei euch, liebster Vater, beste Mutter. Seid nicht traurig, denkt an die Zeit, wo wir Kinder noch nicht auf der Welt waren und ihr allein miteinander glücklich wart. Nehmt die Pläne wieder auf, die ihr damals hattet, macht die kleinen Reisen, auf die ihr so lange wegen der Kinder verzichten mußtet, und schlaft jetzt früh ein wenig länger. Ihr müßt uns ja kein gutes Beispiel mit dem Frühaufstehen mehr geben. Ach, liebste Eltern, ich komme vom Hundertsten ins Tausendste, ich sehe durch mein Fenster, daß ihr auch nicht schlafen könnt und wieder das Licht in euerm Schlafzimmer angedreht habt. Morgen früh lege ich den Brief neben eure Tassen — wenn ich nicht da bin, denkt einfach, ich sei nebenan in der Küche und kann vom Herd nicht weg — sonntags in drei Wochen sehe ich euch wieder, ich besuche euch, mit Sonntagsrückfahrkarte ... vom ersten selbstverdienten Geld ..."

Hier endete der Brief. Ich rieb meine Brille umständlich, die etwas angelaufen war, und sagte zu meiner Frau:

„Deine Erziehung! Hast du schon einmal einen Brief ohne Unterschrift gesehen ..."

Bitte keinen Kaffee!

Die kleinen Einkäufe sind beendet. Wurst, Butter, Käse, Brot, ein wenig Obst und was man sonst noch über den Sonntag braucht, für eine Person braucht, für einen alten einsamen Menschen, liegt wohlverwahrt im Netz.

„Vielleicht auch ein wenig Bohnenkaffee?“ fragte die Verkäuferin.

„Nein. Danke.“

„Es ist eine neue Sorte. Sehr preiswert.“

„Nein“, sagt Frau Freytag. Sie sagt es unwillig, beinahe hart.

Am Nachmittag ist Frau Freytag bei ihrer Nachbarin eingeladen. Der Tisch ist für den Besuch festlich gedeckt. Da stehen Blumen in einer schönen Vase, das gute Geschirr, die silbernen Kuchenbestecke, bei jeder Tasse liegt ein kleiner Veilchenstrauß. Das hat Frau Nietsche, die Nachbarin, von ihrer Mutter übernommen, jedem Gast einen kleinen Strauß auf seinen Platz zu legen. Veilchen im Frühling, eine Rose im Sommer, und im Herbst bei der zweiten Blüte wieder ein Veilchenstrauß. Es ist eine schöne Geste für die Gäste, sie fühlen sich willkommen.

„Tee oder Kaffee?“ fragt Frau Nietsche.

„Bitte Tee, wenn es keine Umstände macht.“

„Es ist beides da. Sie trinken keinen Kaffee?“

„Nein“, sagt Frau Freytag.

„Bekommt er Ihnen nicht?“

„Nicht mehr. Seit einem Jahr.“

„Das Herz?“

„Nein.“

„Die Galle? Der Magen?“

„Nein.“

„Was dann?“

„Die Seele“, sagt Frau Freytag.

„Ich habe mein Leben lang gern Kaffee getrunken", erzählt sie später, „ich war eine richtige Kaffeetante, wie man so sagt. Sogar am Abend vor dem Schlafengehen habe ich mir oft noch einen Kaffee hingesetzt. Vor allem in der Zeit, als mein Mann gerade gestorben war, und später habe ich geradezu nur von Kaffee gelebt, als mein Junge, mein einziger, der bei mir gelebt hatte, heiratete und in eine fremde Stadt zog. Da schmeckte mir kein Bissen, verständlicherweise, ich war das Alleinsein nicht gewohnt, aber Kaffee, den konnte ich trinken, das war wie ein Trost."

„Wann haben Sie damit aufgehört?"

„Genau vor einem Jahr. Er schmeckte mir plötzlich nicht mehr. Die letzten zwei Pfund, die ich geschenkt bekam, stehen heute noch bei mir unangerührt in der Küche, ganz hinten im Schrank, damit ich sie nicht sehe. Allein schon der Geruch von gerösteten Kaffeebohnen wird mir immer unerträglicher. Das ist ganz plötzlich gekommen. Sie wissen, ich habe einen Jungen. Er wohnt weit weg von hier, hat schon selber Kinder, ich habe sie noch nie gesehen. Die Reise ist so weit und so teuer. In den ersten Jahren, an jedem Muttertag, kam mein Sohn zu mir herüber. Auch für ihn war die Reise teuer, aber das war sein Geschenk an mich, daß er kam. Er brachte mir jedesmal zwei Pfund Kaffee als Geschenk mit. Seit drei Jahren kommt er nicht mehr. Sein Geschäft wächst ihm über den Kopf, er verdient gut, es ist ein gewisser Wohlstand bei ihm eingekehrt, aber jetzt hat er keine Zeit für die Reise mehr. Ich sehe es ja ein, aber damals, vor drei Jahren, als ich am Muttertag allein in meiner Wohnung war – er hatte einen kurzen Brief geschrieben, ein paar Blumen geschickt und zwei Pfund Kaffee –, da hoffte ich auf das nächste Jahr. Aber auch im nächsten Jahr war er nicht bei mir. Es war ihm wieder etwas dazwischen gekommen. Es kamen nur Blumen, ein kurzer Brief und eine Dose Kaffee. Ich stellte die Blumen in eine Vase und davor die große Dose Kaffee und dachte an meinen Jungen. Und plötzlich konnte ich den Geruch von Kaffee nicht mehr ausstehen. Das hing mit meinem Jungen zusammen, der nicht bei mir war. Mit den Blumen, mit dem kurzen Brief, mit dem Nichtkommen. Das Verlassensein, die Sehnsucht nach meinem Einzigen und der Geruch von Kaffee, das war für mich ein Begriff geworden. Mein Junge muß es gespürt haben. Morgen ist Muttertag, da wird keine Post ausgetragen, und heute ist zum ersten Mal kein Kaffee von ihm gekommen. Er muß es gespürt haben..."

In dieser Minute läutete das Telefon.

Frau Nietsche nahm den Hörer auf und sagte dann: „Für Sie, Frau Nachbarin."

„Für mich? Von auswärts?"

Ihr Gesicht wurde jung und glücklich.

„Von auswärts?" wiederholte sie.

„Nein. Nicht von auswärts."

„Ja, wer soll mich alte Frau dann anrufen?" fragte Frau Freytag enttäuscht, nahm den Hörer auf und sagte: „Ja? Hier Frau Freytag. Wer dort?"

Dann sagte sie eine Weile nichts, und als sie den Hörer hingelegt und sich stumm zum Tisch zurückgesetzt hatte, saß sie wie verwandelt und rief ganz plötzlich, Tränen und Lachen in ihrer Stimme:

„Was soll mir der alberne Tee, Frau Nachbarin? Ich möchte eine Tasse Kaffee, einen starken! Mein Junge ist angekommen und hat mich soeben vom Bahnhof angerufen."

Mama heiratet wieder

Einmal muß es sein, so schwer es auch fällt, dachte Frau Angelika. Fünf Jahre war sie Witwe gewesen, hatte in stiller Zurückgezogenheit ihre Kinder groß werden sehen – nun, sehr groß waren sie immer noch nicht, Thomas war vierzehn und Bärbel noch nicht einmal dreizehn, aber sie waren schon recht vernünftig und man mußte sich erst mit ihnen besprechen, ehe man den entscheidenden Schritt tat.

„Jetzt hört mir mal gut zu, Kinder – Thomas, bitte, nimm den Frosch aus der Hand und gib ihn ins Terrarium zurück! – Ich habe euch etwas zu sagen, was für uns alle sehr entscheidend sein wird – bitte, laß jetzt die Haarschleife in Ruhe, Bärbel! Die Sache ist ernst. Was würdet ihr sagen – wie stellt ihr euch dazu, wenn ihr einen neuen Papa bekämt?"

„Einen neuen Papa? Ausgeschlossen!"

„Du willst wieder heiraten, Mama?"

„Schnell, sag, daß es nicht wahr ist!"

Die Mutter starrte in vier erschrockene Kinderaugen. Es war doch schwerer, als sie es sich vorgestellt hatte.

„Ihr müßt mich verstehen, Kinder", sagte sie, „ich bin die ganzen Jahre schon allein, ihr werdet immer größer und älter – euch würde ein Vater auch ganz gut tun."

„Wir wollen aber keinen Vater!"

„Wir wollen nur dich, Mama!"

„Es ist doch bisher alles gut gegangen!" rief Thomas, beinahe zornig.

„Jedenfalls sage ich niemals Vater zu ihm!" stieß Bärbel aufgeregt hervor. „Wer weiß, was das für ein abscheulicher Kerl ist! Der will nur die Wohnung!"

Frau Angelika mußte lächeln, obwohl ihr gar nicht danach zumute war.

„Erstens ist der Mann, den ich für euch als Vater ausgesucht habe, kein abscheulicher Kerl, und zweitens hat er eine viel schönere Wohnung als wir. Wir kennen uns schon zwei Jahre. Jetzt möchte er auch euch gern kennenlernen. Heute nachmittag besucht er uns. Und wenn ihr mit ihm einverstanden seid, sagt ihr es mir und wir besprechen dann alles weitere!"

Das Gespräch lief noch ziemlich lange fort. Die Kinder waren gar nicht einverstanden. Aber was half alle Widerrede? Mutter bestand darauf, daß alles für den Besuch vorbereitet werde.

„Die Wohnung muß wie ein Schmuckkästchen aussehen", sagte sie, „und ihr zwei helft mir dabei."

Thomas und Bärbel tauschten einen kurzen Blick.

„Fein, Mama! Wir helfen gern."

„Was werdet ihr tun?"

„Wir bohnern."

Kinder bohnern schrecklich gern. Alle Kinder bohnern gern. Es ist ein Sport und keine Arbeit. Man sieht so schön, was man geleistet hat, und wird belobt. Thomas und Bärbel hatten diese Arbeit ihrer Mutter schon immer abgenommen, heute aber hatten sie etwas Besonderes vor.

„Wir tragen das Wachs ganz dick auf, daß der Kerl ausrutscht und sich mächtig hinsetzt. Wenn wir Glück haben, rutscht er Mama bis vor die Füße. Dann ist er blamiert, läuft davon und wir sind ihn los!"

„Eine großartige Idee, Thomas! Wir wollen Mama für uns behalten!"

Sie taten, wie sie es geplant. Sie trugen nicht wie sonst das Wachs recht dünn auf und rieben es ein, daß der Boden glänzte wie ein frisch gelegtes Parkett, worin sie sonst wetteiferten. Diesmal aber nahmen sie viel Bohnerwachs. Das Dreifache wie sonst, rieben es nur wenig ein, eine Glatteisbahn war nichts dagegen, und als sie ihr Werk besahen, wußten sie, daß es nicht mehr fehl gehen konnte: Mamas Freier würde fluchtartig das Haus verlassen. Da läutete es draußen.

„Das ist er!"

„Schnell! Verstecken wir uns!"

Sie krochen hinter den Ofen und hörten, wie draußen Mama die Tür öffnete und den Besucher einließ.

„Gehen Sie bitte ins Zimmer voraus, Lothar", sagte sie. „Die Kinder und ich kommen gleich nach."

Aufgeregt blinzelten Bärbel und Thomas aus ihrem Versteck zur Tür.

„Jetzt passiert's!" flüsterte Bärbel aufgeregt.

„Pssst!"

Die Tür ging auf. Ein Herr mit Rosen trat ein.

„Der Rosenkavalier!" flüsterte Thomas.

„Du, der sieht aber prima aus!"

„Ach was! Alle Männer sehen vorher prima aus! Sollst mal sehen, wie der sich noch entwickelt!"

Der Besucher blieb noch immer in der Tür stehen und betrachtete mit einem kleinen Lächeln das spiegelnde Parkett.

„Mensch, wenn der jetzt hinknallt!" flüsterte Bärbel, „der schöne Anzug!"

„Heirate *du* ihn doch, wenn er dir so gut gefällt!"

„Du mußt zugeben, daß er ein prima Vater wäre."

Thomas brummte:

„Na ja, es gibt ärgere — Mama hat einen ganz guten Geschmack bewiesen."

In diesem Augenblick ging die gegenüberliegende Tür auf und die Mutter, die sich schnell umgezogen hatte, trat ein.

„Ach bitte, Lothar, nehmen Sie doch Platz!"

Der Mann, den Mutter Lothar nannte, durchquerte das Zimmer. Mitten über das frisch gebohnerte Parkett. Er ging sicher, rutschte nicht, schlitterte nicht, gar nichts. Er kam gut bei Mama an.

„Donnerwetter!" entwischte es Thomas.

Auch Bärbel atmete erlöst auf:

„Wie bin ich froh, daß ihm nichts passiert ist!"

„Dumme Gans!“ zischte Thomas. „Ein Mann ist ein Mann und rutscht nicht über ein bissel Bohnerwachs aus. Wie aber kommen wir jetzt hier weg?“

Und dann rief die Mutter die Kinder.

„Thomas! Bärbel! Wo steckt ihr denn?“

Hinter dem dicken Ofen tauchten zwei Köpfe hoch.

„Hier, Mama!“

„Schreckliche Kinder!“ sagte die Mutter zu ihrem Besucher, sie mußten beide lachen, dann rief sie: „Kommt her und sagt guten Tag!“

Sie liefen erlöst aus ihrem Versteck.

Kaum aber hatten sie zwei Schritte getan, rutschten sie beide auf dem frisch gebohnerten, mit viel zu viel Wachs eingelassenen Fußboden aus und durch den Schwung, mit dem sie hinter dem Ofen hervorgeschossen kamen, schlitterten sie durch das ganze Zimmer, kreuz und quer, auf dem Rücken, durch nichts den schnellen Rutsch zu mindern, und landeten – sie, die wichtigen Familienangehörigen, von deren Ja und Nein die Werbung abhing – geradewegs vor den Füßen des Besuchers.

„Hoffentlich habt ihr euch nicht weh getan?“ fragte der Besucher besorgt und half ihnen auf.

„Weh getan nicht. Aber mächtig blamiert!“ stieß Bärbel hervor. Sie warf einen bitterbösen Blick auf ihren Bruder.

„Die Kinder haben vorhin frisch gebohnert!“ erklärte die Mutter.

„Sagen wir besser, liebe Angelika: sie haben eine Rutschbahn gebaut“, antwortete lächelnd der Besucher, „ich sah es schon in der Tür, daß die Sache nicht ganz geheuer war. Ich war auf so etwas vorbereitet. Wo Kinder im Haus sind und ein neuer Vater sich zum ersten Mal präsentiert, muß man auf allerhand gefaßt sein.“

Er lachte, gab den Kindern die Hand und alles war gut.